LANGUAGE OF THE DRAGON

A Classical Chinese Reader
volume 2

龍文墨影

大學文言讀本

姜貴格

LANGUAGE
OF THE
DRAGON

A Classical Chinese Reader

volume 2

GREGORY CHIANG

CHENG & TSUI COMPANY

First edition 1999

Cheng & Tsui Company
25 West Street
Boston, MA 02111-1213 USA

FAX: (617) 426-3669
www.cheng-tsui.com

ISBN 0-88727-318-1

Printed in The United States of America

目錄
CONTENTS

附件
APPENDICES

INTRODUCTION

This, the second volume of *Language of the Dragon: A Classical Chinese Reader*, is composed of selections of classical texts in chronological order.

Volume One was designed for close reading and analysis of richly annotated short texts, providing students with a solid knowledge of the phonology, lexicon, and syntax of classical Chinese *(wenyan)*. Volume Two is designed to build upon that knowledge and to enable students to become exploratory learners of classical Chinese who can freely and competently access the writings of any period in China's long history and make easy transitions between modern Chinese, or *baihua*, and *wenyan*, much as an educated Chinese reader would. It is, therefore, imperative that teachers who use this textbook encourage students to interpret and analyze the selected texts and to engage in discussion of the views expressed in these texts. Such exercises will improve the students' communicative abilities in modern Chinese, as well as their understanding of classical Chinese and the relationship between the two.

In general, this volume follows the same format as the first volume, with several exceptions:

- Before each classical text, there is a pre-reading section in the style of formal writing, or *shumianyu*, introducing the author and other relevant background. This is designed to help students increase their ability to read *shumianyu* and to read for content.
- An additional section of "The Sage's Sayings" is presented after introductions of the selected readings from *Laozi*, *The Analects*, and *Mencius*. Students should be encouraged to familiarize themselves with these sayings as important cultural artifacts, since these nuggets of wisdom have survived millennia and become not only firmly imbedded in the Chinese psyche, but also distributed throughout modern Chinese writing and everyday discourse.

- While Volume One systematically introduced frequently occurring monosyllabic function words, this volume concentrates more on the introduction of disyllabic function words and patterns.

- For a small number of extremely short selections, the "Most Commonly Used Expressions" and "Function Words and Patterns" have been eliminated.

- Whereas grammatical rules are often succinct, vocabulary acquisition is a cumulative process that is best aided by rich contextual material. Under the section "Most Commonly Used Expressions," I have taken pains to include cultural and contextual information to link the past with the present. An index of these common expressions, including those presented in the first volume, is appended to this volume for easy reference.

- "Repetition makes perfect" is the principle behind the thorough annotation of vocabulary and explication of grammar. The objective is for our students to become entirely familiar with the core grammar points, function words, terms and phrases, and to achieve a state of automaticity in reading classical Chinese.

- The previous point notwithstanding, this is not a book devoted to the grammar of classical Chinese and makes no attempt to be all-inclusive. There are many excellent books on grammar, and learners are encouraged to consult these as references.

- A comprehensive test of 50 items is provided for learners to check their knowledge of commonly used function words. The test items can also be selected for exercises or quizzes at appropriate points.

- To accommodate different learning and teaching styles, this book does not pretend to impose any specific pedagogy on its users, though it is common practice for classical Chinese teachers to require memorization of texts and recitation from memory. I believe that an eclectic methodology sensitive to learner interests and styles and to the learning environment is the most effective. I have, therefore, provided ample material for teachers to explain the classical texts within a contemporary or historical context, for students to do pre-reading work, to retell the stories, to render classical Chinese passages into *baihua* and vice versa, to do exercises in punctuation or composition, or to engage in group discussions.

This volume was compiled while I was engaged in full-time teaching at Middlebury College. The limited time and my incomplete knowledge make it inevitable that there will be mistakes and omissions. I look forward to comments and criticism from my readers.

Gregory Chiang
Middlebury College
July 1999

前　言

　　《龍文墨影》第二單元，為按歷史年代編排的選文。選文以散文為主，也盡量包括其他文體。

　　編寫的體例與目的仍與第一單元相同。

　　通過第一單元的精讀訓練，學生對文言文的語音、詞彙及語法已有相當的認識與了解。老師除解難去惑之外，應盡量引導學生自己講解課文，分析內容論點，進而要求準確地理解字、詞、句，以及篇章的主旨。在學習過程中，尤應注意漢語古今一脈相承之處，將文言文的知識應用於白話文的閱讀中，以達本書溝通古今、文白並進的目的。

　　茲將第二單元在編排上的增添和改動說明如下：

一、選文前之說明，逐漸以簡單書面語介紹作者或內容，並加註釋，以加強學生語文閱讀能力。

二、為擴大知識範圍，本單元在《老子選讀》、《論語選讀》及《孟子選讀》等課文之後附加“選句”一項。“選句”多半為意蘊深遠的洞識卓見，學生可按照個人興趣選擇學習。此項增添亦為自學者提供較廣泛的材料。

三、本書在詞彙註釋和語法闡釋上不避重復，旨在通過多見求熟，以熟求通的方法來加深學生印象。

四、本書第一單元對常用單音虛詞做了較有系統的闡釋；第二單元則對複音虛詞和固定結構有較多介紹。

五、少數短小精練的作品，課文後取消了“常用詞”及“虛詞與句型”兩項，是因為這兩項多已併入該課的練習中。

六、語法規則可以舉一反三，詞彙要靠閱讀作品時逐步積累。本書在“常用詞”項下注重講解古今詞義的異同，簡明扼要地介紹詞義的變遷及沿用。第二單元後附有《常用詞索引》（包括第一單元的常用詞）以便學生查閱。

七、本書非語法專著，書中對語法點的解析，多與課文上下文義相連而不旁及其他。一般來說，語法規則都是概括性的，且常容許例外。遇有疑難之處，老師與學生均應參考其他語法專著，以求獲得規範合理的結論。

八、本單元後附有《虛詞句型綜合練習》五十題，可視需要隨時選用，並非到最後一次做完。

九、一般來說，詩詞的翻譯因受文化差異的制約，譯文鮮能傳達原作神韻。本單元第四十四課《詩詞選讀》部份除對關鍵性詞語加以註釋外，不作英譯，以免產生誤導。

十、由於教學對象與目的不同，本書在編寫過程中，不曾特別強調朗讀和背誦。不過老師不同，教法各異。學生預習，老師串講，背誦，回講，翻譯，造句，作文，以及斷句練習等，都各有不同的作用。老師可根據教學環境與目的自行調整。編者個人認為，不應因反對"讀死書"而將行之有效的方法棄之不用。

　　課餘倉猝成書，限於學力，疏漏欠妥之處在所難免。敬祈方家師友批評指正。

編著者
一九九九年七月

———

語法術語
Grammatical Terms

bīn yǔ	賓語（賓）	Object (O)
bù jí wù dòng cí	不及物動詞	Intransitive verb (Vi)
bǔ yǔ	補語（補）	Complement (C)
cí wěi	詞尾	Suffix
dài cí	代詞（代）	Pronoun (pron)
dìng yǔ	定語（定）	Attributive (attrib)
dòng bīn duǎn yǔ	動賓短語（動賓）	Verb-Object (V-O) phrase
dòng bǔ duǎn yǔ	動補短語（動補）	Verb-Complement (V-C) phrase
dòng cí	動詞（動）	Verb (V)
dòng cí duǎn yǔ	動詞短語（動語）	Verbal phrase
dòng cí wèi yǔ	動詞謂語（動謂）	Verbal predicate (V-P)
fāng wèi duǎn yǔ	方位短語	Phrase of locality
fāng wèi míng cí	方位名詞（名）	Noun of locality
fù bīn yǔ	複賓語	Multiple object
fù cí	副詞（副）	Adverb (adv)
gù dìng jié gòu	固定結構	Set phrase
jí wù dòng cí	及物動詞	Transitive verb (Vt)
jiàn jiē bīn yǔ	間接賓語	Indirect object
jiān yǔ	兼語（兼）	Pivot
jiè cí	介詞（介）	Preposition (prep)
jiè bīn jié gòu	介賓結構（介賓）	Preposition-Object (prep-O) phrase
jié gòu dài cí	結構代詞（結代）	Structural pronoun
jié gòu zhù cí	結構助詞	Structural particle
lián cí	連詞（連）	Conjunction (conj)
liàng cí	量詞（量）	Measure word (M)

míng cí	名詞（名）	Noun (N)
míng cí duǎn yǔ	名詞短語（名語）	Noun phrase
míng cí xìng wèi yǔ	名詞性謂語	Noun predicate (N-P)
qián zhì bīn yǔ	前置賓語	Fronted object
rén chēng dài cí	人稱代詞（代）	Personal pronoun
shí jiān míng cí	時間名詞（名）	Time noun
shù cí	數詞（數）	Numeral (noun)
shù liàng duǎn yǔ	數量短語	Numeral-Measure (N-M) phrase
shuāng bīn yǔ	雙賓語	Double objects
wèi yǔ	謂語（謂）	Predicate (P)
xíng róng cí	形容詞（形）	Adjective (adj)
xíng róng cí wèi yǔ	形容詞謂語（形謂）	Adjective predicate
xiū shì yǔ	修飾語	Modifier
yí wèn dài cí	疑問代詞（代）	Interrogative pronoun (Interrog pron)
yí wèn yǔ qì cí	疑問語氣詞	Interrogative particle (Interrog particle)
yǔ qì cí	語氣詞（語）	Modal particle
zhí jiē bīn yǔ	直接賓語	Direct object
zhǐ shì dài cí	指示代詞（代）	Demonstrative pronoun
zhōng xīn yǔ	中心語	Modified word
zhù dòng cí	助動詞（動）	Auxiliary Verb (aux v)
zhǔ wèi duǎn yǔ	主謂短語（主謂）	Subject–Predicate (S-P) phrase
zhǔ yǔ	主語（主）	Subject (S)
zhuàng yǔ	狀語（狀）	Adverbial adjunct (adv adjunct)

第二單元

UNIT 2

第二十一課

老子*選讀

According to 《史記》 (*Historical Record*) by Sima Qian (145-86 B.C.), Lao zi is supposed to have been born in the State of Chu (楚國). Disheartened by the decadence of the Zhou Dynasty (周朝 1027-256 B.C.), he gave up his post as the keeper of the imperial achives and spent the remainder of his life as a hermit. The book 《道德經》 (*Classic of the Way and Power*) may be a compi-lation of the sayings of Lao zi composed by his disciples living in the Age of the Warring States (475-221 B.C.).

一、體道 （第一章）

道可道，非常道。名可名，非常名。無名，天地之始。有名，萬物之母。故常無欲，以觀其妙。常有欲，以觀其徼。兩者同出而異名。同謂之玄。玄之又玄，眾妙之門。

【註釋】

道	dào	（名）	真理 truth; the way
可	kě	（副）	可以 can; may

---

*自漢朝以後，《老子》的各種版本都以《道》經為上篇，《德》經為下篇。因此一般又稱《老子》為《道德經》。但據一九七三年在湖南長沙馬王堆三號漢墓出土的甲、乙兩種《老子》帛書，都是《德》經在前，《道》經在後。這和韓非所寫的《解老》、《喻老》兩篇文章中的先《德》經而後《道》經的次序相吻合。至於《老子》的註釋，章句的異同，歷來眾說紛紜，似仍有待識者深入研究。本書所選的三章仍按通行本的次序，以便學生查閱。但內容的斷句則以馬王堆帛書乙本為底本。有興趣進一步研究《老子》的同學可參閱復旦大學哲學系的《老子註釋》（上海人民出版社 1977 年版）。

道	dào	（動）	講，說 to show and explain
常	cháng	（形）	永恆的 everlasting
名	míng	（名）	名稱 name (of a thing)
名	míng	（動）	命名 to call, address
無	wú	（動）	nothingness
無名	wú míng	（動賓）	the nameless; here: indicates the 道
天地	tiān dì	（名）	heaven and earth
始	shǐ	（名）	根源 the origin
有	yǒu	（動）	reality
有名	yǒu míng	（動賓）	the named; here: indicates the primeval state of the universe
萬物	wàn wù	（名）	宇宙間的一切東西 all things on earth
母	mǔ	（名）	開始 the beginning
常	cháng	（副）	經常 constantly
欲	yù	（名）	欲望 desire
無欲	wú yù	（動賓）	沒有欲望 to rid oneself of desires
以	yǐ	（連）	為的是 in order to
觀	guān	（動）	觀察，看到 to observe; to catch sight of
其	qí	（代）	它的 its; here: indicates 萬物
妙	miào	（名）	奧妙 secret; mystery
有欲	yǒu yù	（動賓）	有欲望 to have desires
徼	jiào	（名）	邊界 bounds; 跡象 sign
兩者	liǎng zhě	（名語）	兩個，兩種 those two; here: indicates "有名" 和 "無名"
同	tóng	（副）	相同，一樣 to be the same
出	chū	（動）	從……來 to come from
同出	tóng chū	（動語）	從同一個地方來的 to have a common origin
而	ér	（連）	可是 but
異	yì	（形）	不同 different
異名	yì míng	（名語）	名稱不同 (to bear) different names

374

謂之	wèi zhī	（動賓）	叫做 to be called
玄	xuán	（名／形）	幽深，奧妙 mysterious and metaphysical
眾	zhòng	（形）	一切 all
眾妙	zhòng miào	（名語）	萬物變化的奧妙 the manifold secret
門	mén	（名）	the gateway

二、無用 （第十一章）

三十輻，共一轂。當其無有，車之用。埏埴以為器。當其無有，器之用。鑿戶牖以為室。當其無有，室之用。故有以為利，無以為用。

【註釋】

輻	fú	（名）	車輪上的直木條 the spoke of a wheel
共	gòng	（動）	共有 to share
轂	gǔ	（名）	車輪中心車軸穿過的圓木 the hub of a wheel; nave
三十輻共一轂			Thirty spokes share the space of one nave.
當	dāng	（介）	在 at
無	wú	（動）	空的地方 the void
有	yǒu	（動）	here: 實體 the substance
當其無有，車之用			The substance and the void are both essential to the usefulness of a carriage.
埏	shān	（動）	用水和 (huó) 土 to mould
埴	zhí	（名）	黏土 clay
器	qì	（名）	容器，器皿 vessel
埏埴以為器			Clay is moulded to make vessels.
當其無有，器之用			The substance and the void are both essential to the usefulness of a vessel.

鑿	záo	（動）	開	to bore
戶	hù	（名）	門	doors
牖	yǒu	（名）	窗戶	windows
室	shì	（名）	房間	rooms

鑿戶牖以為室　Doors and windows are hewn in a house.

當其無有，室之用　The substance and the void are both essential to the usefulness of a house.

利	lì	（名／形）	實利，有利	benefit; beneficial

故有以為利，無以為用　Thus, the presence of something may prove beneficial, just as the absence of something may prove useful.

三、天道 （第七十七章）

　　天之道，其猶張弓與？高者抑之，下者舉之；有餘者損之，不足者補之。天之道損有餘而補不足，人之道則不然：損不足以奉有餘。孰能有餘以奉天下？唯有道者。是以聖人為而不恃，功成而不處。其不欲見賢邪！

【註釋】

其	qí	（副）	表示測度。大概	perhaps
猶	yóu	（副）	好像是	to be like
張弓	zhāng gōng	（動賓）	把弦 (xián, bowstring) 安在弓 (gōng, bow) 上	to set a bow
高者	gāo zhě	（名語）	（名詞短語）高了的	that which is high
抑之	yì zhī	（動賓）	把弦壓低	to level the bulge
下者	xià zhě	（名語）	低了的	that which is low
舉之	jǔ zhī	（動賓）	把弦升高	to raise a depression
有餘者	yǒu yú zhě	（名語）	多餘的	the excess

376

損之	sǔn zhī	（動賓）	減少它	to diminish it
不足者	bù zú zhě	（名語）	（名詞短語）不夠的	the deficiency
補之	bǔ zhī	（動賓）	補足它	to replenish it
則	zé	（副）	卻	yet; however
不然	bù rán	（形）	不是這樣	not like this
奉	fèng	（動）	給	to give to; to serve
損不足以奉有餘				to rob the poor to serve the rich
孰	shú	（代）	誰	who
有道者		（名語）	有德的人	the follower of truth
yǒu dào zhě				
恃	shì	（動）	here: 自認為有功勞	to exact gratitude
處	chǔ	（動）	here: 居功	to claim credit
見賢	xiàn xián	（動賓）	表彰才能	to show one's worth
邪	yē	（語）	（語氣詞）吧	a particle indicating speculation

名　始　欲　觀　妙　異　利　損　補　奉

1. 名　　名詞

(1) 名字，名稱

北冥有魚，其名曰鯤。《莊子・逍遙遊》
—— 北海有一條魚，它的名字叫做鯤。

(2) 名分 (míng fèn, a person's status)；名義(míng yì, name)

必也正名乎？　　《論語・子路》
—— 一定要先正名分。

名正言順　　（成語）

(míng zhèng yán shùn, lit., The name is just and
the sayings are smooth—be perfectly justifiable.)

名副其實　　（成語）

(míng fù qí shí, The name matches the reality.)

(2) 名譽 (míng yù, fame; reputation)，名望 (míng wàng, fame and
prestige)

名聞天下。　《史記・西門豹列傳》
—— 全國人都知道他的名聲。

名利雙收　　（成語）

(míng lì shuāng shōu, to achieve both fame and wealth)

名不虛傳　　（成語）

(míng bù xū chuán, The reputation is well supported by fact.)

名人錄

(míng rén lù, a Who's Who)

2. 始　　名詞

事情的開頭，開始，根源

無名，天地之始。　　《老子・上篇》

(The nameless was the beginning of heaven and earth.)

"始" 跟 "終" (zhōng, end) 是相對詞。

有始有終　　（成語）

(to carry something through to the end)

始終如一　　（成語）

(the same from beginning to endend—consistent)

始亂終棄　　（成語）

(shǐ luàn zhōng qì, to desert a girl after robbing her of her chastity)

始作俑者　　　（成語）

(shǐ zuò yǒng zhě, the originator, usually of a bad practice)

引伸義：才，副詞 only then; not . . . until

近來始覺古人書，信著全無是處。 辛棄疾《西江月・遣興》
—— 近來才覺得古人書上所說的，相信它卻全然不是
那麼一回事。

3. 欲　　名詞

(1) 欲望，願望

上下同欲者勝。　　《孫子・謀攻》
—— 官兵有共同欲望，上下齊心協力的，能勝利。

無欲而天下足。　　《莊子・天地》
—— （古代養育天下群生黎庶的）沒有欲望而天下自足。

(2) 情欲 (qíng yù, lust)，貪欲 (tān yù, greed)

從耳目之欲，以為父母戮 (lù)，四不孝也。《孟子・離婁下》
—— 放縱耳目的私欲，專在聲色上求滿足，造成
父母的羞辱，是第四種不孝。

註：這個意義又寫作 "慾"。

欲　　動詞

想要 (to wish; to want; to desire) ——→ 將要 (to be going to)

以若所為，求若所欲，猶緣木而求魚也。

　　　　　　　　　　　　　　《孟子‧梁惠王上》

—— 用這樣的行為，想要實行這樣的願望，就像要
爬上樹去捉魚一樣。

莊子來欲代子相。　　　《莊子‧秋水》

—— 莊子這次來，是想要代替你作宰相。

山雨欲來風滿樓。　　　許渾《咸陽城東樓詩》

—— 山雨將要來時，滿樓刮著風。

欲罷不能　　　（成語）

(yù bà bù néng, cannot help carrying on)

欲速則不達　　　（成語）

(yù sù zé bù dá, haste makes waste)

4. 觀　　動詞

觀察 ——→ 觀賞 (guān shǎng, to enjoy the sight of)

常有欲，以觀其徼。

—— 常處於有，明白這有的發端，為的是觀察天地間
事物的跡象。

(Always allow yourself to have desires in order to
observe their manifestations.)

今吾於人也，聽其言而觀其行。　《論語‧公冶長》

— 現在我對於人，聽他說的話，還要觀察他的行為。

琦乃將亮游觀後園。　　《三國志‧蜀書‧諸葛亮傳》

— 劉琦於是就帶領諸葛亮去觀賞後園。

觀　　名詞

值得 (zhí dé, to be worth) 觀賞的事物

此則岳陽樓之大觀也。　　范仲淹《岳陽樓記》

— 這是岳陽樓所能見到的非常美盛的風光。

洋洋大觀　　　（成語）

(yáng yáng dà guān, spectacular; imposing)

名詞，讀作 guàn

臺榭 (tái xiè, a pavilion or house on a terrace) ⟶ 樓閣 (lóu gé, a high building; tower) ⟶ 道教的廟宇 (dào jiào de miào yǔ, a Taoist temple)

出遊於觀之上。　　《禮記‧禮運》

— 出來在宮門雙闕 (gōng mén shuāng què, watchtower on either side of a palace gate) 上遊覽。

修繕樓觀，數年乃成。　　　《後漢書‧梁冀傳》

— 修理樓閣臺榭，好幾年才完成。

玄都觀 (name of a Taoist temple) 裡桃千樹，

盡是劉郎去後栽。

劉禹錫《玄都觀桃花詩》

註：廟、寺、觀，這三個字應該加以區別。本來，廟是祖廟(zǔ miào, ancestral shrine)，寺是官府(guān fǔ, government offices)，觀是臺觀 (tái guàn, terraces and pavilions)。後來，廟是一般的廟宇，其中奉祀 (fèng sì, to offer a sacrifice) 的是"神"(shén, god)；寺是佛教的寺院，其中奉祀的是"佛" (fó, Buddha)；觀是道教的廟宇，其中奉祀的是"仙"(xiān, immortal)。

5. 妙　　名詞

奧妙，玄妙

玄之又玄，眾妙之門。

(mystery upon mystery, the gateway to all mysteries)

天下妙理至多。　《北史·高允傳》
—— 世界上奧妙的道理是非常多的。

形容詞

巧妙 (qiǎo miào, ingenious)，奇妙 (qí miào, marvelous)
美妙 (měi miào, beautiful; splendid)

妙手回春　　（成語）
(miào shǒu huí chūn, to effect a miraculous cure and bring the dying back to life)

妙趣橫生　　（成語）
(miào qù héng shēng, full of wit and humor)

東都妙姬，南國麗人。　　　鮑照《蕪城賦》

— 東都美女，南國美人。

6. 異　　形容詞

(1) 不同

兩者同出而異名。

(These two states, though bearing different names, have a
common origin.)

世異則事異。　　　《韓非‧五蠹》

— 時代不同，那麼國家政治和社會情況也不同。

(2) 引伸義：奇特 (qí tè, peculiar)，與眾不同 (yǔ zhòng bù tóng,
out of the ordinary)

永州之野產異蛇。　　　柳宗元《捕蛇者說》

— 永州的郊外生產奇特的蛇。

(3) 奇怪 (qí guài, strange)，驚奇 (jīng qí, to be surprised)

漁人甚異之。　　　陶潛《桃花源記》

— 打魚的人對所看見的感到非常奇怪。

7. 利　　名詞

(1) 利益；好處 ⟶ 順利 (shùn lì, without a hitch) ⟶ 利潤 (lì rùn, profit)

見利思義。　　《論語・憲問》
— 見到利益，能夠顧到義理。

因與俱攻秦軍，戰不利。　　《史記・高祖本紀》
— 於是一起攻打秦軍，戰事不順利。

逐什一之利。　　《史記・越世家》
— 追求十分之一的利潤。

(2) 銳利 (ruì lì, sharp) ⟶ 言語鋒利 (yán yǔ fēng lì, sharp; incisive)

矛之利於物無不陷也。　　《韓非子・難一》
— 矛的銳利，任何東西都可刺穿。

談鋒犀利　　（成語）
(tán fēng xī lì, incisive in conversation)

8. 損　　動詞

(1) 減少

天之道損有餘而補不足。
— 天道是減少多餘的去補足不夠的。

損其家口，充狙之欲。　　《列子》
— 減少家裡人的費用，滿足猴子們的欲望。

385

(2) 損害 (sǔn hài, to harm, injure)──→喪失 (sàng shī, to lose, forfeit)

益者三友，損者三友。　　《論語・季氏》
── 有益的朋友有三種，有害的朋友也有三種。

滿招損，謙受益。　　《尚書・大禹謨》
── 驕傲帶來損失，謙虛得到益處。

損人利己　　（成語）
(sǔn rén lì jǐ, to benefit oneself at the expense of others)

9. 補　　動詞

(1) 補充 (bǔ chōng, to replenish) ──→ 補助(bǔ zhù, subsidy; allowance) ──→ 補益(bǔ yì, to nourish)

收孤寡，補貧窮。　　《荀子・王制》
── 照顧孤兒寡婦，補助貧窮的人。
(to look after orphans and widows and assist the poor)

靜然可以補病。　　《莊子・外物》
── 安靜可以調補疾病的損失。

(2) 補衣服 (to mend clothes) ──→ 修整 (xiu zheng, to repair)

補褐 (hè) 防寒歲。　　白居易《村居臥病》
── 修補粗布衣服以防寒冷的天氣。

牽蘿 (luó) 補茅屋 (máo wū)。　　杜甫《佳人》

—— 用蘿草來修整茅屋。（蘿：a kind of creeping plant）

10. 奉　　動詞

(1) 供養 (gòng yǎng, to serve) ——→ 侍奉 (shì fèng, to wait upon; to attend upon)

損不足以奉有餘。

宮室之美，妻妾之奉……《孟子·告子上》

—— 房屋的華美，妻妾的侍奉……

(2) 雙手恭敬地捧著東西給人 (to present respectfully with both hands) ——→ 恭敬地接受 (to receive respectfully)

楚人和氏得玉璞楚山中，奉而獻之厲王。《韓非子·和氏》

—— 楚國人卞和在楚山中尋得一塊璞玉，便恭敬地捧著獻給厲王。

奉命於危難之秋

(to be entrusted with a mission at a critical time)

副詞，表示尊敬

有遣使奉迎，探知起居。《後漢書·肅宗孝章帝紀》

—— 有派遣的使者恭敬地迎接（皇帝），探聽言行舉止。

恕不奉陪（成語）

(shù bú fèng péi, Sorry, I won't be able to keep you company.)

387

虛詞與句型

1. 以　　連詞

連詞"以"可以連接詞與詞，短語與短語，句與句。所連接的後一部份如表示前面動作行為的目的，可譯為"來"、"去"或"為了"等。

故常無欲，以觀其妙。

故為之說，以俟夫觀人風者得焉。　　柳宗元《捕蛇者說》
— 因此寫了這篇論說體的文章，為了等那觀察
民間情況的人得到它。

屬予作文以記之。　　范仲淹《岳陽樓記》
— 囑託我作篇文章來記述它。

2. 又　　副詞

表示動作行為或情況重復或繼續發生、出現。與它在現代漢語中的意思相同。

玄之又玄，眾妙之門。

損之又損，以至於無為。　　《老子‧第四十八章》
— 減少又減少，以至於達到純任自然。

野火燒不盡，春風吹又生。　　白居易《草》

3. 其……與？　＝ 大概……吧？ probably, most likely

　　"與" 在此是幫助測度的語氣詞。常同表示測度估量的副詞 "其" 相呼應，組成 "其……與" 句型。

　　　　　　天之道，其猶張弓與？
　　　　　　— 天道的作用，大概像施弦於弓時一樣吧？

　　　　　　子曰："語之而不惰者，其回也與！" 　　《論語・子罕》
　　　　　　— 孔子說："聽我講話而不懈怠的，大概只有
　　　　　　顏回吧！"

　　　　　　夫子之求之也，其諸異乎人之求之與？ 　　《論語・學而》
　　　　　　— 孔子求聽到別國政事的方法，或許跟別人的
　　　　　　求得方法不同吧！

　　註：這個句型中的 "其"，有時是 "其或"、"其或者" 及 "其諸"
等短語，但用法相同。

4. 是以　　　連詞

　　　　＝ 因此，所以 therefore; for this reason

　　"是以" 是一個複合詞。作連詞用，表示結果。"是以" 有時也寫作
"以是"、"以此" 或 "故以此" 等，但意思相同。

　　　　　　是以聖人為而不恃。
　　　　　　— 因此聖人做事而不恃己能。

敏而好學，不恥下問，是以謂之“文”也
《論語・公冶長》

—（孔文子）聰明好學，不把向比自己地位低的
人請教當作恥辱，因此用“文”字做他的諡號。

今在骨髓，臣是以無請也。　　《韓非子・喻老》
—現在（他的病）已經深入骨髓，我因此不再
請求（給他治病）。

5. 其……邪　　＝大概……吧

　　“邪”在此是幫助測度的語氣詞。常和表示測度的副詞“其”或“得
無”等相呼應。這和上面句型“其……與”的意思是一樣的。

其不欲見賢邪！
—大概是不願意表彰才能吧！

孔丘之於至人，其未邪？　　《莊子・人世間》
—孔丘比起“至人”來，大概還不夠吧？

老子選句

1. 天下莫柔弱於水，而攻堅強者莫之能勝。 （七十八章）
   — 天下的東西沒有比水更柔弱的，但是能攻堅強的
   卻沒有勝過水的。
   (There is nothing in this world more supple and pliant than water.
   Yet even the most hard and strong cannot overcome it.)

2. 柔弱勝剛強。 （三十六章）
   — 柔弱能夠克服剛強。
   (The meek and weak will overcome the hard and strong.)

3. 動善時。 （八章）
   — 一切行動以能恰合其時為善。
   (to do a job while favorable conditions exist)

4. 兵者不祥之器，非君子之器。不得已用之，恬淡為上。 （三十一章）
   — 武器是不祥的一種東西，君子不拿它當工具。實在
   不得已去用兵的話，也要不過分才好。
   (The weapons of war are instruments of evil, not the instruments of
   the gentleman. When he uses them unavoidably, he regards calm
   restraint as the best principle.)

5. 飄風不終朝，驟雨不終日。孰為此者？天地。天地尚不能久，
   而況人乎？。 （二十三章）
   — 大風颳不了一清晨，急雨下不了一整天。興起風雨的是誰呢？
   是天地。天地作風作雨，還不能持續長久，何況渺小的人類呢？
   (A gusty wind cannot last all morning, and a sudden downpour cannot last
   all day. Who is it that produces these phenomena? Heaven and earth. Since
   these phenomena cannot last forever, how much less can the work of man!)

6.　聖人之道為而不爭。　　　　（八十一章）

　　— 聖人是善體天道的，即便有所作為，也是無為而有為，

　　無為而為，所以不與人爭。

　　(The way of the sage is to give, not to strive.)

7.　不敢為天下先，故能成器長。　　（六十七章）

　　— 具有處下居後的懷抱，大家就無不秉意擁戴。

　　(Because of not daring to be ahead of the world, one becomes
　　the leader of the world.)

8.　夫唯不爭，故天下莫與爭。　　　（二十二章）

　　— 就是因為不去和人爭，天下的人就更沒有能和你爭的。

　　(Because he himself does not strive for superiority, there is none
　　in the world who can contend with his superiority.)

9.　自見者不明，自是者不彰，自伐者無功，自矜者不長。（二十四章）

　　— 自己好表現的反而不得自明，自己以為是的反而得不到彰顯，

　　自己誇張有功的反而無功，自己炫耀能幹的反而不能長久。

　　(Those who show themselves are not enlightened. Those who are
　　self-important are not illustrious. Those who are self-conceited
　　are not successful. Those who are self-assertive are not supreme.)

10.　民不畏死，奈何以死懼之。　　　（七十四章）

　　—（政煩刑重，逼得）人民不怕死了，為甚麼還以死來恫嚇他們呢？

　　(When the people are not afraid of death, why try to frighten them
　　with death?)

11.　禍莫大於不知足，咎莫大於欲得。　　　（四十六章）

　　— 沒有甚麼災禍比不知足更大，沒有甚麼罪過比貪得更大。

　　(There is no disaster greater than not being content. There is no fault
　　greater than the desire for gain.)

12. 為之於未有，治之於未亂。　　　（六十四章）

　　── 當事情尚未發生時採取對策，當亂象尚未見兆端時予以防止。

(Measures should be adopted to forestall future emergencies. Action should be taken to safeguard against possible confusion.)

13. 無為而無不為。　　　（四十八章）

　　── 不倚仗自己的智能去做甚麼，順應萬物之自然，所以"無不為"。

(When one does nothing at all, nothing is left undone.)

　　註：根據清魏源(1794-1857)的《老子本義》及其他諸家的註解，"無為"是循萬物之自為的原則來治國為政。為政的人無為，並非消極怠惰，而是要維持自然的完美秩序，使萬物都能按照自然的規矩自為，所以說是"無不為"。

14. 勇於敢則殺，勇於不敢則活。　　　（七十三章）

　　── 凡是勇於逞強好爭的，必不得其正命而死；凡勇於曲全與人無爭的，必能保全其生命。

(When one is daring to the point of recklessness, he will meet with violent death. When one is brave in not daring, he will live.)

15. 我有三寶，持而寶之。一曰慈。二曰儉。三曰不敢為天下先。

　　　　　　　　　　　　　　　　　　　（六十七章）

　　── 我認為有三種寶貝是應當永遠保持的。一種叫做"慈"，一種叫做"儉"，一種叫做"不敢為天下先"。

(I have three treasures. Guard and keep them: the first is compassion, the second is frugality, and the third is not to dare to be ahead of the world.)

────────────────

*部份英譯採自楊家駱《Truth and Nature》（香港萬國書店 1936 年版）及 D. C. Lau《Lao Tzu Tao Te Ching》(Penguin, 1963)。譯文稍有改動，僅供參考。

練習

I. 將下列各句翻譯成現代白話：

    1. 聖人處無為之事，行不言之教。

    2. 不出戶，知天下。不窺牖，見天道。（窺牖：kuī yǒu, 從窗戶往外看）

    3. 讀書有得，當隨時筆記，以免遺忘。

    4. 務須繼續努力，以求貫徹。（貫徹：guàn chè, 達到目的）

    5. 竟日飲酒者，其猶"酒鬼"與？

II. 用下列句型及成語造句（文言白話均可）：

    1. 是以   2. 以

    3. 或許……吧   4. 名正言順

    5. 名不虛傳   6. 有始有終

    7. 始作俑者   8. 欲速則不達

    9. 妙趣橫生   10. 見利忘義

    11. 損人不利己   12. 恕不奉陪

II. 在本課《老子選句》中挑選一、二則你所喜歡的文句，並加以發揮 (fā huī, elaborate)。

第二十二課

大學之道

The *Great Learning* (《大學》) was originally a section of the *Book of Rites* (《禮記》). In the Song Dynasty (960-1279 A. D.), Zhu Xi (朱熹, 1130-1200 A. D.) removed it from the *Book of Rites*; thereafter, it was considered separately as one of the "Four Books" ("四書"). It consists of eleven chapters, the first of which, called the "Classic" ("經"), contains the words of Confucius on the fundamental principles requisite in the government of states. As Zhu Xi said in the preface: "The preceding chapter of classical text ("經一章") is in the words of Confucius, handed down by the philosopher Zeng (曾子 505 B.C.- ?). The ten chapters of explanation that follow contain the views of Zeng, and were recorded by his disciples."

四書五經
The Four Books and the Five Classics

四書 (The Four Books)	五經 (The Five Classics)
1. 大學 (dà xué, *Great Learning*) 2. 中庸 (zhōng yōng, *Doctrine of the Mean*) 3. 論語 (lúb yǔ, *The Analects of Confucius*) 4. 孟子 (mèng zǐ, *Mencius*)	1. 易經 (yì jīng, *Book of Changes*) 2. 書經 (shū jīng, *Book of History*) 3. 詩經 (shī jīng, *Book of Odes*) 4. 春秋 (chūn qiū, *Spring and Autumn Annals*) 5. 禮記 (lǐ jì, *Book of Rites*)

大學之道：在明明德，在親民，在止於至善。知止而后有定，定而后能靜，靜而后能安，安而后能慮，慮而后能得。物有本末，事有終始，知所先後，則近道矣。

【註釋】

大學之道 dà xué zhī dào		（名語）	大學所講的道理 the teaching of *Great Learning*
在	zài	（動）	在於 to lie in; to rest with
明	míng	（動）	顯揚 (xiǎn yáng)，彰明 (zhāng míng) to illustrate; to make clear
明德	míng dé	（名）	靈明的德性 the highest virtue; the illustrious virtue
親民	qīn mín	（動賓）	宋程頤 (Chéng Yí, 1033-1107) 認為"親"當作"新"，即使民眾能日新又新，不斷進步。王陽明 (1472-1528) 釋"親民"為"親近民眾"。朱熹 (1130-1200) 則釋為"既自明其明德，又當推己及人，使之亦有以去其舊染之污也。"這裡用朱熹的解釋。使民眾革新 to renovate the people
止於至善 zhǐ yú zhì shàn		（動語）	達到至善的境界 to attain perfection; to rest in the highest excellence
知止	zhī zhǐ	（動語）	知道要達到至善的境界 to know one's abiding place
后	hòu	（副）	《禮記‧大學》中的"后"通"後"。
而后	ér hòu	（副）	然後 after that; then
定	dìng	（名）	定向 fixity of purpose
靜	jìng	（形）	心不妄動 calmness of mind
安	ān	（形）	安於目前的處境；平靜的心境 tranquil repose; serenity of life

慮	lǜ	（動／名）	精詳地考慮事情 careful consideration of means
得	dé	（動）	達到至善的境界 the achievement of the end
物	wù	（名）	任何東西 things
本末	běn mò	（名）	根本和末梢 roots and branches
事	shì	（名）	任何事情 human affairs
終始	zhōng shǐ	（名）	終了和開始 end and beginning
知所先後 zhī suǒ xiān hòu		（動語）	知道哪些該先，哪些該後 to know what comes first and what comes afterwards
則	zé	（連）	那麼，就 then
近	jìn	（動）	接近 to be close to; to be near
矣	yǐ	（語）	了

　　古之欲明明德於天下者，先治其國；欲治其國者，先齊其家；欲齊其家者，先修其身；欲修其身者，先正其心；欲正其心者，先誠其意；欲誠其意者，先致其知；致知在格物。物格而后知至，知至而后意誠，意誠而后心正，心正而后身修，身修而后家齊，家齊而后國治，國治而后天下平。

欲	yù	（動）	想要 to wish
天下	tiān xià	（名）	世界；中國古來自稱全國為天下 land under heaven— the world or China
者	zhě	（代）	…的人 the men who. . .; the ancients who . . .
治其國	zhì qí guó	（動語）	治理好自己的國家 to govern their own states efficiently
齊其家	qí qí jiā	（動語）	使家庭中講究倫常 (lún cháng, order of seniority in human relationships)，親愛和諧 (hé xié, harmonious) to make ordered harmony in their own families

修其身	xiū qí shēn	（動語）	努力提高自己的品德和修養 to cultivate their moral character
正其心	zhèng qí xīn	（動語）	使自己的心情平正 to rectify their hearts
誠其意	chéng qí yì	（動語）	使自己的意念真實 to be sincere in their thoughts
致其知	zhì qí zhī	（動語）	增進自己的知識 to extend their knowledge to the utmost
格物	gé wù	（動賓）	窮究 (qióng jiù, to study to the very source of something) 事物的道理 the investigation of affairs and things
知至	zhī zhì	（動語）	知識無所不到 knowledge reaches its height; the completion of knowledge
天下平	tiān xià pín	（名語）	天下太平 the whole world is at peace

　　自天子以至於庶人，壹是皆以修身為本。其本亂而末至者否矣；其所厚者薄，而其所薄者厚，未之有也。

天子	tiān zǐ	（名）	統治全國的君主 the emperor
庶人	shù rén	（名）	平民 the common people
壹是	yī shì	（副）	一切 all
本	běn	（名）	here: 指修身
末	mò	（名）	here: 指齊家治國平天下
否	fǒu	（動）	不可能 to be impossible
其本亂而末至者否矣			如果連己身也不能修治，而想使國家天下平治，是不可能的。
厚	hòu	（動）	看重，優待 to favor; stress
薄	bó	（動）	看輕 to despise
所厚者	suǒ hòu zhě	（名語）	here: 指身
所薄者	suǒ bó zhě	（名語）	here: 指國家天下

未之有也　　　　　　　　　從來不會有的事 It never has been the case.

　　註：本章為《大學》一篇之綱要，朱熹稱之為“經”。另有“傳”十章，是對本章的“三綱八目”作進一步的解釋。

三綱 (sān gāng, the three guiding principles)：

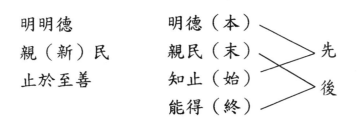

八目 (bá mù, eight detailed outlines)：

格物　　　　　　修身（樞紐 shū niǔ, to be the key position）
致知　　　　　　齊家
誠意　　　　　　治國
正心　　　　　　平天下

常用詞

德　慮　修　平　薄　厚

1. 德　名詞

(1) 道德 (dào dé, morals; morality) ──→ 品行 (pǐn xíng, conduct; behavior)

子曰："吾未見好德如好色者也。"《論語・子罕》

── 孔子說："我沒見過愛好道德像愛好美色那樣深切的人。"

君子之德風，小人之德草。　　　《論語・顏淵》

── 在位者的德性好比風，老百姓的德性好比草。

德高望重　　　（成語）

(dé gāo wàng zhòng, to be of noble character and high prestige)

(2) 恩惠 (ēn huì, favor; kindness) ──→ 感激 (gǎn jī, 動詞 to feel grateful; to feel indebted)

且以文王之德，百年而後崩 (bēng)，猶未洽於天下。
　　　　　　　　　　　　　　《孟子・公孫丑上》

── 況且憑文王的德澤 (dé zé, kindness and charity extended to the people)，加上活了快一百歲，他的教化還不能在天下普遍施行。

400

以功受賞，臣不德君。　　《韓非子‧外儲說左下》

— 因為有功而獲賞，臣不會感激國君。

2. 慮　　動詞／名詞

思量 (sī liàng, to consider)，考慮 (kǎo lù, think to over) ⟶ 心思，
意念 (名詞 thought; idea)

人無遠慮，必有近憂。　　《論語‧衛靈公》
— 如果一個人沒有久遠的謀慮，一定會遭受眼前的憂患。

智者千慮，必有一失。　　《史記‧淮陰侯列傳》
— 聰明的人考慮週到，也會有時犯錯。

心煩慮亂，不知所從。　　屈原《卜居》
— 心思煩悶無計，不知怎麼辦。

3. 修　　動詞

(1) 培養 (péi yǎng, to foster; to develop; to cultivate)

則修文德以來之。　　《論語‧季氏》
— 就培養改進禮樂文教來招致他們。

(2) 修飾 (xiū shì, to decorate; to adorn) ⟶ 修建 (xiū jiàn, to build)

乃重修岳陽樓。　　范仲淹《岳陽樓記》
— 於是重新修建岳陽樓。

不修邊幅　　（成語）

(bù xiū biān fú, not to care about one's appearance; to be slovenly)

(3) 研究，學習

不期修古，不法常可。　　《韓非子·五蠹》
— 不希望學習古人，不效法所謂永久合適的制度和習慣。

(4) 高，長 —— 善，美

修短合度。　　　　曹植《洛神賦》
— 長短合乎標準。

其修士不能以貨賂事人。　　《韓非子·孤憤》
— 一般潔身自守的人不能用財貨去賄賂他人。

　　註："修"和"脩"這兩個字在上古時是有區別的。"修"的本義是"修飾"，"脩"是乾肉。由於二字同音，所以常常通用。但表示"乾肉"的意思時，不能寫作"修"。

4. 平　　動詞／形容詞

(1) 平定 (píng dìng, to suppress; to put down)

何日平胡虜，良人罷遠征？　　李白《子夜秋歌》
— 甚麼時候才能平定北方的胡人，讓丈夫從遠方的
戰場回來？

治國平天下。　　《中庸》

— 治理國家，使天下平定。

(2) 安定 (ān dìng, stable; quiet)，太平 (tài píng, peace and tranquility)

上明而政平。　　《荀子·天論》

— 君主做事清明有智慧，政治就會安定。

國治而后天下平。

— 國家能安和，天下也就可以太平了。

(3) 平坦 (píng tǎn, level; even) ⟶ 公平 (gōng píng, fair; just)

平原廣野。晁錯《言兵事疏》

— 平坦廣闊的原野。

法不平，令不全。　　《管子·任法》

— 法律不公平，命令不週全。

不平則鳴　　（成語）

(bù píng zé míng, Where there is injustice, there will be an outcry.)

5. 薄　　形容詞，跟"厚"相對，opposite to "厚"

(1) 輕視 (qīng shì, to despise; to look down on)

其所厚者薄，而其所薄者厚。

不薄今人愛古人。　　　杜甫《戲為六絕‧五》

—— 不看不起現代人，也愛古人。

厚今薄古　　（成語）

(hòu jīn bó gǔ, to stress the present, not the past)

厚此薄彼　　（成語）

(hòu cǐ bó bǐ, to favor one and slight the other)

(2) 迫近 (pò jìn, to approach; to near)

日薄西山，氣息奄奄 (yān yān)。　　　李密《陳情表》

—— 像快要落山的太陽，只剩下微弱的呼吸。

薄暮冥冥 (míng míng)，虎嘯 (xiào) 猿啼。范仲淹《岳陽樓記》

—— 剛到傍晚，天昏地暗，只聽見老虎猿猴在大聲吼叫。

Other useful expressions:

臨深履薄　　（成語）

(lín shēn lǚ bó, as if on the brink of the abyss, as if treading on thin ice)

薄利多銷　　（俗語）

(bó lì duō xiāo, to cut down the profit margin in order to sell more)

薄海騰歡　　（俗語）

(bó hǎi téng huān, to cheer from all over the country)

虛詞與句型

1. 於　　介詞，到　to rest in

　　　　止於至善。
　　　　— 達到至善的境界。

　　　　聲名光輝傳於後世。　　《史記・范雎蔡澤列傳》
　　　　— 聲名光輝流傳到千秋萬代。

2. 而后　連詞，然後　then; after that

　　　　知止而后有定。
　　　　— 知道要達到至善的境界，然後才能志有定向。

　　　　臣鞠躬 (jū gōng) 盡力，死而后已。　《三國志・諸葛亮傳》
　　　　— 我恭敬謹慎，竭盡全力，死了然後才停止。

3. 則　　連詞，那麼，就

　　　　知所先後，則近道矣。
　　　　— 知道哪些該先，哪些該後，就接近《大學》所講的
　　　　修己治人的道理了。

　　　　強本而節用，則天不能貧。《荀子・天論》
　　　　— 加強農業節省費用，那麼天就不能使他貧困。

4.自……以至於　　　from . . . down to . . .

“以至於” (even; down to; up to)，連詞。表示在時間、數量、程度或範圍上的延伸 (indicating an extent of time, quantity, degree or range)。

自天子以至於庶人。
— 上自天子，下至平民。

(from the emperor down to the common people)

諸夫飾智故以至於傷國者，其私家必富。《韓非子·解老》
— 那些賣弄智巧以至於傷害國家的人，他自己的
家一定富有。

這個文化也許很不錯，但是它有個顯然的缺陷，就是：
它很容易受暴徒的蹂躪，以至於死亡。
　　　　　　　　　　　　　　　老舍《四世同堂》

5. 未之有也

未　之　有　也　　＝　　未　有　之　也
adv　O　V　particle　　　　adv　V　O　particle

“之”指代前面所說的情形。

其所厚者薄，而其所薄者厚，未之有也。
— 對修身應該看做首要的反而看做次要；對治國
平天下應該看做次要的反而看做首要，這樣要想
使恩澤及於天下，是不會有的事。

練習

I. 填虛詞（每個虛詞用兩次）：

之　於　而　則　其

1. 不知彼 _____ 知己，一勝一負。

2. 鄰人之子家貧，老師出資助 _____ 就學。

3. 自十月不雨至 _____ 五月。

4. 入境 _____ 問禁，入國而問俗。

5. 百歲之後（死後），歸 _____ 其居（jū, 墳墓）。

6. 欲速 _____ 不達。

7. 事無（無論）大小，必有 _____ 理。

8. 大海中有吞舟 _____ 魚。

8. 女兒見家人泣（qì, 哭），_____ 隨之泣。

8. 人各盡 _____ 能，以得所欲。

II. 翻譯下列各句成白話：

　　1. 所謂誠其意者，毋自欺也。

　　2. 十目所視，十手所指，其嚴乎！

　　3. 如心不在焉，即視而不見，聽而不聞。

　　4. 民之所好好之，民之所惡惡之。

　　5. 見不善而不能退，過也。

第二十三課

中庸選讀

The selection is taken from 《中庸》(The *Doctrine of the Mean*). The work consists of thirty-two chapters, its history being similar to that of the 《大學》 (The *Great Learning*).

子程子曰："不偏之謂中,不易之謂庸。中者,天下之正道; 庸者,天下之定理。"(《中庸》篇首程子註。)

【註釋】

子程子	zǐ Chéngzǐ（名）		程頤 (1033-1107 A.D.), famous scholar of the Song Dynasty, also known as 伊川先生
偏	piān	（形）	側重一面 inclined to one side
易	yì	（動）	變 to change
者	zhě	（代）	（結構代詞）指代事物。中者 by "中"
正道	zhèng dào	（名語）	（名詞短語）正路 the correct course
定理	dìng lǐ	（名語）	一定的道理 the fixed principle

喜怒哀樂之未發,謂之中;發而皆中節,謂之和。(第一章)

喜怒哀樂 xǐ nù āi lè		（成語）	the feelings of joy, anger, sorrow, and delight
發	fā	（動）	發動 to surge up
皆	jiē	（副）	都 all
中節	zhōng jié	（名語）	合於節度,無過無不及 to keep within limits; in due degree

| 和 | hé | （名） | 和諧 harmony |

子曰："好學近乎知，力行近乎仁，知恥近乎勇。知斯三者，則知所以脩身；知所以脩身，則知所以治人；知所以治人，則知所以治天下國家矣。" （第二十章）

子曰	zǐ yuē	（動語）	孔子說。here: 朱熹註，"子曰" 為衍文 (yǎn wén, interpolations)。
乎	hū	（介）	here: 於
知	zhì	（名）	同"智"，智慧 wisdom
力行	lì xíng	（動語）	努力實踐 to practice energetically
仁	rén	（形）	博愛寬厚 magnanimity
恥	chǐ	（形）	羞恥 sense of shame
勇	yǒng	（形）	勇敢 brave; courageous
斯	sī	（代）	這 this
所以	suǒ yǐ	（名語）	用來……的（工具、方法或方式）

博學之，審問之，慎思之，明辨之，篤行之。有弗學，學之弗能弗措也；有弗問，問之弗知弗措也；有弗思，思之弗得弗措也；有弗辨，辨之弗明弗措也；有弗行，行之弗篤弗措也。人一能之。己百之；人十能之，己千之。果能此道矣，雖愚必明，雖柔必強。

（第二十章）

博學之	bó xué zhǐ（動語）	廣博地去學習 to learn all about the good 之：指學的對象。
審問之	shěn wèn zhǐ（動語）	詳細地去請教 to inquire accurately 之：指問的對象。
慎思之	shèn sī zhǐ（動語）	謹慎地去思考 to think it over carefully 之：指思的對象。

明辨之 míng biàn zhī		（動語）	明白地去分辨 to clarify by contrast 之：指辨的對象。
篤行之 dǔ xíng zhī		（動語）	切實地去實行 to faithfully put it into practice
弗	fú	（副）	不 to be not
措	cuò	（動）	放下，放棄 to give up
有弗學			按朱熹說，是"不學則已"的意思。 unless you don't want to learn
有弗學，學之弗能弗措也			除非不學，要學而沒有學會，則絕不放棄。
人一能之，己百之			別人學一遍就會了的，我學它一百次。
人十能之，己千之			別人學十遍就會了的，我學它一千次。
道	dào	（名）	方法 method
愚	yú	（形）	笨 dull
明	míng	（形）	聰明 intelligent
柔	róu	（形）	柔弱 weak; here: weak-willed
強	qiáng	（形）	堅強 strong; here: strong-willed

常用詞

偏　好　愚　柔　喜怒哀樂　　措　博學
審問　　慎思　　明辨　　篤行

1. 偏　　形容詞

(1) 不正，跟"正"相對 ⟶ 偏於 (piān yú, to be partial to)

　　不偏謂之中

　　帝以焉郭太后偏愛，特加恩寵。《後漢書・中山簡王焉傳》
　　— 皇帝由於郭太后偏愛劉焉，對他也特別寵愛。

(2) 片面，部份

　　萬物為道一偏。　　《荀子・天論》
　　— 萬物都體現了自然規律的一部份。

2. 好　　hào，動詞

　　愛好，喜愛。跟"惡" (wù) 相對。

　　敏而好學，不恥下問。　　《論語・公冶長》
　　— 聰明靈活，愛好學問，不以向下屬請教為恥。

　　好高務遠（成語）

　　(hào gāo wù yuǎn, to reach for what is beyond one's grasp)

好逸惡勞　　（成語）
(hào yì wù láo, to love ease and hate work)

3. 愚　　形容詞

愚蠢 (yú chǔn, stupid; foolish)，愚昧 (yú mèi, ignorant)

非是，是非，謂之愚。　　　《荀子·修身》
— 不能分辨真假對錯，叫做愚昧。
（lit. 把對的當作錯的，把錯的當作對的。）

愚公移山　　（成語）

愚者千慮，必有一得　　（成語）
(yú zhě qiān lù, bì yǒu yì dé, even a fool occasionally
hits on a good idea)

4. 柔　　形容詞

柔軟 (róu ruǎn, soft)，柔弱 (weak)

柔茹而寡斷。《韓非子·亡徵》
— 性情柔弱，不易決斷。

優柔寡斷。　　（成語）
(yōu róu guǎ duàn, irresolute and hesitant)

5. 措　　動詞

　　放下，放 ── 放棄 (fàng qì, to give up)

　　　　則民無所措手足。　　《論語・子路》
　　　　── 老百姓便不知道怎樣做才好。

　　　　手足無措　　　（成語）
　　　　(shǒu zú wú cuò, to be at a loss what to do)

　　　　措手不及　　　（成語）
　　　　(cuò shǒu bù jí, to be caught unprepared)

　　　　學之弗能弗措也。
　　　　── 學了就一定要學會；學不會，不放棄。

　　　　註：古書中常把 "措" 寫作 "錯"。

6. 喜怒哀樂　　the feelings of joy, anger, sorrow, and delight (a useful phrase indicating "different emotions.")

7. 博學、審問、慎思、明辨、篤行
　　這些詞語都可用在現代漢語中。

虛詞與句型

1. 乎　　介詞

用在句中，相當於 "於"（參考本書《常用虛詞索引》第 337 頁）。

好學近乎知　＝　好學近於知

(To be fond of learning is to be near to wisdom.)

2. 斯　　代詞

表示近指 (referring to near reference)，用來指代人、事物、情況、處所及時間等。可做主語、賓語、定語或狀語。相當於現代漢語中的 "這"、"這種"、"這樣"、"這兒" 或 "這個" 等。

斯人也而有斯疾也！　　《論語・雍也》

── 這人卻得了這樣的病呀！

何故至於斯？　　　《楚辭・漁父》

── 為甚麼到這樣的地步？

3. 所以　名詞性短語

所字結構表示行為所憑借的工具、方法或方式等。相當於現代漢語中的 "用來……的工具（方法、方式）" (that through which . . . ; that with which . . . etc.)。

知所以修身則知所以治人。

(If he knows by what means to cultivate his character,

he will know by what means to govern men.)

415

夫戟者，所以攻城也。　　《淮南子‧人間訓》

—— 戟，是用來攻城的工具。

4.果　　副詞

表示對某種假設的強調或肯定。可譯為 "果真"(if indeed; if really)。

果能此道矣，雖愚必明，雖柔必強。

—— 果真能夠這樣做，雖然是很笨的人，也會變成聰明的；

雖然是個柔弱的人，也會變成剛強的。

果遇必敗。　　《左傳‧宣公十二年》

—— 果真相遇，一定會失敗。

練習

I. 給下面文章加上標點符號 (punctuation mark)，並解釋劃線的詞：

　　子曰<u>愚而好</u>自用<u>賤而好</u>自專生<u>乎</u>今之世反古之<u>道</u>如此者災及其身者也

《中庸・第二十八章》

　　註：賤 jiàn, the lowly；災 zāi, disaster

II. 解釋下列各句劃線的詞（可用字典）：

　　1. <u>柔弱</u>勝剛強。

　　2. 無<u>惡</u>不懲，無善不顯。

　　3. 逆旅人有妾二人，其一人美，其一人<u>惡</u>，惡者貴而美者賤。

　　4. <u>好</u>逸<u>惡</u>勞，不能成大事。

　　5. 故<u>錯</u>人而思天，則失萬物之情。

III. 用下列詞語及句型造句：

　　1. 偏愛
　　2. 喜怒哀樂
　　3. 慎思
　　4. 明辯是非
　　5. 所以

第二十四課

禮運大同

昔者仲尼與於蜡賓，事畢，出遊於觀之上，喟然而歎。仲尼之歎，蓋歎魯也。言偃在側，曰："君子何歎？"

孔子曰："大道之行也，與三代之英，丘未之逮也，而有志焉。大道之行也，天下為公，選賢與能，講信修睦。故人不獨親其親，不獨子其子；使老有所終，壯有所用，幼有所長，矜寡孤獨廢疾者皆有所養。男有分，女有歸。貨，惡其棄於地也，不必藏於己；力，惡其不出於身也，不必為己。是故謀閉而不興，盜竊亂賊而不作，故外戶而不閉，是謂大同。"

* This selection is taken from 《禮記》 (*Book of Rites*).《禮記》 is a collection of essays compiled during the Han Dynasty (206 B.C.-220 A.D.).

【註釋】

與	yù	（動）	參加 to participate in
蜡	zhà	（名）	年終舉行的祭祀 year-end sacrifice
賓	bīn	（名）	陪祭者 one who takes part in the sacrifices
與於蜡賓			參與蜡祭而為助祭之賓。
觀	guàn	（名）	宗廟門外兩旁的高大建築物，亦稱"宮門雙闕 (què)"。
			watchtower on either side of a palace gate
蓋	gài	（副）	大概 probably; presumably
蓋嘆魯也			孔子看到魯國的祭禮不完備，空存其儀式，因此而嘆息。
			He sighed for the state of Lu.

言偃	Yán Yǎn	（名）	孔子的弟子，姓言名偃，字子游，吳國人。 Yan Yan (506 B.C.-?)
君子	jūn zǐ	（名）	here: 指孔子 Confucius (551-479 B.C.)
大道	dà dào	（名語）	至公至正之道，是儒家理想社會的那些準則。 Confucius' Utopia
行	xíng	（動）	實行 to put into practice
三代	sān dài	（名語）	夏 Xia Dynasty (2100-1600 B.C.) 商 Shang Dynasty (1600-1028 B.C.) 周 Zhou Dynasty (1027-256 B.C.)
英	yīng	（名）	傑出有才能的人物，這裡指賢明的君主禹、湯、文、武等。 outstanding person here: Yu (the first ruler of the Xia Dynasty); Tang (the first ruler of the Shang Dynasty); Wen (father of Wu, he was the ruler of Zhou); Wu (the first ruler of the Zhou Dynasty)
逮	dài	（動）	趕上 to be in time for
有志	yǒu zhì	（動語）	有記載 to be in recorded history (1) 從古書的記載上可以知道。 (2) 一說為“有志於此”，也就是心裡嚮往那時的情景。[1]
天下為公 tiān xià wéi gōng		（動語）	天下成為公共的 a public spirit ruled all under The Heaven
與	yǔ	（動）	通“舉”。選舉 to elect
能	néng	（形）	有才能的人 men of talents
講信	jiǎng xìn	（動語）	講求信用 to practice good faith
修睦	xiū mù	（動語）	使人與之人間關係和睦 to cement peaceful relations

---

1. 見王力《古代漢語》第一冊第 208 頁，北京中華書局 1981 年版。

親	qīn	（動）	（名詞動用）以……為親 to regard . . . as parents
子	zǐ	（動）	（名詞動用）以……為子 to regard . . . as children
不獨親其親			不僅僅把自己的父母當做父母。
不獨子其子			不僅僅把自己的兒女當做兒女。
有所終 yǒu suǒ zhōng		（動語）	有送終的條件，有善終 a competent provision was secured for the aged till their death
矜（鰥）寡孤獨 guān guǎ gū dú			鰥：老而無妻。寡：老而無夫。孤：幼而無父。獨：老而無子。 those who are without wives, husbands, parents, or children
廢疾者	fèi jí zhě	（名語）	（名詞短語） 殘廢的人 handicap
分	fèn	（名）	職分，職務 duty; post
歸	guī	（動）	出嫁，歸宿 (of a woman) get married; a home to return to
貨	huò	（名）	財物 property; articles of value; goods
棄	qì	（動）	丟，扔 to throw away
藏	cáng	（動）	收藏 to collect and keep
身	shēn	（名）	自身 self; oneself
謀	móu	（名）	奸詐 evil plot
閉	bì	（動）	杜絕 to put an end to
外戶	wài hù		(1) 一說 "外" 用如動詞，從外面把門關上 (2) 一說 "外戶" 就是 "大門"。
外戶而不閉			people could leave their outer gates unbolted
大同	dà tóng	（名語）	理想的和平世界 a world where harmony and equality prevail

常用詞

講　長　盜　賊　天下為公　　選賢與能　　講信修睦
壯有所用　　幼有所長

1. 講　　動詞

(1) 謀劃 (móu huà, to plan; to scheme) ⟶ 研究 (yán jiū, to study)，
　　討論 (tǎo lùn, to discuss) ⟶ 講究 (jiǎng jiu)，重視 (to pay
　　attention to; to stress)

　　　講事不令。　　《左傳・襄公五年》
　　　— 謀劃不完善。

　　　德之不修，學之不講。　　《論語・述而》
　　　— 品德不加修養，學問不加討論。

　　　選賢與能，講信修睦。
　　　— 選拔有道德的人（做領袖），舉用有才能的人
　　　（辦事情），講求信義，修習和睦。

　　註：古代 "講" 字沒有 "講話" 或 "說話" 的意思。

(2) 和解 (hé jiě, become reconciled)

　　　寡人欲割河東而講。　　《戰國策・秦策》
　　　— 我想要割讓河東的地方來和解。

2. 長　　動詞

讀 zhǎng，生長 (shēng zhǎng, to grow)，成長 (to grow up)

予助苗長矣。　　　（第五課）

幼有所長。

— 幼年人都有教養成長的環境。

形容詞

(1) 讀 zhǎng，年紀大的人，跟 "幼" 相對。

為長者折枝。　　　《孟子·梁惠王上》

— 替長輩折一根小樹枝。

(2) 讀 cháng，跟 "短" 相對。

道路阻且長，會面安可知。《古詩十九首·行行重行行》

— 道路上的障礙很多，距離又遠，怎麼知道何時才能見面。

長篇大論　　　（成語）

(cháng piān dà lùn, a lengthy speech or article)

長話短說　　　（成語）

(cháng huà duǎn shuō, to make a long story short)

(3) 讀 cháng，擅長 (shàn cháng, be good at)

敢問夫子惡 (wù) 乎長？　　《孟子·公孫丑上》

— 請問老師，您擅長於哪一方面呢？

長　　　副詞，讀 cháng，永遠地

　　　　　吾長見笑於大方之家。　　（第十八課）

　　　　　天長地久　　　（成語）

　　　　　(tiān cháng dì jiǔ, everlasting and unchanging)

3. 盜　　動詞，偷 (tōu, steal)

　　　　　殺人者死，傷人及盜抵罪。　　《史記・高祖本紀》
　　　　　— 殺人的人死罪，傷害人及偷竊的按罪的輕重處罰。

　　　　名詞，偷東西的人，竊賊 ⟶ 強盜 (qiáng dào, robber; bandit)

　　　　　季康子患盜，問於孔子。　　《論語・顏淵》
　　　　　— 季康子憂慮國內的竊賊很多，向孔子請教。

　　　　　然而巨盜至，則負匱揭篋擔囊而趨。《莊子・胠篋》
　　　　　— 可是大強盜一來，就會背起櫃子，舉起箱子，
　　　　挑起包袱，一齊都搶走了。

4. 賊　　動詞

　　　　害 (hài, to harm) ⟶ 殺害 (to kill)

　　　　　是賊天下之人者也。　　《墨子・非儒》
　　　　這是害天下人的做法。

　　　　　二人相憎，而欲相賊也。　　《韓非子・內儲說下》
　　　　　— 二人互相仇恨，都想殺害對方。

424

賊　　名詞，強盜

賊二人得我，我幸皆殺之矣。　　柳宗元《童區寄傳》

— 兩個強盜得我，幸虧把他們都殺了。

註："盜"和"賊"古今詞義差別很大。

	古代		現代
盜：偷東西的人		賊：	偷東西的人
賊：搶東西的人		強盜：	搶東西的人

有時，古代搶東西的人也稱"盜"，但一般多用"賊"。

5. 天下為公、選賢與能、講信修睦、壯有所用、
幼有所長、外戶而不閉

這些詞語在現代漢語中還經常為人引用。

虛詞與句型

1. 不獨　連詞

"不獨" 相當於現代漢語中的 "不但"、"不僅" (not only)，常用在並列複句中，表示遞進關係。

凡法術之難行也，不獨萬乘，千乘亦然。《韓非子‧孤憤》
— 大凡法術難以實行，不但在具有萬輛兵車的國家
難，就是在具有千輛兵車的國家也難。

不獨親其親。
— 不僅把自己的父母當做父母，（也把別人的
父母當做父母）。

2. 蓋　　（請參閱本書附件一《詞類》第 284 頁）

副詞，表示對人或事物的揣測。可譯為 "大概"。
"蓋" is used to explain or illustrate something. It can be rendered as
"大概"，"也許" in modern Chinese.

蓋嘆魯也！
— 大概是為魯國的祭禮不完備而嘆息吧！

未幾，敵兵果舁 (yú) 炮至，蓋五六百人也。
《清稗類鈔‧馮婉貞》
— 沒多久，敵軍果然抬著大炮來了，大概有五六百人。

蓋　　連詞

表示原因。可譯為 "因為" (because)。

非用於秦者必智，用於燕者必愚也，蓋治亂之資異也。
《韓非子・五蠹》

—— 不是被秦國任用的人就一定聰明，被燕國任用的人
就一定愚蠢，而是因為這兩個國家治亂的條件不相同。

疑問副詞
＝ 何，怎麼 (how)

善哉！技蓋至此乎？　《莊子・養生主》
—— 好啊！技巧怎麼會達到這樣的程度呢？

3. 賓語前置 (Prepositive Object)

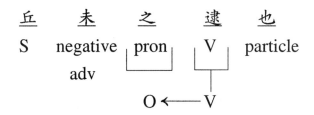

註：(1) "之" 指 "大道之行與三代之英" 的時代。
　　(2) 請參閱本書第七課《虛詞與句型》第 83 頁。

427

5.有所，無所

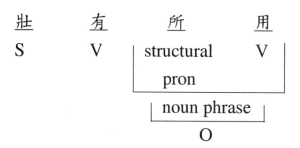

問女何所思！　　《木蘭詩》
・・・
— 問你在想甚麼啊！
　　・・・・

女亦無所思。
・・・
— 我沒在想甚麼。
　　・・・・・

　　"有所" 和 "無所" 結構在現代漢語中還用，而且是很方便很有用的結構。例如：

　　人必有所不為，而後能有所為。
　　怡然自得，一無所求。
　　有所恃而無恐。
　　終其身無所成。
　　無所得亦無所失。

428

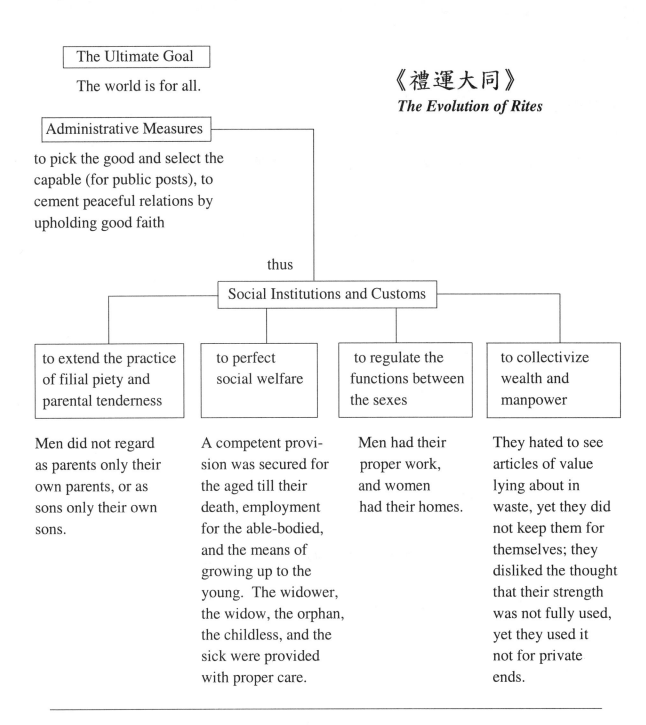

The Ultimate Goal

The world is for all.

《禮運大同》
The Evolution of Rites

Administrative Measures

to pick the good and select the capable (for public posts), to cement peaceful relations by upholding good faith

thus

Social Institutions and Customs

to extend the practice of filial piety and parental tenderness

to perfect social welfare

to regulate the functions between the sexes

to collectivize wealth and manpower

Men did not regard as parents only their own parents, or as sons only their own sons.

A competent provision was secured for the aged till their death, employment for the able-bodied, and the means of growing up to the young. The widower, the widow, the orphan, the childless, and the sick were provided with proper care.

Men had their proper work, and women had their homes.

They hated to see articles of value lying about in waste, yet they did not keep them for themselves; they disliked the thought that their strength was not fully used, yet they used it not for private ends.

In this way

Effect

All evil plotting was repressed.
Robbers, thieves, and rebels did not arise; hence, the outer doors remained open.

Conclusion

This was what we call universal brotherhood (a political utopia).

429

練習

I. 解釋畫線的詞並註音：

    1. 與魏<u>講</u>罷兵。（魏：魏國。罷兵：結束戰爭）

    2. 後於鐘山聽<u>講</u>。

    3. 天<u>長</u>地久，永不變心。

    4. 紙短情<u>長</u>，請多珍重。

    5. 此人<u>長</u>於記誦而短於理解。

    6. 不分<u>長</u>幼，一律須購票乘車。

    7. <u>盜</u>亦有道乎？

    8. 幼而不孫弟，長而無述焉，老而不死，是為<u>賊</u>。

    9. <u>賊</u>仁者謂之<u>賊</u>，敗義者謂之殘。

    10. 貨<u>惡</u>其棄於地也，不必藏於己。

II. 用 “有所” 、 “無所” 結構各寫兩個句子。

III. 問題：

    1. “大同世界” 是甚麼樣子？請描述一下。
    2. 你所知道的理想世界是怎樣的？

第二十五課

論語選讀

The *Confucian Analects* (《論語》) is a collection of dialogues between Confucius and his disciples. It consists of twenty chapters divided into 497 sections. There is no order to the chapters nor continuity to the sections. The *Confucian Analects* remains, nonetheless, the best extant source for the actual sayings of Confucius. The book was completed around the beginning of the Warring States period. The selections here are based on Zhu Xi's *Variorum on Four Books* (《四書集注》).

《論語》是一本記載孔子及其弟子們言語行事的語錄體文集。[1] 其中篇章有孔子弟子的筆墨，也有孔子再傳弟子的筆墨。《論語》的編寫日期開始於春秋 (770-476 B.C.) 末期，成書約在戰國 (475-221 B.C.) 初期。[2] 本書所選篇章依照朱熹《四書集注》。《論語》全書共二十篇，每篇有若干章，分別以 1.1、1.2、2.1、2.2 等標示，以便學生查閱原書。

學而第一

1.1 子曰："學而時習之，不亦說乎？有朋自遠方來，不亦樂乎？人不知而不慍，不亦君子乎？"

【註釋】

子	zǐ	（名）	孔子門人稱自己的老師為"子"。《論語》中"子曰"的"子"皆指孔子。 master

---

1. 班固《漢書‧藝文志》：論語者，孔子應答弟子、時人及弟子相與言而接聞於夫子之語也。當時弟子各有所記，夫子既卒，門人相與輯而論纂，故謂之論語。
2. 楊德崇《譯註論語讀本》導言第 6 頁，臺北藝文出版社 1978 年版。

時	shí	（副）	按時 timely
習	xí	（動）	演習，實習（技能） 溫習，復習（書本知識） to practice (artistry) to review (book knowledge)
之	zhī	（代）	指學到的知識 here: the knowledge one has learned
不亦……乎			（固定結購）不是……嗎？
說 yuè		（形）	通"悅"，高興 pleasant; delightful
不亦說乎？			不是很令人喜悅的嗎？ Is that not after all a pleasure?
朋	péng	（名）	古代"同門曰朋，同志曰友"，這裡指朋友 here: disciples or men who have a common goal
樂	lè	（形）	快樂 happy
知	zhī	（動）	了解 to understand
慍	yùn	（動）	惱恨 to be soured
君子	jūn zǐ	（名）	道德高尚的人 man of virtue

1.3 子曰："巧言令色，鮮矣仁。"

巧言	qiǎo yán	（動語）	使言語巧妙，花言巧語 fine words; sweet words
令色	lìng sè	（動語）	使臉色和善，偽善的面貌 smoothness of manner 巧言令色：朱熹注"好其言，善其色，致飾於外，務以說人。"
鮮	xiǎn	（形）	少 rare
仁	rén	（名）	仁德 benevolence; humanity
鮮矣仁			（見本課句型 1.3）

1.4 曾子曰：“吾日三省吾身：為人謀，而不忠乎？與朋友交，而不信乎？傳，不習乎？”

曾子	Zēng zǐ	（名）	孔子的弟子，姓曾，名參(shēn)，字子輿，魯國人 (505-435 B.C.)。
省	xǐng	（動）	反省 self-questioning
謀	móu	（動）	計劃 to plan; try to find a solution
忠	zhōng	（形）	竭盡自己的心力，盡心盡力 (to do something) with all one's heart and all one's might
信	xìn	（形）	誠實有信用 to be faithful
傳	chuán	（動）	傳授，這裡指老師傳授的知識 what was taught by the teacher
不……乎			（見本課句型 1.4）

1.7 子夏曰：“賢賢易色，事父母能竭其力，事君能致其身，與朋友交，言而有信，雖曰未學，吾必謂之學矣。”

子夏	Zǐ xià	（名）	孔子的弟子。姓卜，名商，字子夏 (507-400 B.C.)。
賢	xián	（形）	（形容詞動用）重視 to esteem
賢	xián	（形）	（形容詞用作名詞）品德 virtue
易	yì	（動）	輕視 to think lightly
色	sè	（名）	容貌 appearance
事	shì	（動）	侍奉 to serve
竭	jié	（動）	竭盡，用盡 to exert one's utmost strength
致	zhì	（動）	專心從事 to devote (oneself) to
謂之			（見本課句型 1.7）

433

1.14 子曰：“君子食無求飽，居無求安，敏於事而慎於言，就有道而正焉：可謂好學也已。”

食	shí	（動）	飲食 food and drink
求	qiú	（動）	追求，要求 to seek; demand
飽	bǎo	（形）	滿足 to gratify one's appetite
居	jū	（動）	住 dwell
安	ān	（形）	安適 comfortable
敏	mǐn	（形）	勤勞敏捷 diligent and earnest
慎	shèn	（形）	小心 careful
言	yán	（名）	言語 speech
就	jiù	（動）	親近 to frequent; be close to
正	zhèng	（動）	端正，改正 to rectify, correct
也已			（見本課句型 1.14）

1.16 子曰：“不患人之 不己知 ，患不知人也。”

| 患 | huàn | （動） | 憂慮 worry |
| 不己知 | bù jǐ zhī | （動語） | （倒裝句）不知己。他人不了解自己（的才學與修養） |

為政第二

2.1 子曰：“為政以德，譬如北辰，居其所，而眾星共之。”

【註釋】

為政	wéi zhèng	（動語）	治理國政 to administer a country
以	yǐ	（介）	憑借 by means of
北辰	běi chén	（名）	北極星 the North Star

434

居	jū	（動）	安居 to occupy (a place)
所	suǒ	（名）	處所，位置 place; position
共	gǒng	（動）	同"拱"，環繞 to turn toward

2.2 子曰："詩三百，一言以蔽之，曰：思無邪。"

詩	shī	（名）	指《詩經》 here: "Book of ~~Odes~~" 註：詩經有三百零五篇，"三百"只是舉其整數。
蔽	bì	（動）	概括 to generalize
思無邪	sī wú xié	（動語）	（作者的）思想完全是純正的 to have no depraved thoughts
一言以蔽之			（見本課句型 2.2）

2.3 子曰："道之以政，齊之以刑，民免而無恥；道之以德，齊之以禮，有恥且格。"

道	dào	（動）	同"導"，引導 to lead
之	zhī	（代）	指民眾 people
政	zhèng	（名）	法制禁令 laws and decrees
齊	qí	（形）	（形容詞動用）使……整齊 to keep in good order
刑	xíng	（名）	刑罰 punishment
免	miǎn	（動）	避免，這裡指"免於刑" here: to avoid the punishment
恥	chǐ	（名）	羞恥 sense of shame
禮	lǐ	（名）	禮法 rules of propriety; decorum
格	gé	（動）	至，到達。這裡指到達善的境地去 here: to become good

听志＝聽

2.4 子曰：“吾十有五而志於學；三十而立；四十而不惑；五十而知天命；六十而耳順；七十而從心所欲，不踰矩。”

有	yǒu	（連）	同“又”。十有五＝十五
志	zhì	（動）	立志 to be determined
立	lì	（動）	站得穩 to stand firm on one's own feet
惑	huò	（形）	迷惑 confused
天命	tiān mìng	（名語）	（名詞短語）天然的法則 the biddings of heaven
耳順	ěr shùn	（動語）	听到別人的言語，就可以分辨真假、是非 an obedient ear for the reception of truth
從心所欲 cóng xīn suǒ yù		（動語）	跟隨心裡想要做的去做 to do as the heart desires
不踰矩	bù yú jǔ	（動語）	不超越規矩 not to overstep the bounds of right

2.8 子夏問孝。子曰：“色難。有事，弟子服其勞，有酒食，先生饌，曾是以為孝乎？”

子夏	Zǐ xià	（名）	孔子的弟子（見本課 1.7 註釋）
孝	xiào	（名）	孝順 filial piety
色	sè	（名）	臉上的表情。這裡指愉悅的容色 here: a kind and pleasant countenance
服	fú	（動）	擔任 to take on
勞	láo	（形）	勞苦 toilsome
饌	zhuàn	（動）	吃喝 to eat
曾	céng	（副）	竟 after all
曾是以為孝乎？			這樣竟可以算是孝了嗎？（是以為孝＝以是為孝）Is this to be considered filial piety?

436

2.10 子曰：“視其所以，觀其所由，察其所安。人焉廋哉？人焉廋哉？”

zāi questioning word → 表疑問的詞.

視	shì	（動）	觀察 to observe
觀	guān	（動）	查考 to examine
察	chá	（動）	審視 to look closely at
所以	suǒ yǐ	（名語）	(1) 所為 = 所做的事
			(2) 所與 = 所結交的朋友
所由	suǒ yóu	（名語）	做事的動機和方法
所安	suǒ ān	（名語）	內心所覺得安適的是甚麼
焉	yān	（代）	何處，哪兒（見本課句型 2.10）
廋	sōu	（動）	隱藏，藏匿 to conceal

sōu 㿜

八佾第三

3.1 孔子謂季氏：“八佾舞於庭，是可忍也，孰不可忍也？。”

yí v. 在 prep.

【註釋】

季氏	Jì shì	（名）	《四書集註》：季氏，魯大夫，季孫氏也。春秋魯國的季孫氏，子孫世為大夫，執魯政。孔子所指可能為某一季孫氏，也可能指季孫氏家族。據《漢書·劉向傳》記載，可能是指季孫意如。據《韓詩外傳》似為季康子。馬融註則以為季桓子，恐皆不足信。
佾	yì	（名）	古代祭祀時樂舞的行列 a row of dancers, esp. referring to those in ancient dances at sacrifices
八佾	bá yì	（名）	天子之舞樂，以八人為一列，共八列，六十四人。 eight rows of ceremonial dancers

437

天子祭祀時才能用八佾。諸侯六佾，大夫四佾。季氏是大夫，在宗廟之庭作八佾舞，所以不合禮節。

是	shì	（代）	這，這樣 this
忍	rěn	（動）	容忍 to tolerate
是可忍也，孰不可忍也			像這樣僭越 (jiàn yuè, to assume power) 的事如果可以容忍，還有甚麼事不可容忍呢？ If this can be tolerated, what cannot?

3.4 林放問禮之本。子曰："大哉問！禮，與其奢也，寧儉。喪，與其易也，寧戚。"

林放	Lín Fàng	（名）	姓林，名放，魯國人。
本	běn	（名）	本質 essence; nature
奢	shē	（形）	奢侈 luxurious
儉	jiǎn	（形）	節儉 frugal
喪	sāng	（名）	喪禮 funeral
易	yì	（形）	儀文週到 to pay attention to the formalities
戚	qī	（形）	哀戚 deep sorrow; heartfelt condolences
與其……寧……		（句型）	it is better . . . than . . . （見本課句型 3.4）

里仁第四

4.1 子曰："里仁為美。擇不處仁，焉得知？"

【註釋】

里	lǐ	（名）	（名詞動用）居住 to reside; to dwell
仁	rén	（名）	仁厚的風俗 virtuous manners
擇	zé	（動）	選擇 to choose; select

| 知 | zhì | （形） | 同"智"，明智 wise |

4.8 子曰："朝聞道，夕死可矣！"

朝	zhāo	（名）	早晨 morning
聞	wén	（動）	聞知，听到 to hear of
道	dào	（名）	真理 truth
夕	xī	（名）	（時間名詞）晚上 evening

4.9 子曰："士志於道，而恥惡衣惡食者，未足與議也。"

士	shì	（名）	讀書人，知識分子 scholar; intellectual
志於道	zhì yú dào	（動語）	專心追求真理 one's heart is set upon the truth
恥	chǐ	（形）	（意動用法）以……為恥 to be ashamed of
惡衣	è yī	（名語）	不好的衣服 shabby clothes
惡食	è shí	（名語）	不好的食物 coarse food
未足	wèi zú		（助動詞性結構）here: 不值得 not worth （見本課句型 4.9）
議	yì	（動）	談論，討論 to discuss

4.17 子曰："見賢思齊焉，見不賢而內自省也。"

齊	qí	（形）	（形容詞動用）向……看齊 to keep up with
內	nèi	（名）	內心 the bottom of one's heart
自省	zì xǐng	（動語）	自我反省 to examine oneself

公冶長第五

5.10 宰予畫寢。子曰："朽木不可雕也,糞土之牆,不可杇也。於予與何誅!"子曰:"始吾於人也,聽其言而信其行;今吾於人也,聽其言而觀其行。於予與改是。"

【註釋】

宰予	Zǎi Yú	（名）	孔子的弟子,姓宰,名予,字子我,魯國人 (522-458 B.C.)。
畫寢	zhòu qǐn	（動語）	白天睡覺 to sleep during the daytime
朽木	xiǔ mù	（名）	腐朽的木頭 rotten wood
雕	diāo	（動）	刻 to carve
糞土之牆 fèn tǔ zhī qiáng		（名語）	骯髒 (āng zāng) 的土牆 a wall of dirty earth
杇	wū	（動）	粉刷 to whitewash
於	yú	（介）	對於
予	yú	（名）	人名,宰予
與	yú	（語）	"啊",表停頓
誅	zhū	（動）	責備 to blame
於予與何誅?			對於宰予,不值得責備啊!
改是	gǎi shì	（動語）	here: 改變態度 to make this change; to bring about the change

5.12 子貢曰:"我不欲人之加諸我也,吾亦欲無加諸人。"子曰:"賜也,非爾所及也!"

子貢	Zǐ gòng	（名）	孔子的弟子。姓端木,名賜,字子貢,衛國人 (520-456 B.C.)。
加	jiā	（動）	放置,施於 to bring to bear on

440

諸	zhū	（合音詞）	a phonetic fusion of "之" and "於" meaning "它＋到"
爾	ěr	（代）	你
及	jí	（動）	到達 to attain

5.15 子貢問曰："孔文子何以謂之文也？"子曰："敏而好學，不恥下問，是以謂之文也。"

孔文子 Kǒng wén zǐ		（名）	衛國大夫，姓孔，名圉(yǔ)，字仲叔。"文"是他死後的諡號 (a posthumous title)
何以	hé yǐ	（介賓）	（介賓結構）＝以何，憑甚麼 on what grounds（見本課句型 5.15）
不恥下問		（成語）	（意動用法）不以下問為恥 not ashamed to seek the opinions of one's inferiors
是以	shì yǐ	（介賓）	＝以是，因為這個 on these grounds

雍也第六

6.2 哀公問："弟子孰為好學？"孔子對曰："有顏回者好學，不遷怒，不貳過，不幸短命死矣！今也則亡，未聞好學者也。"

【註釋】

哀公	Āi gōng	（名）	魯國的國君，姓姬，名蔣，死後的諡號是"哀"。Duke Ai
孰	shú	（代）	誰，哪一個 which one
顏回	Yán Huí	（名）	孔子的弟子。姓顏，名回，字子淵 (521-490 B.C.)。
遷怒	qiān nù	（動語）	把怒氣轉移到他人身上 to vent one's anger on somebody who's not to blame

貳過	èr guò	（動語）	重複再犯同樣的過錯 to repeat the same fault
短命	duǎn mìng	（形）	不該死的時候死了 die young
亡	wú	（動）	通"無"，沒有

6.18 子曰："知之者不如好之者，好之者不如樂之者。"

之	zhī	（代）	這個"之"可能指某一件事，也可能泛指一切事物。一般英譯都把它譯成"道"或"真理"。許多譯註讀本也根據後漢學者包咸所言"學問，知之者不如好之者篤，好之者不如樂之者深"，把它解釋為"學問"。
知之	zhī zhī	（動語）	知道它 to know it
好之	hào zhī	（動語）	喜愛它 to love it
樂之	lè zhī	（動語）	以之為樂，醉心於其中 to delight in it

述而第七

7.2 子曰："默而識之，學而不厭，誨人不倦，何有於我哉！"

【註釋】

默	mò	（副）	不說話 silently
識	zhì	（動）	通"志"，記住 to bear in mind
之	zhī	（代）	指學習所得的東西 what was taught
厭	yàn	（動）	厭棄 to be sick of；也有人把"厭"解釋為"滿足"。
誨	huì	（動）	教導，誘導 to instruct
倦	juàn	（形）	厭倦 be tired of
何有	hé yǒu	（動語）	有甚麼，有哪些

何有於我		（動語）	＝於我有何，在我這裡有甚麼。有人認為《論語》中的"何有"都是"不難之辭"。那麼意思是"對我來說，有甚麼難呢"。（見本課句型7.2）

7.3 子曰："德之不修，學之不講，聞義不能徙，不善不能改，是吾憂也。"

德	dé	（名）	品德 moral character
修	xiū	（動）	脩養 to cultivate
學	xué	（名）	學問 learning; knowledge
講	jiǎng	（動）	講習 to discuss
聞	wén	（動）	聽到 to hear
義	yì	（名）	合宜的道理 righteousness
徙	xǐ	（動）	遷徙 to move towards; to go to
是	shì	（代）	這些 these

7.8 子曰："不憤不啟。不悱不發。舉一隅不以三隅反，則不復也。"

憤	fèn	（形）	心急欲求通而未得 bursting with eagerness
啟	qǐ	（動）	開導 to instruct
悱	fěi	（形）	口急欲言而未能 to be anxious to express oneself
發	fā	（動）	啟發 to help out; enlighten
舉	jǔ	（動）	提示 to point out; hold up
隅	yǔ	（名）	角 corner
反	fǎn	（動）	反應 to respond
復	fù	（動）	here: 不再重複繼續教 not to continue the lesson

7.21 子曰："三人行，必有我師焉。擇其善者而從之；其不善者而改之。"

三人	sān rén	（名語）	幾個人。三人是虛數，不一定只是三個人。
行	xíng	（動）	走路 to walk
必	bì	（副）	一定 certainly; surely
焉	yān	（代）	（指示代詞）＝於之，於三人中，在三個人裡 among them
擇	zé	（動）	選擇 to select
其	qí	（代）	他們 them
善者	shàn zhě	（名語）	好的，here: 優點 good qualities
從	cóng	（動）	跟從，學習 to follow; emulate
不善者	bú shàn zhě	（名語）	不好的，here:缺點 bad qualities
改	gǎi	（動）	改正 to correct

泰伯第八

8.3 曾子有疾，召門弟子曰："啟予足！啟予手！詩云：'戰戰兢兢，如臨深淵，如履薄冰。'而今而後，吾知免夫！小子！"

【註釋】

曾子	Zēng zǐ	（名）	孔子的弟子（見本課 1.4 註釋）
疾	jí	（名）	病 illness
召	zhào	（動）	召集 to call together
啟	qǐ	（動）	開 to uncover; here: 掀開被子看看
詩	shī	（名）	here:《詩經》 Book of Odes
戰戰兢兢 zhàn zhàn jīng jīng		（形）	恐懼戒慎 be extremely mindful of one's steps
臨	lín	（動）	靠近 to come close to

深淵	shēn yuān	（名語）	很深的水潭 a deep gulf; abyss，比喻很危險的地方
履	lǚ	（動）	踩，走 to step on
薄冰	bó bīng	（名語）	很薄的冰 thin ice
而今而後 ér jīn ér hòu		（副）	從今以後 now and hereafter
免	miǎn	（動）	免於 to exempt from; to escape from here: to exempt from injury
夫	fú	（語）	啊
小子	xiǎo zi	（動）	學生們

8.14 子曰：“不在其位，不謀其政。”

位	wèi	（名）	官位，職位 position
謀	móu	（動）	參與計劃 to have a hand in the matter
政	zhèng	（名）	政事 administrative affairs

子罕第九

9.1 子罕言利，與命與仁。

【註釋】

罕	hǎn	（副）	少 rarely
利	lì	（名）	利益 profit
命	mìng	（名）	命運 destiny; fate
仁	rén	（名）	仁德 virtue and morality
與	yǔ	（連）	跟，和 and

9.16 子在川上曰：“逝者如斯夫！不舍晝夜。”

川	chuān	（名）	河，溪 a stream
逝	shì	（形）	逝去的 pass
斯	sī	（代）	這個 this
逝者如斯			it passes away like this—said of a stream
夫	fú	（語）	啊，表示感嘆
舍	shě	（動）	同“捨”，止息 to cease
晝夜	zhòu yè	（名）	白天夜裡 day or night

9.17 子曰：“吾未見好德如好色者也。”

好德	hào dé	（動語）	喜愛道德 to love virtue
好色	hào sè	（動語）	喜愛美色 to love beauty

9.27 子曰：“歲寒，然後知松柏之後彫也。”

歲	suì	（名）	年 year
寒	hán	（形）	冷 cold
松柏	sōng bó	（名）	松樹和柏樹 the pine and the cypress
彫	diāo	（動）	同“凋”。凋零 withered, fallen, and scattered about
後彫	hòu diāo	（動語）	最後凋落 the last to fade

鄉黨第十

10.1 孔子於鄉黨，恂恂如也，似不能言者。其在宗廟朝廷，便便言，唯謹爾。

【註釋】

鄉黨	xiāng dǎng（名）	鄉里 home village	
恂恂如	xún xún rú（形）	溫和恭順 moderate and sincere	
宗廟	zōng miào（名）	祖先的廟堂 ancestral temple of a ruling house	
朝廷	cháo tíng（名）	君主受朝之所 imperial court	
便便	pián pián（形）	能說會道，清楚明暢 simple and forceful	
謹	jǐn（形）	小心謹慎 cautious	

先進第十一

11.11 季路問事鬼神。子曰："未能事人，焉能事鬼？"曰："敢問死。"曰："未知生，焉知死？"

【註釋】

季路	Jì Lù（名）	孔子的弟子。姓仲，名由，字子路 (542-480 B.C.)。	
事	shì（動）	侍奉 to serve	
鬼	guǐ（名）	人死後的精氣 the spirits of the dead	
神	shén（名）	天神 deity；傳統的說法，"對天曰神，人歸曰鬼"。	
焉	yān（副）	（疑問副詞）同"何"，怎麼 how	
敢	gǎn（副）	（表敬副詞）大膽地 boldly	

| 敢問 | gǎn wèn | （動語） | 大膽地問 to venture a question |

11.14 子曰："由之瑟，奚為於丘之門？"門人不敬子路。子曰：
"由也升堂矣，未入於室也。"

由	Yóu	（名）	孔子的弟子（見本課 11.11 注釋）
瑟	sè	（名）	一種古代的樂器 an ancient musical instrument
奚	xī	（副）	（疑問副詞）為甚麼 why
丘	Qiū	（名）	孔子姓孔，名丘，字仲尼 (551-479 B.C.)。
升	shēng	（動）	登進 to ascend
堂	táng	（名）	正廳 the hall
室	shì	（名）	內室 the inner chambers
			"升堂入室" 是比喻做學問的幾個階段。

11.25 子路、曾皙、冉有、公西華侍坐。子曰："以吾一日長乎
爾，毋吾以也。居則曰：'不吾知也！'如或知爾，則何以哉！"

子路	Zǐ ù	（名）	孔子的弟子（見本課 11.11 注釋）
曾皙	Zēng Xī	（名）	孔子的弟子。姓曾，名點，字皙。
冉有	Rǎn Yǒu	（名）	姓冉，名求，字有 (522-489 B.C.)。
公西華 Gōngxī Huá		（名）	孔子的弟子。姓公西，名赤，字子華 (509 B.C.-?)。
侍坐	shì zuò	（動語）	陪侍孔子坐著 to be seated in attendance upon Confucius
以	yǐ	（介）	因為 because
長	zhǎng	（形）	年紀較大 to be old or aged
乎	hū	（介）	同 "於"，比 indicates a comparison （見本課句型 11.25）

爾	ěr	（代）	你們 you
毋	wù	（副）	不要 do not
以	yǐ	（動）	任用
毋吾以也		（動語）	不要任用我了
居	jū	（動）	閒居 to stay at home; to be out of the office
則	zé	（副）	同"輒"總是 always
或	huò	（代）	有人 someone
何以	hé yǐ	（介賓）	用甚麼（去實現自己的抱負）
			What would be your wishes?
如	rú	（連）	表示假設、選擇及提出另一個話題
			（見本課句型 11.25）

　　子路率爾而對曰："千乘之國，攝乎大國之間，加之以師旅，因之以饑饉，由也為之，比及三年，可使有勇，且知方也。"夫子哂之。

率爾	shuài ěr	（副）	輕率地 hastily
乘	shèng	（名）	古時四匹馬拉的戰車 chariot
攝乎	shè hū	（動語）	夾在 to be hemmed in
加之	jiā zhī	（動語）	加在它上面，here: 侵犯 to invade
之	zhī	（代）	指"千乘之國" a kingdom of one thousand chariots
以	yǐ	（介）	用
師旅	shī lǚ	（名）	軍隊 troops
因	yīn	（動）	接續 to add
饑饉	jī jǐn	（名）	災荒 famine
為之	wéi zhī	（動語）	治理它 to take charge of (it)
比及	bǐjí	（介）	等到 by the time
勇	yǒng	（名）	勇氣 courage

方	fāng	（名）	正道，禮義 the right course; righteous conduct
哂之	shěn zhī	（動語）	對他微微一笑 to smile at him

"求，爾何如？"對曰："方六七十，如五六十，求也為之，比及三年，可使足民；如其禮樂，以俟君子。"

方六七十 fāng liù qī shí		（名語）	面積六七十里的小國家 a state of sixty or seventy "li" square Note: A "li" is equal to one-third of an English mile
如	rú	（連）	或 or
足民	zú mín	（動語）	人民生活富足 to have no shortage of food and clothing among the people
如	rú	（連）	至於 here: as to
禮樂	lǐ yuè	（名）	禮法音樂 rites and music
俟	sì	（動）	等待 to wait for

"赤，爾何如？"對曰："非曰能之，願學焉！宗廟之事，如會同，端章甫，願為小相焉。"

宗廟	zōng miào	（名）	天子、諸侯祭祀祖先的地方 ancestral temple
會同	huì tóng	（名）	會盟 the conferences of the Princes "會"是諸侯之間的盟會；"同"是諸侯共同朝見天子。
端	duān	（名）	禮服 ceremonial gown
章甫	zhāng fǔ	（名）	禮帽 ceremonial hat
小相	xiǎo xiàng	（名）	主持贊禮和司儀的人 a minor official assisting in the ceremony

450

"點，爾何如？"鼓瑟希，鏗爾，舍瑟而作；對曰："異乎三子者之撰。"子曰："何傷乎？亦各言其志也。"曰："莫春者，春服既成，冠者五六人，童子六七人，浴乎沂，風乎舞雩，詠而歸。"夫子喟然嘆曰："吾與點也！"

鼓	gǔ	（動）	彈 to play
希	xī	（形）	同"稀"，稀疏。指彈瑟的聲音接近尾聲。
鼓瑟希	gǔ sè xī	（動語）	彈瑟聲漸漸慢下來 gradually paused in his playing of the 瑟
鏗爾	kēng ěr	（象聲詞）	clang
舍	shě	（動）	放下 to put down
作	zuò	（動）	站起來 to stand up
異	yì	（形）	不同 different
撰	zhuàn	（動）	撰述 to compose，這裡指上面子路等三人所說的志向。
何傷乎	hé shāng hū	（動語）	有甚麼關係呢？ What harm is there in that?
莫	mù	（形）	同"暮" late
莫春	mù chūn	（名）	農曆三月 the last month of spring
既	jì	（副）	已經
成	chéng	（形）	穩定 settled，指春服已經穿得住。
冠者	guàn zhě	（名語）	成年人 adults
童子	tóng zǐ	（名）	年輕人，小孩子 children
浴乎沂	yù hū yí	（動語）	浴於沂，在沂水中洗澡 to bathe in the River Yi
風	fēng	（名）	（名詞動用）乘涼 enjoying the cool
舞雩	wǔ yú	（名語）	古時求雨的壇。求雨的祭祀叫"雩祭"。有巫人在壇上歌舞，所以稱為"舞雩"。
風乎舞雩	fēng hū wǔ yú	（動語）	在舞雩壇上乘涼 to enjoy the breeze among the altars of Wu Yu

詠	yǒng	（動）	唱歌 to sing	
與	yǔ	（動）	贊成，同意 to agree with; to give approval to	

三子者出，曾晳後。曾晳曰：“夫三子者之言何如？”子曰：“亦各言其志也已矣！”曰：“夫子何哂由也？”曰：“為國以禮，其言不讓，是故哂之。”“唯求則非邦也與？”“安見方六七十，如五六十，而非邦也者？”“唯赤則非邦也與？”“宗廟會同，非諸侯而何？赤也為之小，孰能為之大！”

夫	fú	（代）	（指示代詞）那 these; those
也已矣	yě yǐ yǐ	（語）	（語氣詞連用）“也”表示論斷語氣，“已矣”表示限止語氣。也已矣：罷了，僅此而已 that's all
讓	ràng	（形）	謙讓 humble
唯	wéi	（語）	句首語氣詞
則	zé	（副）	就 then
邦	bāng	（名）	國 a state
安	shú	（副）	（疑問副詞）怎麼 how
為之小 wéi zhī xiǎo		（動語）	替諸侯做一個小相 to be a minor official assisting in the ceremony “為”，動詞，做；“之”，代詞，指代諸侯；“小”，小相。這是雙賓語結構。（參考本課句型 11.25）
為之大	wéi zhī dà	（動語）	替諸侯做大相。

顏淵第十二

12.1 顏淵問仁。子曰：“克己復禮為仁。一日克己復禮，天下歸仁焉。為仁由己，而由人乎哉？”顏淵曰：“請問其目？”子曰：“非禮勿視，非禮勿聽，非禮勿言，非禮勿動。”顏淵曰：“回雖不敏，請事斯語矣！”

【註釋】

顏淵	yán yuān	（名）	孔子的弟子（見本課 6.3 注釋）
仁	rén	（名）	“仁”是孔子思想中重要的理念和道德標準。《論語》中的“仁”涵義廣泛，譬如“克己復禮為仁”(12.1)，“泛愛眾而親仁”(1.6)，“人而不仁，如禮何？”(3.3) 因此應根據上下文來了解其意義。據《辭海》的定義是“人之所以為人之理也。愛人無私者謂之仁。”一般漢語辭典都解釋為“寬惠行德”，“仁愛”等。至於英譯，也有多種不同的譯法，例如 goodness; benevolence; love; perfect virtue; humanity, etc.
克己	kè jǐ	（動語）	克制自己 to restrain oneself
復禮	fù lǐ	（動語）	回到禮，踐行禮節 to return to propriety
歸仁	guī rén	（動語）	稱仁，稱贊你是仁人 to ascribe goodness to you
由己	yóu jǐ	（介語）	靠自己 to depend on oneself
目	mù	（名）	條目 detailed items
非禮	feī lǐ	（動語）	不合於禮 what is contrary to propriety
敏	mǐn	（形）	聰明 clever
事斯語	shì sī yǔ	（動語）	實行這句話 to put into practice

12.16 子曰："君子成人之美，不成人之惡；小人反是。"

成	chéng	（動）	成全 to help (somebody to achieve his aim)	
美	měi	（形）	善 good qualities	
成人之美		（動語）	成全別人的好事 to aid somebody in doing a good deed	
反是	fǎn shì	（形）	與此相反 the opposite of this	

子路第十三

13.9　子適衛，冉有僕。子曰："庶矣哉！"冉有曰："既庶矣，又何加焉？"曰："富之。"曰："既富矣，又何加焉？"曰："教之。"

【註釋】

適	shì	（動）	到……去 to go to
衛	Wèi	（名）	國名
冉由	Rǎn Yǒu	（名）	孔子的弟子（見本課 11.25 注釋）
僕	pú	（動）	駕車 to drive a carriage
庶	shù	（形）	人口眾多 dense population
矣哉	yǐ zāi	（語）	（語氣詞連用）表感嘆
富之	fù zhī	（動語）	使他們（人民）富有 to enrich them
教之	jiāo zhī	（動語）	教化他們 to teach them

憲問第十四

14.4 子曰：“邦有道，危言危行；邦無道，危行言孫。”

【註釋】

邦	bāng	（名）	國家 a state
有道	yǒu dào	（動語）	政治清明 a good government prevails
危言	wéi yán	（動語）	說話正直 to be bold in speech
危行	wéi xíng	（動語）	行為正直 to be bold in action
言孫	yán xùn	（動語）	說話謙遜 to be modest in speech

14.11 子曰：“貧而無怨，難；富而無驕，易。”

貧	pín	（形）	貧窮 poor
無怨	wú yuàn	（動語）	沒有怨恨 without resentment
富	fù	（形）	富有 rich
無驕	wú jiāo	（動語）	不驕傲 without being proud

常用詞*

習　朋　知　謀　忠　信　慎　患　恥　察　擇　朝　夕
聞　遷　怒　　舉　反　命　事　敢　升　足　異　撰　詠
貧　富　怨　驕　善　奢　儉　利　舞　從心所欲
不恥下問　　誨人不倦　　臨深履薄　　成人之美

1. 習　　動詞

(1) 反復學習 ⟶ 熟習 (shú xí, to be skillful at)

學而時習之。　　　(1.1)

習地形，知民心。　　　晁錯《言守邊備塞疏》
—— 熟習地理的形勢，了解人民的取向。

(2) 習慣 (xí guàn, habit)

性相近也，習相遠也。　　《論語·陽貨》
—— 人的本性本來是相近的，由於各人的習慣不同，
就相差很遠了。

習以為常　　（成語）
(xí yǐ wéi cháng, to have become a force of habit)

*本冊常用詞部份並未逐字詳解。有的詞在前面其他課文中已經出現，有的可參閱詞彙
註釋，自行復習。本書後面附有《常用詞索引》，以便學生查閱。

2. 朋　　名詞

(1) 朋友

有朋自遠方來，不亦樂乎？　　(1.1)

斯人無良朋。李白《陳情贈友人》
— 這個人沒有好的朋友。

(2) 結黨(jié dǎng, to gang together)

朋比為奸　　（成語）

(péng bǐ wéi jiān, to gang up to do evil doings)

3. 知　　動詞，了解，知道

人不知而不慍。　　(1.1)

知之為知之，不知為不知，是知也。《論語‧為政》
— 知道就是知道，不知道就是不知道，這就是聰明智慧。

名詞，知識 (zhī shi, knowledge)

吾有知乎哉？無知也。《論語‧子罕》
— 我有知識嗎？我所知道的實在不多。

形容詞，讀 zhì，同 "智"。知識經驗豐富，聰明有智慧。

失其所與，不知。《左傳‧僖公三十年》
— 失去了同盟者，這是不聰明的事。

4. 忠　　形容詞

　　　為人謀而不忠乎？　　　(1.4)

　　　忠心耿耿　　（成語）

　　　(zhōng xīn gěng gěng, loyal, faithful, and true)

　　　忠言逆耳　　（成語）

　　　(zhōng yán nì ěr, Truth seldom sounds pleasant.)

5. 患　　動詞，憂慮

　　　不患人之不己知，患不知人也。　　　(1.6)
　　　— 不要憂慮別人不了解我，該憂慮我是不是能了解
　　　別人。

　　名詞，憂患，麻煩；災禍 ⟶ 得……病

　　　苟成其私利，不顧國患。　《韓非子‧內儲說下》
　　　— 如果要得到個人的利益，就不考慮國家的災禍。

　　　有備無患　　（成語）

　　　(yǒu bèi wú huàn, Where there is precaution, there
　　　is no danger.)

　　　患病 (suffer from an illness)

　　　精神病患者 (mental patient)

6. 察　　動詞

    (1) 審視

        察其所安。　　　　(2.10)

        — 審視他做這件事，是不是內心所喜歡做的。

    (2) 看清楚

        明足以察秋毫之末。　　《孟子·梁惠王上》

        — 視力足能看清楚野獸毫毛的末梢。

7. 擇　　動詞

    (1) 選擇

        擇不處仁。　　(4.1)

        擇良友而友之。　　《荀子·性惡》

        — 選擇好的朋友跟他在一塊兒。

        飢不擇食　　（成語）

        (jī bù zé shí, a hungry person is not choosy about his food)

    (2) 區別 (qū bié)，動／名　to distinguish; difference

        與惡劍無擇。　　《呂氏春秋·簡選》

        — 跟壞劍沒有甚麼區別。

8. 夕　　時間名詞

(1) 晚上，傍晚

朝聞道，夕死可矣。　　(4.8)

朝拜而不道，夕斥之矣。　柳宗元《封建論》

— 早上任命的官吏如不按正道辦事，傍晚就撤他的職。

(2) 夜 (yè, night)

終夕不寐。　任昉《奏彈劉整》

— 整夜不睡覺。

9. 事　　動詞

(1) 侍奉

未能事人，焉能事鬼？　　(11.11)

必使仰足以事父母。　《孟子·梁惠王上》

— 必定使他們（人民）對上足夠用來侍奉父母。

(2) 從事於 (to be engaged in)

漢方欲事滅胡。　《漢書·張騫傳》

— 中原朝廷想要從事於消滅胡人的工作。

名詞，事情

故事半古之人，功必倍之。　《孟子·公孫丑上》

— 所以事情只要做古人的一半，功效必定加倍超過古人。

460

10. 反　副詞，相反

小人反是。　(12.16)

不我能慉(xù)，反以我為讎。　《詩經‧邶風‧谷風》
— 不愛我也罷了，反而把我當作當做讎人。

動詞，造反 (zào fǎn, to rise in rebellion) ⟶ 回來 ⟶（同 "返"
歸還 guī huán, to return）

日夜望將軍至。豈敢反乎？《史記‧項羽本紀》
— 白天晚上盼望將軍到來，怎麼敢造反呢？

比其反也，則凍餒其妻子。《孟子‧梁惠王下》
— 等到他回來，卻發現朋友使他的妻子兒女受凍挨餓。

王速出令，返其旄倪 (mào ní)。　《孟子‧梁惠王下》
— 王趕快發佈命令，把俘虜的燕國老少放回去。

　　註：英文中的 "anti-" (opposed to; against) 在現代漢語中多用 "反" 字
來表示。

反封建 (fǎn fēng jiàn, anti-feudal)
反聯邦主義 (fǎn lián bāng zhǔ yì, anti-federalism)
反空降 (fǎn kōng jiàng, anti-airborne)
反修 (fǎn xiū, anti-revisionism)

461

11. 貧　　形容詞

(1) 貧窮，與 "富" 相對

貧而無怨。　　(14.11)

國富而貧治，曰重富，重富者強。　　《商君書・去強》
— 國家富有時當做貧窮的國家來治理，這樣就會富上加富。
富上加富就會成為強國。

(2) 缺少 (quē shǎo, to be short of)

富於萬篇，而貧於一字。　　劉勰《文心雕龍・練字》
— 雖能寫萬篇文章，有時也會缺少一個合適的字。

10. 怨　　動詞

(1) 抱怨，埋怨

不怨天，不尤人。　　《論語・憲問》
— 既不抱怨天，也不責怪人。

(2) 恨 (hèn, to hate)

子其怨我乎？　　《左傳・成公三年》
— （晉國的知罃 yīng 在楚國做人質，楚王送知罃回晉時
問他）你是不是恨我呢？

462

名詞，仇恨 (chóu hèn, enmity; hostility)

構怨於諸侯。　　　《孟子・梁惠王上》

— 和列國的諸侯結下讎恨。

13. 驕　形容詞，自滿 (zì mǎn, self-satisfied)

富而無驕。　　(14.11)

獨夫之心，日益驕固。杜牧《阿房宮賦》

— 暴君的心，越來越自滿固執了。

戒驕戒躁（成語）

(jiè jiāo jiè zào, to guard against arrogance and rashness)

　　註：“驕”意思是“自滿”，是一種心理狀態；“傲”是“傲慢”，“沒禮帽”，是一種行為表現。現代漢語中的“驕傲”應兼有兩種含義。

虛詞與句型

1.1 (1) 而　　連詞

學　而　時習之

　　·

sequential connection

—— 把已經求得的學問，時時去溫習它。

—— 學了，然後按時去溫習它。

　　　　　· ·

　　註："而"是順接連詞，表示連接兩個部份的意思是順著下來的。可不必譯出，有時也可譯為"就"、"然後"，或仍作"而"。

人不知　而　不慍

　　　　·

contrary connection

—— 人家不了解我，我卻不怨恨。

　　　　　　　　·

(2) 不亦……乎　　固定結構，＝不是……嗎

不亦君子乎？

· ·　　·

—— 不也是一位道德高尚的人嗎？

　· · ·　　　　　　　　·

1.3 鮮矣仁　　倒裝句

＝鮮矣（其）仁

＝（其）仁鮮矣

—— 這種人，仁德是不會多的。

464

1.4 不……乎　　固定結構，＝不是……嗎
　　　　　　　　　　　　　 ＝沒有……嗎？

　　　　　　　傳不習乎？
　　　　　　　‧　‧

　　　　　　 — 老師教我的，有不溫習熟了的嗎？
　　　　　　　　　　　　　‧　　　　　‧
　　　　　　 — 老師教我的，沒有去復習嗎？
　　　　　　　　　　　　　‧‧　‧

1.7 謂之　　　動詞性結構

　　"謂之" 相當於 "稱之為"，或 "把他（它）叫做"。

　　　　　吾　必　　　謂之學　　　矣。
　　　　　S　│adv　　V-phrase│　particle
　　　　　　　└──────P──────┘

　　 — 我一定說他已經學習過了。

　　約定俗成謂之宜，異於約則謂之不宜。《荀子‧正名》
　　　　　　　‧‧　　　　　　　　‧‧
　　 — 約定俗成叫做宜，和約定俗成不一致的叫做不宜。
　　　　　　　‧‧　　　　　　　　　　　　　‧‧

1.14

　　(1) 焉　指示代詞，＝於之

　　　　　就有道　　　而　　　正焉。　　　焉：於之，"之" 指 "有道"
　　　　　（行動）　　│　　　（目的）
　　　　　　　　　　　↓
　　　　　　　　　　　來

　　 — 親近有道德的人來改正自己的錯誤。

465

(2) 也已

語氣詞連用，加強確定的語氣。現代漢語中沒有適當的詞對譯，但可用"了"補足語義。

a final particle giving strong emphasis to the preceding statement

可謂好學也已。

— （這樣）可以說是好學的了。

四十、五十而無聞焉，斯亦不足畏也已。《論語·子罕》

— 到了四十、五十歲仍然沒有名望，那也就不足敬畏了。

2.2. 一言以蔽之　　　賓語 ＋ 介詞 ＋ Verb

一言以蔽之　＝　以一言蔽之　（一言：介詞賓語前置）

— 用一句話來概括它。

(one sentence can cover the whole)

詩三百，一言以蔽之，曰：思無邪。《論衡》篇以十數，
亦一言也，曰：疾虛妄。

王充《論衡·佚文篇》

— （孔子說）《詩經》三百篇，拿一句話來概括它，就是
作者的思想純正。我的書《論衡》幾十篇，也可以拿一句
話來概括它，就是作者痛恨大言不實的東西。

註：王充(27-100 A.D.)的思想與儒家不同，在《論衡》中常通過理智來
批判儒家思想。王充所處的時代儒家思想已取得正統地位。所論列多前人所不
敢發、不能發之言。"一言以蔽之"這句話在現代漢語中還常為人所引用。

2.10 焉　疑問代詞

詢問所指代的處所，相當於"何處"或"在哪兒"。

人焉廋哉？

— 這個人能隱藏到何處去呢？

3.4 與其……寧……　　固定句型

表示兩者之間進行比較和選擇，捨其前者，而取其後者。

"與其" occurs in the first clause indicating one's rejection of something after balancing the pros and cons. "寧" is used in the second clause to indicate one's preference.

禮，與其　　奢也，　寧　　儉。
S ｜conj　　adj　　adv　　adj｜
　　　　　　　　　P

— 禮儀，與其奢侈豪華，寧可節約儉省。

註：這個句型中的副詞"寧"，在其他文章中又寫作"無寧"、"毋寧"或"寧其"等。和這個句型類似的有"與其……不如/不若……"，意思大致相同。這個句型在現代漢語中還用。

與其　戍　周，不如　城　之。
conj　V　O　adv　V　O　　　《左傳·昭公三十二年》

— 與其守衛周，不如給它修築城牆。

與其說他們喝的是酒，不如說他們咽下的是淚。《人到中年》

4.9 未足　　副詞　to be insufficient to; to be unworthy of

"未"是否定副詞，用在動詞前面時，常跟"足"、"能"等助動詞連用，組成助動詞性結構。"未足"可根據文意譯為"不足以"、"不夠用來"或"不值得"等。

……未足與議也。

—……就不值得同他談論了。

名聲未足懸天下也。　　《荀子·王制》

—名聲還不足以美揚於天下。

5.15 何以，是以　　介賓結構

(1) 何以 = 以何，憑甚麼

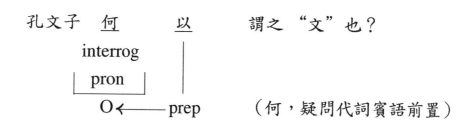

（何，疑問代詞賓語前置）

—孔文憑甚麼諡號叫做"文"呢？

(2) 是以 = 以是，因為這個，因此

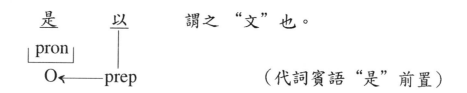

（代詞賓語"是"前置）

—因此死後用"文"這個字作為他的諡號。

7.2. 何……之有 ＝有何……，有甚麼……

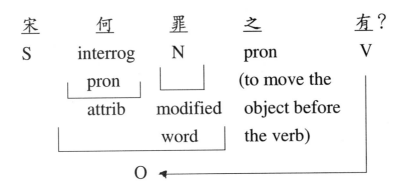

— 宋國有甚麼罪？

註："何……之有" 有時省寫成 "何有"。這樣 "何" 後面的中心詞就得跟隨文意補上去。例如：

人亦於女何有？　《左傳‧昭公六年》

這句話因晉杜預 (222-284) 在《春秋左氏經傳集解》中註為 "人亦不能愛女"，所以這裡的 "何有"，即 "何愛之有" 的省寫。但是，"何有" 常常是 "何難之有" 的省寫。例如：

子曰："能以禮讓為國乎？何有？"《論語‧里仁》
— 孔子說："能夠用禮讓來治理國家嗎？這有甚麼困難呢？"

孟子曰："於！答是也何有？"《孟子‧告子下》
— 孟子說："啊！回答這個問題有甚麼困難呢？"

11.26 (1) 乎　介詞

　　"乎" 用在句中，相當 "於"。

　　　　　以吾一日長乎爾　　　　　（長乎爾＝長於爾，於＝比）

　　　　　—因為我的年紀比你們稍大些

　　　　　異乎三子者之撰　　　　　（異乎＝異於，於＝跟，和）

　　　　　—（我的志向）跟他們三位所講的不同。

　　　　　浴乎沂　　　　　　　　　（浴乎沂＝浴於沂，於＝在）

　　　　　—在沂水旁洗洗澡。

　　　　　風乎舞雩　　　　　　　　（風乎舞雩＝風於舞雩，於＝在）

　　　　　—在舞雩壇上吹吹風。

　(2) 如　　連詞

　　a) 表示假設 (as a conditional particle)
　　　　可譯為 "如果"、"假使"。

　　如或知爾，則何以哉？

　　—假使有人了解你們，能用你們，那你們怎麼辦呢？

　　b) 表示選擇或並列 (indicates a choice)
　　　　可譯為 "或者"、"和"。

　　方六七十如五六十。

　　—國土縱橫六七十里或者五六十里的國家。

470

c) 表示提出另一話題 (to introduce another topic)

可譯為"至於"。

如其禮樂，以俟君子。

— 至於修明禮樂，只有等待有才德的人來做了。

(3) 雙賓語結構 (Double Object Structure)

本章中的"為之小"、"為之大"是文言中較為特殊的雙賓語結構，跟一般的直接賓語指人，間接賓語指物的情形不同。不同點是動詞和直接賓語的關係是"為動關係"，和間接賓語的關係是一般的"動賓關係"。

為之 ——→ 為 (wèi)　之　　為 (wéi)　（為動關係）

　　　　　　替　　諸侯國　　做

為小 ——→ 做小相　　　　（一般動賓關係）

赤也為之小，孰能為之大？

—（如果）公西赤（就能）替諸侯國做小相，（那麼）誰能替諸侯國做大相呢？

註：關於這種"之"的用法，有另外一種意見。認為"之"與"其"的作用相當。[1] 那麼"為之小"的意思就是"做那個小相"。研究語法的學者們常在語法結構的分析上有不同的意見。好在結構是由意義來判定的，而不是由結構推知意義。以教學來說，分析結構只是幫助學生了解文義的手段之一。

---

1. 參閱楊伯峻《古漢語語法及其發展》第 121 頁，北京語文出版社 1992 年版。

1. 溫故而知新，可以為師矣。 (2.11)

   — 溫習以前所學的知識而體悟出新的道理來，就可以做別人的師長了。

   (If a man can gain new insights through restudying old material, he may be a teacher of others.)

2. 學而不思則罔，思而不學則殆。 (2.15)

   — 只知學習，不加思索，終於迷惘而無所得；只靠思索，不知學習，那就不切於事而危疑不安了。

   (Learning without thought is labor lost; thought without learning is perilous.)

3. 既往不咎 jì wǎng bù jiù (3.21)

   — 已經過去的事，不便再追咎了。

   (Let bygones be bygones.)

4. 君子喻於義，小人喻於利。 (4.16)

   — 君子所了解的在義，小人所了解的在利。

   (A gentleman takes as much trouble to discover what is right as lesser men take to discover what will pay.)

5. 見賢思齊 jiàn xián sī qí (4.17)

   — 看見賢德的人，就想和他一樣。

   (to see the virtues and think of equaling them)

---

* 部份漢譯與英譯採自《四書集註》、《新譯四書讀本》（臺北三民書局 1988 年版）及 James Legge《The Four Books》(Taipei, 1967)。譯文均略有改動，僅供參考。

6. 父母在，不遠遊，遊必有方。　　(4.19)
　　— 父母活著的時候，不出遠門；如不得已要出遠門，必須有
　　一定的去處。

　　(While parents are alive, children do not wander far afield; or if they do
　　they go only where they said they were going.)

7. 三思而後行。　　(5.20)
　　— 做事應再三考慮，然後才去做。

　　(Look before you leap.)

8. 見仁見智　jiàn rén jiàn zhì　　(6.21)
　　— 各人對事物的看法不同。

　　(Different people, different views.)

9. 不義而富且貴，於我如浮雲。　　(7.15)
　　— 以不合理的方法求得富貴，對我來說，只像天上的浮雲一般。

　　(Wealth and rank acquired by unrighteousness are to me as a floating cloud.)

10. 子不語：怪、力、亂、神。　　(7.20)
　　— 孔子不談論的是那些怪異、暴力、悖亂及鬼神的事情。

　　(Confucius never talked of prodigies, violence, disorders, or spirits.)

11. 任重道遠　rèn zhòng dào yuǎn　　(8.7)
　　— 責任重大，將行走的路程也很遙遠。

　　(a weighty mission)

12. 後生可畏　hòu shēng kě wèi　(9.22)
　　— 年輕人是可敬畏的。

　　(The younger generation will surpass the older.)

13. 三軍可奪帥也，匹夫不可奪志也。　　(9.25)

　　— 三軍雖眾，可以把他們的主帥俘擄過來，但一個普通人，
　　卻不能改變他的志向。

　　(The commander-in-chief of the forces may be carried off, but
　　you cannot deprive the common man of his will.)

14. 知者不惑，仁者不憂，勇者不懼。　　(9.28)

　　— 有智慧的人不會迷惑，有仁德的人不會憂愁，有勇氣的人不會害怕。

　　(The wise are free from perplexities, the virtuous from anxiety,
　　and the bold from fear.)

　　Cf. F. D. R: The greatest fear is fear itself.

15. 過猶不及 guò yóu bù jí　　(11.15)

　　— 過分和不夠，同樣都不好。

　　(Going too far is as bad as not going far enough.)

　　Cf. Too much water drowned the miller.

16. 四海之內，皆兄弟也。　　(12.5)

　　— 世界上的人，都可以做你的兄弟。

　　(All men are brothers.)

17. 名正言順 míng zhèng yán shùn　　(13.3)

　　— 名分合理了，說出來的話也就能合理了。

　　(Only if the name given is correct can what is said be justified.)

18. 欲速則不達。　　(13.17)

　　— 求速成就不能達成任務。

　　(Haste brings no success.)

19. 工欲善其事，必先利其器。　　(15.9)

— 工人想要做好他的工作，必先使他的工具銳利。

(The mechanic who wishes to do his work well must first
sharpen his tools.)

20. 小不忍，則亂大謀。　　(15.26)

— 小事不能忍耐，就足以敗坏了大事。

(Lack of forbearance in small matters upsets great plans.)

21. 有教無類 yǒu jiào wú lèi　　(15.28)

— 受教育應該不分階級，機會均等。

(With education, there is no distinction between classes or races of men.)

22. 道听塗說 dào tīng tú shuō　　(17.14)

— 傳聞不實在的言論。

(gossip; rumor)

練習

本課中的下列各章需要背誦。老師也可從《論語選句》中挑選文句讓學生背誦：

1.4	1.16	2.4	2.10	4.8	4.9	4.17
5.12	6.18	7.8	7.21	8.14	9.27	11.11
12.1	12.16	13.9				

學而第一

I. 將下列語句及詞語譯成白話：

1. 富而不驕者，鮮矣。
2. 不酗酒 (xù jiǔ, excessive drinking) 駕車而常出事者，未之有也。
3. 事父母，能竭其力；與朋友交，言而有信。
4. 巧言令色
5. 敏於事而慎於言

II. 寫一篇短文（300字）：說說你對"不患人之不己知，患不知人也"這句話的看法。

為政第二

I. 選出適當的字填入下列的空白裡：

刑　欲　惑　丘　學　命　短　直　乎　順　仲　尼
恥　耳　天　卜　立

1. 孔子姓孔，名 ＿＿＿ ，字 ＿＿＿ ＿＿＿ 。

2. 子曰：道之以政，齊之以 ＿＿＿ ，民免而無 ＿＿＿ 。

3. 子夏姓 ＿＿＿ ，名商。

4. 子曰：吾十有五而志於 ＿＿＿ ，三十而 ＿＿＿ 。四十而不 ＿＿＿ ，五十而知 ＿＿＿ ，六十而 ＿＿＿ ，七十而從心所 ＿＿＿ ，不逾 ＿＿＿ 。

5. 有酒食，先生饌，曾是以為孝 ＿＿＿ ？

II. 用白話解釋下列詞語：

1. 溫故而知新   2. 巧言令色
3. 年逾不惑   4. 三十而立

III. 參考課文並查字典，舉例說明下列各詞的意義：

視　望　看　見　觀　睹　察

八佾第三

I. 造句：（用簡單文言或白話）

1. 與其……寧……   2. 奢侈   3. 節儉
4. 以……為   5. 從心所欲   6. 不足以

里仁第四

I. 造句：

1. 朝   2. 夕   3. 見賢思齊   4. 自省   5. 有志於

II. 解釋下面劃線的詞：

　　1. 是可忍孰不可忍。
　　2. 擇不處仁，焉得知？
　　3. 士志於道而恥惡衣惡食者，未足與議也。

公冶長第五

I. 造句：

　　1. 不恥下問　　　2. 朽木不可雕　　　3. 敏而好學
　　4. 何以　　　　　5. 所 + verb　　　　6. 加之於

II. 在本篇 5.10 章中，宰予晝寢，孔子罵他 "朽木不可雕"。漢朝的王充批評孔子用大惡責備小過。你同意嗎？為甚麼？

雍也第六

I. 解釋 "不遷怒，不貳過" 的好處，舉例以明之。
II. 為甚麼 "知之者不如好之者，好之者不如樂之者"？請發揮一下。

述而第七

I. 造句：

　　1. 學而不厭　　　2. 誨人不倦　　　3. 舉一反三
　　4. 不……不……　　5. 則

II. 解釋下面劃線的詞：

    1. 聞義不能<u>徙</u>。
    2. 修身、齊家、治國、平天下，<u>何有於我哉</u>？
    3. 心不在<u>焉</u>
    4. 不<u>擇</u>手段
    5. <u>是</u>吾憂也。

泰伯第八

I. 請將本篇 8.3 章翻譯成白話，並說明曾子為何要對弟子說這樣的話。
II. 寫一篇短文：論 "不在其位，不謀其政"。

子罕第九

I. 按以下兩項要求將下列各句：

    (1) 逐字 (zhú zì, word by word) 翻譯成白話；
    (2) 調整 (tiáo zhěng, to rearrange) 成通順的白話。

    a. 子罕言利，與命與仁。
    b. 子在川上，曰："逝者如斯夫！不舍晝夜。"
    c. 吾未見好德如好色者也。

II. 舉例說明 "歲寒，然後知松柏之後彫也"。
    （學生做完練習，可在課堂上討論）

鄉黨第十

I. 請查字典說出下列各句中疊字 (dié zì reiteratives) 的意思：

1. 無邊落木蕭蕭下，不盡長江滾滾來。　　杜甫《登高》

2. 春眠不覺曉，處處聞啼鳥。　　孟浩然《春曉》

3. 飄飄何所似，天地一沙鷗。　　杜甫《旅夜書懷》

4. 桃之夭夭，灼灼其華。　　《詩・周南・桃夭》

5. 青青河畔草。　　《古詩十九首》

先進第十一

II. 指出下列各句中 "為" 字的詞性和意義：

1. 孟嘗君（人名）為相（宰相）數十年。
2. 事在人為。
3. 其人以寫作為生。
4. 不為名不為利而做事的人很少。
5. 為方便起見，不必帶很多行李。
6. 愛人者亦為人所愛。

II. 將下面各句翻譯成白話：

1. 不能愛己，焉能愛人？　　2. 不入虎穴，焉得虎子？
3. 欲仁而得仁，又焉貪？　　4. 割雞焉用牛刀？
5. 人焉廋哉？

480

III. 用下列詞語句型造句:

　　1. 饑饉　　2. 異於　　3. 俟　　4. 各言其志　　5. 安見……也者
　　6. 非……而何　7. 何傷乎　　8. 何以　9. 孰　　10. 率爾

顏淵第十二

I. 用"非……勿"寫兩個句子:

　　非　禮（之事）　　勿　　視
　　　　O　　　　　　adv　V

II. 用下面句型造句,注意句型的不同點。

　　1. 非……不……
　　2. 非……即……
　　3. 非……而……
　　4. 非……而何……

子路第十三

I. 將本篇 13.9 章翻譯成白話。
II. 談談"先富後教"有甚麼道理。（課外練習,課堂討論）

憲問第十四

I. 請解釋批評"邦有道,危言危行;邦無道,危行言孫"這句話的意思。

II. 將下列各句翻譯成白話，注意“而”字的用法：

1. 老而不死是為賊。
2. 人而無知，與木何異。
3. 才氣雖高，而學力不足以副之。
4. 人而無志，終身無成。

第二十六課

孟子*選讀

The book of *Mencius* consists of seven books with 261 chapters. The work records the conversations between Mencius and the feudal princes of his time, and between him and his disciples. In later times, it was honored by being made one of the "Four Books," which, for the past two thousand years, have formed the basis of Confucian education.

孟子 (372-289 B.C.)，名軻，字子輿，戰國時鄒國（今山東省鄒縣）人。曾受業於子思（孔子的孫子）的門人，是繼孔子之後儒家學派的主要代表。在思想上，孟子主張"性善"論；在政治上，主張行仁義，反對暴政，提出"民為貴，社稷次之，君為輕"的民本思想。孟子的文章富於說服力和感染力，語句流暢而有氣勢，對後世的散文影響很大。

性善論　　xìng shàn lùn, the theory of Mencius that
　　　　　men are born good
民本思想　mín běn sī xiǎng, democracy
說服　　　shuō fú, to persuade, convince
感染　　　gǎn rǎn, convincing
流暢　　　liú chàng, fluent
氣勢　　　qì shì, bold and flowing

---

* 有關《孟子》的今譯註本，坊間版本眾多，譯文與註釋也多各有見解。至於數種英譯《孟子》，其主要立意與對象乃為對外介紹中國哲學思想，可供研究者作為參考。學生要進一步研究《孟子》，可閱讀東漢趙岐註、宋孫奭疏的《十三經註疏》，宋朱熹的《四書集註》和清焦循的《孟子正義》。

梁惠王章句上

1.3 梁惠王曰：“寡人之於國也，盡心焉耳矣！河內凶，則移其民於河東，移其粟於河內；河東凶，亦然。察鄰國之政，無如寡人之用心者；鄰國之民不加少，寡人之民不加多，何也？”

孟子對曰：“王好戰，請以戰喻：填然鼓之，兵刃既接，棄甲曳兵而走，或百步而後止，或五十步而後止。以五十步笑百步，則何如？”

曰：“不可，直不百步耳！是亦走也！”

曰：“王如知此，則無望民之多於鄰國也。

【註釋】

梁惠王		（名）	姓魏，名䓨 (yīng)，“惠”是他的諡號。
Liáng Huì wáng			King Hui of Liang (reigned 370-319 B.C.)
寡人	guǎ rén	（名）	我，寡德之人 I, the ruler
盡心	jìn xīn	（動語）	費盡心力 to exert one's whole heart and mind to do something
耳矣	ěr yǐ	（語）	（語氣詞連用，見本課句型1.3）
河內	Hénèi	（名）	地名，今河南省黃河以北地 place name, the area in modern Henan to the north of the Yellow River
凶	xiōng	（形）	荒年 to be suffering famine
移	yí	（動）	遷移 to move
河東	Hédōng	（名）	地名，今山西省黃河以東地 place name, the area in modern Shanxi to the east of the Yellow River
粟	sù	（名）	here: 糧食 grain
亦然	yì rán	（動語）	也這樣 vice versa
加少	jiā shǎo	（動語）	減少 to decrease

加多	jiā duō	（動語）	增加 to increase	
好戰	hào zhàn	（動語）	喜好打仗 to be fond of war	
喻	yù	（動）	做比喻 to use a metaphor to explain	
填然	tián rán	（副）	打鼓的聲音 the sound of drums	
鼓之	gǔ zhī	（動）	打鼓 to drum	
兵刃	bīng rèn	（名語）	刀劍的鋒刃 the cutting edge of a sword; weapons	
接	jiē	（動）	接觸 to come into contact with	
棄甲	qì jiǎ	（動賓）	丟棄盔甲 to throw away (their) helmets and cuirasses	
曳兵	yì bīng	（動賓）	拖著兵器 to trail (their) arms (behind them)	
走	zǒu	（動）	逃走 to run; flee	
或	huò	（代）	有的 some	
止	zhǐ	（動）	停止 to stop	
何如	hé rú	（介賓）	（介賓短語，見本課句型 1.3）	
直	zhí	（副）	只 only	
耳	ěr	（語）	罷了，而已 that is all	
無望	wú wàng	（動語）	不必希望 to need not hope	

不違農時，穀不可勝食也；數罟不入洿池，魚鱉不可勝食也；斧斤以時入山林，材木不可勝用也。穀與魚鱉不可勝食，材木不可勝用，是使民養生喪死無憾也。養生喪死無憾，王道之始也。

違	wéi	（動）	違背 to go against
農時	nóng shí	（名語）	農人耕作的時節 the agricultural deadline
穀	gǔ	（名）	糧食 grains
不可勝食 bù kě shèng shí		（動語）	吃不完 too much to be eaten up; here: there will be more grain than can be eaten
數罟	cù gǔ	（名語）	密網 close-meshed nets
洿池	wū chí	（名語）	池塘 pools and ponds

鱉	biē	（名）	甲魚	soft-shelled turtle
斧斤	fǔ jīn	（名）	斧頭	hatchets and axes
以時	yǐ shí	（介語）	按照適當的季節	in the proper seasons
養生	yǎng shēng	（動語）	養活著的人	to support the living
喪死	sāng sǐ	（動語）	葬送死者	to bury the dead
無憾	wú hàn	（動語）	沒有遺憾	with complete satisfaction
王道	wáng dào	（名）	用仁德治理天下	an enlightened reign of righteousness

五畝之宅，樹之以桑，五十者可以衣帛矣；雞豚狗彘之畜，無失其時，七十者可以食肉矣；百畝之田，勿奪其時，數口之家，可以無飢矣。謹庠序之教，申之以孝悌之義，頒白者不負戴於道路矣。七十者衣帛食肉，黎民不飢不寒，然而不王者，未之有也。

狗彘食人食而不知檢；塗有餓莩而不知發。人死，則曰：'非我也，歲也。' 是何異於刺人而殺之，曰：'非我也，兵也。' 王無罪歲，斯天下之民至焉。"

畝	mǔ	（名）		a unit of area (= 0.0667 hectares)
樹	shù	（動）	種	to plant
桑	sāng	（名）	桑樹	the mulberry tree
帛	bó	（名）	絲織物	silk
豚	tún	（名）	小豬	suckling pig
彘	zhì	（名）	大豬	hog
失	shī	（動）	耽誤	to delay; to neglect
時	shí	（名）	懷孕生育之時	the breeding time
謹	jǐn	（形）	謹慎	careful
庠序	xiáng xù	（名）	學校	school
申	shēn	（動）	一而再，再而三	again and again; to inculcate

孝悌之義 xiào tì zhī yì		（名語）	孝順父母，恭敬兄長的道理 the proprieties befitting filial and fraternal duties
頒白	bān bái	（形）	鬢髮花白 grey-haired
負戴	fù dài	（動）	背負重擔 to carry burdens
王	wàng	（動）	作王 to be a true king
檢	jiǎn	（動）	制止 to stop
餓莩	è piǎo	（名語）	餓死的人 people dying from hunger
發	fā	（動）	打開穀倉拿出存糧救濟 to open the storehouse to relieve the people in stricken areas
歲	suì	（名）	年成 the year's harvest
刺人而殺之 cì rén ér shā zhī		（動語）	用刀把人刺死 to stab a man to death
斯	sī	（連）	那麼……就 then
何異於	hé yì yú		（見本課句型 1.3）

梁惠王章句上

1.7 齊宣王問曰：“齊桓、晉文之事，可得聞乎？”

孟子對曰：“仲尼之徒，無道桓、文之事者，是以後世無傳焉，臣未之聞也。無以，則王乎？”

曰：“德何如，則可以王矣？”
曰：“保民而王，莫之能禦也。”
曰：“若寡人者，可以保民乎哉？。”
曰：“可。”
曰：“何由知吾可也？”

曰：「臣聞之胡齕曰，王坐於堂上，有牽牛而過堂下者，王見之，曰：『牛何之？』對曰：『將以釁鐘。』王曰：『舍之！吾不忍其觳觫，若無罪而就死地。』對曰：『然則廢釁鐘與？』曰：『何可廢也？以羊易之！』不識有諸？」

【註釋】

齊宣王		（名）	姓田，名辟疆，戰國時齊國的君主。
Qí Xuān wáng			King Xuan of Qi (reigned 319-301 B.C.)
齊桓公		（名）	姓姜，名小白，春秋時代齊國的君主。
Qí Huán gōng			Duke Huan of Qi (reigned 685-643 B.C.)
晉文公		（名）	姓姬，名重耳，春秋時代晉國的君主。
Jìn Wén gōng			Duke Wen of Jin (reigned 636-628 B.C.)
徒	tú	（名）	弟子 disciples
道	dào	（動）	談到 to speak about
無以	wú yǐ	（動語）	"以"通"已"，停止。（如果您要問個）沒完；如果不能不說 if you insist
王	wàng	（動）	行王道以統一天下 to be a true king
保民	bǎo mín	（動語）	使人民生活安定 to bring peace to the people
莫之能禦		（動語）	＝莫能禦之，沒有誰能夠阻擋他 nobody can stop him
mò zhī néng yù			
何由	hé yóu	（介語）	從哪裡 from what
何由知吾可也？			How do you know that I can?
胡齕	Hú Hé	（名）	人名，齊宣王的近臣
牽牛	qiān niú	（動賓）	拉著牛 to lead an ox
釁鐘	xìn zhōng	（動語）	新鐘鑄成，殺牲祭祀，用牛血塗其縫隙 to consecrate a new bell with the blood of an ox
舍	shě	（動）	放掉 to spare it
不忍	bù rěn	（動語）	不忍心 cannot bear to
觳觫	hú sù	（形）	恐懼發抖的樣子 shrinking with fear

若	ruò		（見本課句型 1.7）
無罪	wú zuì	（動語）	沒有罪 to be innocent
然則	rán zé	（連）	然（代詞）＋則（連詞）＝連詞性結構。（如果）這樣，那麼…… then（見本課句型 1.7）
廢	fèi	（動）	廢止 to abolish
易	yì	（動）	換 to replace
不識有諸？ bù shì yǒu zhū		（疑問句）	不知道有沒有這回事？ I don't know whether this actually happened or not.

曰："有之。"

曰："是心足以王矣。百姓皆以王為愛也，臣固知王之不忍也。"

王曰："然！誠有百姓者。齊國雖褊小，吾何愛一牛？即不忍其觳觫，若無罪而就死地，故以羊易之也。"

曰："王無異於百姓之以王為愛也。以小易大，彼惡知之？王若隱其無罪而就死地，則牛羊何擇焉？"

王笑曰："是誠何心哉？我非愛其財而易之以羊也。宜乎百姓之謂我愛也！"

曰："無傷也，是乃仁術也。見牛未見羊也。君子之於禽獸也，見其生，不忍見其死；聞其聲，不忍食其肉。是以君子遠庖廚也。"

足以	zú yǐ	（助動）	足夠用來 to be sufficient to
愛	ài	（形）	here: 吝嗇 to begrudge the expense
王之不忍	wáng zhī bù rěn		（主謂短語，見本課句型 1.7）
誠	chéng	（副）	確實 indeed
褊小	biǎn xiǎo	（形）	狹小 small and narrow

無異	wú yì	（動語）	不要覺得奇怪 must not be surprised
惡	wū	（副）	（表示反問）怎麼，哪裡 how
隱	yǐn	（動）	憐憫，心裡難過 to have compassion for
擇	zé	（動）	區別 to make a distinction between
宜	yí	（形）	應該 appropriate；無怪 no wonder （見本課句型 1.7）
無傷	wú shāng	（動語）	沒有甚麼關係 There is no harm in this.
仁術	rén shù	（名語）	仁愛之道 an artifice of benevolence
禽獸	qín shòu	（名）	鳥獸 animals
遠	yuǎn	（形）	（形容詞的使動用法）使……遠離 to keep away from
庖廚	páo chú	（名）	廚房 kitchen

　　王說曰："詩云：'他人有心，予忖度之。'夫子之謂也。夫我乃行之，反而求之，不得吾心；夫子言之，於我心有戚戚焉。此心之所以合於王者，何也？"

　　曰："有復於王者曰：'吾力足以舉百鈞，而不足以舉一羽；明足以察秋毫之末，而不見輿薪。'則王許之乎？"

　　曰："否。"

　　"今恩足以及禽獸，而功不至於百姓者，獨何與？然則一羽之不舉，為不用力焉；輿薪之不見，為不用明焉；百姓之不見保，為不用恩焉。故王之不王，不為也，非不能也。"

　　曰："不為者與不能者之形，何以異？"

　　曰："挾太山以超北海，語人曰'我不能。'是誠不能也；為長者折枝，語人曰'我不能。'是不為也，非不能也。故王之不王，非挾太山以超北海之類也；王之不王，是折枝之類也。

詩	shī	（名）	《詩經》 The *Book of Odes*
忖度	cǔn duó	（動）	推測，猜想 to surmise; to guess

490

反而求之 fǎn ér qiú zhī		（動語）	回過頭來推求它 to look into and examine oneself
不得吾心 bù dé wú xīn		（動語）	不了解（做這件事時的）想法 cannot understand one's own mind
戚戚	qī qī	（形）	內心有所領悟的樣子 to be moved by compassion
之所以			（見本課句型 1.7）
復	fù	（動）	報告 to report
舉百鈞	jǔ bǎi jūn	（動賓）	舉起一百鈞（鈞：an ancient unit of weight, equal to 15 kilograms); (to be strong enough) to lift "a ton and a half" Note: an impossible task
舉一羽	jǔ yì yǔ	（動賓）	拿不動一根鳥的羽毛 cannot lift a feather
明	míng	（名）	眼力，視力 eyesight
秋毫之末 qiū háo zhī mò		（名語）	秋天鳥的細毛 the tip of a fine hair
輿薪	yú xīn	（名語）	一車柴火 a cartload of firewood
許	xǔ	（動）	相信 to believe
恩	ēn	（名）	好心好意 a good intention
及禽獸	jí qín shòu	（動語）	使動物沾光 (kindness) to be sufficient to reach the animals
功	gōng	（名）	功德，功效 benefit
獨	dú	（副）	究竟 actually; exactly
為	wèi	（介）	here: 因為 because
為不用力焉		（動語）	只是不肯用力氣的緣故 because no strength is exercised; to fail to make the effort
保	bǎo	（動）	保護 to protect
不見保	bú jiàn bǎo	（動語）	見：助動詞，表被動。不見保：不被保護，得不到安定的生活
形	xíng	（名）	現象，具體表現 form; manifestation

挾	xié	（動）	夾在胳膊下 to tuck something under one's arm
太山	Tài shān	（名）	即泰山 Mt. Tai
超	chāo	（動）	跳過 to leap over
北海	Běihǎi	（名）	即渤海 the North Sea
語	yù	（動）	告訴 to tell, say
長者	zhǎng zhě	（名）	老年人，長輩 elder; senior
折枝	zhé zhī	（動語）	古來有三種解釋：1. 折取樹枝 to break off a branch from a tree; 2. 彎腰行禮 to bow and salute; 3. 按摩搔癢 to massage (an elder's stiff joints)，均指輕而易舉之事 an easy job。

　　"老吾老，以及人之老；幼吾幼，以及人之幼；天下可運於掌詩云：'刑于寡妻，至于兄弟，以御于家邦。'言舉斯心加諸彼而已。故推恩，足以保四海；不推恩，無以保妻子。古之人所以大過人者，無他焉，善推其所為而已矣。今恩足以及禽獸，而功不至於百姓者，獨何與？

　　"權，然後知輕重；度，然後知長短。物皆然，心為甚；王請度之！抑王興甲兵，危士臣，構怨於諸侯，然後快於心與？"

　　王曰："否，吾何快於是？將以求吾所大欲也。"

　　曰："王之所大欲，可得聞與？"王笑而不言。

　　曰："為肥甘不足於口與？輕煖不足於體與？抑為采色不足視於目與？聲音不足聽於耳與？便嬖不足使令於前與？王之諸臣，皆足以供之；而王豈為是哉？"

　　曰："否，吾不為是也！"

　　曰："然則王之所大欲可知已：欲辟土地，朝秦楚，蒞中國，而撫四夷也。以若所為，求若所欲，猶緣木求魚也。"

492

王曰："若是其甚與？"

曰："殆有甚焉！緣木求魚，雖不得魚，無後災；以若所為，求若所欲，盡心力而為之，後必有災。"

曰："可得聞與？"

曰："鄒人與楚人戰，則王以為孰勝？"

曰："楚人勝。"

老	lǎo	（動）	尊敬，對待 to respect; to treat
		（名）	老人 elder（見本課句型 1.7 詞類活用）
運於掌		（動語）	在手掌上運轉，比喻天下很容易治理
yùn yú zhǎng			(the world can be) turned on the palm of one's hand
刑於寡妻		（動語）	"刑"同"型"，名詞動用。給自己的妻子
xíng yú guǎ qī			做出榜樣 to set a good example to one's wife
御	yù	（動）	治理 to rule
家邦	jiā bāng	（名）	家：大夫所統治的封邑。邦：諸侯國 the family and the state
言	yán	（動）	這就是說…… this means that . . .
舉	jǔ	（動）	拿 to take
斯心	sī xīn	（名語）	這種愛自己親人的心 this kindly heart
加諸彼	jiā zhū bǐ	（動語）	放到別人身上 to apply to other people
而已	ér yǐ	（語）	罷了 and that's all
推恩	tuī ēn	（動語）	推廣恩惠 to extend one's bounty
過	guò	（動）	超過，勝過 to surpass
無他	wú tuō	（動語）	沒有別的 to be no other than this
權	quán	（名）	（名詞動用）用秤 (chèng) 稱一稱 to weigh
度	duò	（動）	用尺 (chǐ) 量一量 to measure
抑	yì	（連）	或者，是不是 whether; or
興甲兵		（動賓）	（使動用法，使甲兵興）動員軍隊
xīng jiǎ bīng			to mobilize troops

危士臣		（動語）	危：形容詞的使動用法，使士臣危。危害
wéi shì chén			士臣 to endanger soldiers and officers
構怨	gòu yuàn	（動語）	結怨 to incur hatred
快	kuài	（形）	痛快 delighted; happy
求	qiú	（動）	追求 to seek
所大欲	suǒ dà yù	（名語）	最想要的東西
求吾所大欲			to seek what I really want
肥甘	féi gān	（形）	（形容詞用作名詞）肥美的食物 rich and delicious food
輕煖	qīng nuǎn	（形）	（形容詞用作名詞）輕巧暖和的衣服 light and warm clothing
采色	cǎi sè	（名語）	美麗彩色的東西 beautifully colored things
聲音	shēng yīn	（名語）	美妙的音樂 enchanting music
便嬖	pián bì	（名語）	君主親近寵愛的人 courtiers
使令	shǐ lìng	（動）	使喚 to order about
辟土地	pì tǔ dì	（動賓）	擴張國土 to expand territory
朝秦楚		（動語）	朝：使動用法，使秦楚來朝見 to have Qin and Chu wait at your court
cháo Qín Chǔ			
蒞中國		（動語）	統治中原 to rule over the Central Kingdoms
lì zhōng guó			
撫四夷	fǔ sì yí	（動語）	安撫四方的外族 to bring peace to the barbarian tribes on the four borders
若	ruò	（代）	這樣 such
緣木求魚		（成語）	爬到樹上去捉魚 to climb a tree to seek for fish; to milk the bull
yuán mù qiú yú			
若是其甚與？		（倒裝句）	其甚若是與？＝它的嚴重程度像這樣嗎？ ＝竟然有這樣嚴重嗎？
ruò shì qí shèn yū			Is it as bad as all that?
殆有甚焉		（描寫句）	恐怕比這更嚴重呢 It is probably worse.
dài yǒu shèn yān			

後災	hòu zāi	（名語）	跟著來的災禍 bad aftereffects
鄒	Zōu	（名）	當時的小國，在今山東鄒縣
			Mencius' native state, in the region around
			Zou xian in modern Shangdong
楚	Chǔ	（名）	當時的大國，據有今四川東部、安徽北部、
			湖南、湖北、江蘇等地。 the largest state in
			the Warring States period

　　曰：「然則小固不可以敵大，寡固不可以敵眾，弱固不可以敵強。海內之地，方千里者九，齊集有其一；以一服八，何以異於鄒敵楚哉？蓋亦反其本矣。

　　「今王發政施仁，使天下仕者皆欲立於王之朝，耕者皆欲耕於王之野，商賈皆欲藏於王之市，行旅皆欲出於王之塗；天下之欲疾其君者，皆欲赴愬於王。其若是，孰能禦之？」

　　王曰：「吾惛，不能進於是矣。願夫子輔吾志，明以教我，我雖不敏，請嘗試之。」

　　曰：「無恆產而有恆心者，惟士為能。若民，則無恆產，因無恆心；苟無恆心，放辟邪侈，無不為已。及陷於罪，然後從而刑之，是罔民也。焉有仁人在位，罔民而可為也？是故明君制民之產，必使仰足以事父母，俯足以畜妻子；樂歲終身飽，凶年免於死亡；然後驅而之善，故民之從之也輕。今也，制民之產，仰不足以事父母，俯不足以畜妻子；樂歲終身苦，凶年不免於死亡；此惟救死而恐不贍，奚暇治禮義哉？

　　「王欲行之，則盍反其本矣：五畝之宅，樹之以桑，五十者可以衣帛矣；雞豚狗彘之畜，無失其時，七十者可以食肉矣；百畝之田，勿奪其時，八口之家可以無飢矣。謹庠序之教，申之以孝悌之義，頒白者不負戴於道路矣。老者衣帛食肉，黎民不飢不寒，然而不王者，未之有也。」

小	xiǎo	（形）	（形容詞用作名詞）小國
大	dà	（形）	指大國
寡	guǎ	（形）	少，here: 人口少 the few
眾	zhòng	（形）	多，here: 人口多
弱	ruò	（形）	弱小 the weak
彊	qiáng	（形）	強大 the strong
方千里	fāng qiān lǐ	（名語）	縱橫一千里 one thousand "li" square
集	jí	（動）	總計其面積 to add up to
服	fú	（動）	（使動用法）使……屈服 to subdue
蓋	gài	（疑問詞）	here: 通"盍"（hé），何不 why not
亦	yì	（語）	加強反問語氣
反其本	fǎn qí běn	（動語）	回到那根本上來：從施行仁政著手 to go back to fundamentals
發政施仁 fā zhèng shī rén		（動語）	發佈政令，推行仁政 to practice benevolence in the government
仕者	shì zhě	（名語）	作官的人 officials
耕者	gēng zhě	（名語）	種田的人 farmers
商賈	shāng gǔ	（名語）	商人 merchants
市	shì	（名）	市場 marketplace
行旅	xíng lǚ	（名語）	外出旅行的人 travelers
疾	jí	（動）	恨 to hate
愬	sù	（動）	同"訴"，控訴 to complain
其	qí	（連）	如果 if
若	ruò	（動）	像 to be like
是	shì	（代）	這樣 this
孰能禦之 shú néng yù zhī		（疑問句）	誰能抵擋的住您呢？"之"本是第三人稱代詞，對話中可活用，指聽話的對方。Who can stop you (from becoming a true king)?
惛	hūn	（形）	糊塗 stupid; dull-witted

輔	fǔ	（動）	幫助 to help
明以教我		（動語）	明白地教導我 to instruct me clearly
míng yǐ jiāo wǒ			
敏	mǐn	（形）	聰明 clever
嘗試	cháng shì	（動語）	試一試 to try
恆產	héng chǎn	（名語）	能維持生活的不動產 a constant means of support
恆心	héng xīn	（名語）	守道不變的思想 a constant heart to stick to principle
惟	wéi	（副）	只有 only
若	ruò	（連）	至於 as to
因	yīn	（副）	因而，就 then
苟	gǒu	（連）	如果 if
放辟邪侈		（名語）	放蕩不羈，行為不正 self-abandonment and moral deflection
fàng pì xié chǐ			
及	jí	（介）	等到 by the time
陷於罪		（動語）	犯了罪 to fall into wrongdoing; to commit a crime
xiàn yú zuì			
刑	xíng	（名）	（名詞動用）用刑法處罰 to punish
罔民	wǎng mín	（動語）	"罔"通"網"，名詞動用。罔民：對人民設羅網陷害 to entrap the people
是故	shì gù	（連）	因此 therefore
明君	míng jūn	（名語）	英明的君主 an intelligent ruler
制	zhì	（動）	規定 to regulate
仰	yǎng	（副）	對上。指對父母 here: for the care of parents
俯	fǔ	（副）	對下。指對妻子兒女 here: for the support of wife and children
樂歲	lè suì	（名語）	豐年 bumper harvest year
凶年	xiōng nián	（名語）	荒年 famine year
驅	qū	（動）	誘導，驅策 to urge

之善	zhī shàn	（動語）	走上正路 (to urge on) toward goodness
救死	jiù sǐ	（動語）	救於死。把自己從死亡中救出來 to save oneself from death
不贍	bú shàn	（形）	不足，來不及 inadequacy; insufficient
奚	xī	（副）	哪裡 how
暇	xiá	（名）	（名詞作狀語）空閒 leisure; spare time

註：本章最後一段與上面 1.3 第三段重複。請參考 1.3 註釋。

離婁章句下

8.33 齊人有一妻一妾而處室者，其良人出，則必饜酒肉而後反。其妻問所與飲食者，則盡富貴也。其妻告其妾曰："良人出，則必饜酒肉而後反。問其與飲食者，盡富貴也；而未嘗有顯者來。吾將瞷良人之所之也。"

蚤起，施從良人之所之。遍國中無與立談者。卒之東郭墦間之祭者，乞其餘；不足，又顧而之他——此其為饜足之道也！

其妻歸，告其妾曰："良人者，所仰望而終身也，今若此！"與其妾訕其良人，而相泣於中庭；而良人未之知也，施施從外來，驕其妻妾。

由君子觀之，則人之所以求富貴利達者，其妻妾不羞也而不相泣者，幾希矣。

【註釋】

妻	qī	（名）	太太 wife
妾	qiè	（名）	小老婆 concubine
處室	chù shì	（動語）	居家 to lead one's home life
良人	liáng rén	（名）	古時妻稱夫為"良人"。husband

498

饜酒肉	yàn jiǔ shí （動語）	饜：形容詞動用，飽食。饜酒肉：吃飽了酒肉 to be well filled with food and drink
反	fǎn	（動）	回來 to come back
所與飲食者			同他一起吃喝的人（見本課句型 8.33）
盡	jìn	（副）	全，全都是 all
富貴	fù guì	（形）	（形容詞用作名詞）富貴人物 rich and honored people
未嘗	wèi cháng	（副）	從來沒有過 to have never (happened, etc.)
顯者	xiǎn zhě	（名語）	顯要富貴的人 a distinguished visitor
瞷	jiàn	（動）	偷看 to spy
蚤	zǎo	（副）	通"早" morning
施	yì	（副）	躲躲閃閃地 evasively
施從	yì cóng	（動語）	尾隨 to tail (somebody)
遍	biàn	（形）	全，整個 whole
國中	guó zhōng	（名語）	城中 in the city
遍國中		（名語）	全城中 throughout the whole city
立談	lì tán	（動語）	站著交談 to stop and talk (with somebody)
卒	zú	（副）	最後 at last
東郭	dōng guō	（名語）	東邊外城 eastern suburb
墦閒	fán jiān	（名語）	"閒"同"間"，墳地 graveyard
祭者	jì zhě	（名語）	祭祀者 a person who is making an offering at a grave
乞	qǐ	（動）	乞討 to beg
餘	yú	（動）	（用作名詞）剩下的東西 the leftovers
不足	bù zú	（形）	不夠 to be not sufficient to satisfy
顧	gù	（動）	回頭看 to look around
此其為饜足之道			（此）這就是（其）他（為）實現（饜足）吃飽喝醉（之道）的方法。
仰望	yǎng wàng	（動語）	依靠 to rely upon
終身	zhōng shēn	（動語）	過完一輩子

良人者，所仰望		（判斷句）	丈夫是我們依靠著過一輩子的人 a husband is to be looked up to all life long
而終身也			
訕	shàn	（動）	譏笑嘲罵 to curse
相泣	xiāng qì	（動語）	在一塊兒哭泣 to weep together
中庭	zhōng tíng	（名語）	庭院裡 courtyard
未之知	wèi zhī zhī	（動語）	＝未知之，不知道家中情況 to know nothing of this
施施	shī shī	（副）	輕鬆喜悅地 complacently
驕其妻妾		（動語）	驕：形容詞動用。向他的一妻一妾炫耀
jiāo qí qī qiè			to boast to his wife and concubine
利	lì	（名）	利益 profit
達	dá	（形）	用作名詞。名聲 renown; fame
羞	xiū	（形）	羞恥 ashamed
幾希	jǐ xī	（動語）	很少 very few

常用詞

移　走　違　養　樹　畜　保　愛　比　誠　廢　異　超
老　幼　權　聲　音　年　歲　衣　朝　野　賈　旅　徒
顯　商　泣　羞

1. 違　　動詞

(1) 違背，違反，耽誤 (to violate; to run counter to; to delay)

不違農時，穀不可勝食也。　　(1.3)

— 不耽誤農人耕作的時節，五穀就吃不完了。

違法亂紀　　（成語）

(wéi fǎ luàn jì, to violate the law and discipline)

違心之論　　（成語）

(wéi xīn zhī lùn, words uttered against one's conscience)

(2) 避開

當早易道，以違其害。　　王充《論衡·知實》

— 應當改變道路，以便避開損害。

2. 樹　　動詞，種植 (zhòng zhí, to plant)

五畝之宅，樹之以桑。　　　（1.3）
— 在五畝大的宅園中，種植桑樹。

十年樹木，百年樹人。（成語）
(It takes ten years to grow trees but a hundred years
to bring up a generation of good men.)

　　"樹"作名詞用時，是"樹木"。但"木"不可以用作動詞。另外，"木"可以當"木材"講，而"樹"不可以。"樹"在先秦時只用作動詞，因為"種"字到戰國才出現。

3. 畜　　動詞
　　(1) 讀 xù，養 (yǎng, raise)

雞豚狗彘之畜　　　（1.3）
— 飼養雞、狗、大小豬隻。

　　(2) 讀 xù，積聚 (jí jù, to collect; gather)，儲藏 (chǔ cáng, to store;
　　　 to keep)。這個意義又可寫作"蓄"。

苟為不畜，終身不得。《孟子·離婁上》
— 如果平常不積蓄，終生都得不到。

養精蓄銳　　　（成語）
(yǎng jīng xù ruì, to conserve strength and store up energy)

畜　名詞，讀 chù，家養的動物 (domestic animals)

教民養育六畜。　賈思勰《齊民要術・種穀》

— 教導人民養育馬、牛、羊、雞、狗和豬。

4. 愛　形容詞，吝惜，吝嗇 (lìn xī, lìn sè, to grudge; stint)

吾何愛一牛？　　(1.7)

— 我何至於吝惜一頭牛？

百姓皆以王為愛也。　(1.7)

— 百姓都認為王太吝嗇。

動詞，愛 (to love) ——→憐惜 (lián xī, to have pity for)

吳廣素愛人。　　《史記・陳涉世家》

— 吳廣（人名）向來愛人。

愛其二毛。　《左傳・僖公二十二年》

— 憐惜鬢髮花白的老人。

愛屋及烏　　（成語）

(ài wū jí wū, love me, love my dog)

愛不釋手　　（成語）

(ài bù shì shǒu, to fondle admiringly; to love something
so much that one is loath to part with it)

5. 廢　　動詞

（1）廢棄，廢止

然則廢釁鐘與？　　　　　(1.7)

— 那麼要廢棄釁鐘的儀式嗎？

廢寢忘食　　（成語）

(fèi qǐn wàng shí, to be so absorbed as to forget food and sleep;
to be absorbed in work or study)

半途而廢　　（成語）

(bàn tú ér fèi, to stop halfway; to leave something unfinished)

（2）衰敗 (shuāi bài, decline; wane) ⟶ 無用的 (waste; trash)

國之所以廢興存亡者亦然。　《孟子・離婁上》

— 國家的興起和衰敗，生存和滅亡也是這道理。

廢物利用　　（成語）

(fèi wù lì yòng, to make use of waste material)

6. 超　　動詞

　　跳過 (tiào guò, to leap over)　──→ 超出 (chāo chū, to exceed)，勝過
(shèng guò, to surpass)

　　　　挾太山以超北海。　　　(1.7)
　　　　—— 把泰山夾在胳膊下跳過北海。

　　　　超五帝，侔 (móu) 三王者，必此法也。　《韓非子・五蠹》
　　　　—— 超過五帝和三王相等的，必是由此法而成功的。

　　"超" 作形容詞，有 "高超" (gāo chāo, superb) "高明" (excellent) 的意
義。如劉克莊《湖南江西道中》詩："從今詩律應超脫，盡吸瀟湘入肺腸。"
從這些意義的引伸，英語中的 "ultra-"、"super-" 和 "extra-"，在現代漢語中都
用 "超" 來翻譯。例如：

　　　　超短波　　(chāo duǎn bō, ultrashort wave)
　　　　超級公路 (chāo jí gōng lù, superhighway)
　　　　超級市場 (chāo jí shì chǎng, supermarket)
　　　　超音速　　(chāo yīn sù, supersonic speed)
　　　　超自然　　(chāo zì rán, supernatural)

7. 權　　動詞

　　(1) 衡量 (héng liáng, to weigh; measure)

　　　　權，然後知輕重。　　　(1.7)
　　　　—— 稱一稱，衡量一下，才知道輕重。

　　　　權物而稱用　　《荀子・王霸》
　　　　—— 衡量萬物，根據它的不同特性來使用。

權　　名詞

(1) 權力 (quán lì, power)，權勢 (quán shì, power and influence)

主之所以尊者，權也。　　《韓非子‧心度》
— 人主之所以能地位尊貴，是由於權力的獨掌。

依事奏劾，不畏權家。　　《南史‧袁昂傳》
— 按照實際情況上奏彈劾，不懼怕有權勢的家族。

(2) 權變 (quán biàn, adaptability in tactics)，靈活 (líng huó, flexibility)

太祖少機警，有權數。《三國志‧魏書‧武帝紀》
— 太祖小時候為人機警，有應變的機智。

通權達變　　　（成語）

(tōng quán dá biàn, to adapt oneself to circumstances)

註：古代漢語中的“權利”是“威勢”和“財貨”，沒有現代漢語“權利”(right) 的意思。另外，“權力”與“權利”讀音及聲調相同，注意混淆。

8. 聲　　名詞

(1) 聲音 ⟶ 歌曲 (gē qǔ, songs)，音樂 (music)

聞其聲不忍食其肉。　　(1.7)
— 听到動物悲鳴哀號的聲音，就不忍再吃它們的肉。

子之武城，聞弦歌之聲。　　《論語‧陽貨》
— 孔子到武城去，听到彈琴瑟唱詩歌的聲音。

(2) 名譽 (míng yù, fame; reputation)

此人皆身至王侯將相，聲聞鄰國。　司馬遷《報任安書》

—— 這些人都曾做到王侯將相的地位，名譽傳播到各國。

聲名狼籍　　（成語）

(shēng míng láng jí, to have a bad name)

9. 歲　　名詞

(1) 年成 (the year's harvest)

人死，則曰：“非我也，歲也。”　　(1.3)

—— 人民餓死了，卻說：“不是我的錯，是年成不好。”

(2) 年 (year)

死已三千歲矣。　《莊子‧秋水》

—— 已經死了三千年了。

(3) 年齡 (nián líng, [one's] age)

年十三歲，莊襄王死，政代為秦王。《史記‧秦始皇本紀》

—— 年齡十三歲，莊襄王死了。嬴政（即秦始皇）

代替成為秦王。

10. 衣　名詞，衣服

衣不蔽體　　（成語）
(yī bù bì tǐ, to be dressed in rags)

衣冠禽獸　　（成語）
(yī guān qín shòu, a beast in human attire)

動詞，讀 yì，穿（衣）

七十者衣帛食肉。
── 七十歲的老人能穿絲襖吃肉食。

11. 朝　動詞 (cháo)，朝見

欲辟土地，朝秦楚。　　　　　（1.7）
── 想要擴張國土，使秦楚來朝見。

名詞

(1) 讀 cháo，朝廷 (cháo tíng, imperial court) ── 朝代 (cháo dài, dynasty)

使天下之仕者皆欲立於王之朝。　　　（1.7）
三顧頻煩天下計，兩朝開濟老臣心。　　杜甫《蜀相》

(2) 讀 zhāo，早晨，跟 “暮”、“夕” 相對。

朝辭白帝彩雲間，千里江陵一日還。
李白《早發白帝城》

508

下面的幾個詞語可幫助熟悉 "朝" 字的讀音和意義:

朝三暮四　　　（成語）
(zhāo sān mù sì, to play fast and loose; chop and change)

朝令夕改　　　（成語）
(zhāo lìng xī gǎi, inconsistent in policy)

改朝換代 (gǎi cháo huàn dài, dynastic changes)
滿朝文武 (mǎn cháo wén wǔ, all the ministers and
　　　　　generals in the imperial court)
朝陽 (zhāo yáng, the rising sun)
夕陽 (xī yáng, the setting sun)
朝發夕至 (zhāo fā xī zhì, to start at dawn and arrive at dusk)

10. 野　　名詞，田野，郊外 (field)

耕者皆欲耕於王之野。　　(1.7)
— 農人們都想在齊國的田野裡種地。

形容詞
野生野長的 (living or growing in its original, natural state and not
　　　　normally domesticated or cultivated) ⟶ 粗野的 (cū yě de,
　　　　rough; boorish)，放蕩不羈的(fàng dàng bù jī de, unconven-
　　　　tional and unrestrained) ⟶政府之外的，去職的 (not in
　　　　power; out of office)

野獸 (yě shòu, a wild animal)
野花 (yě huā, a wild flower)

509

民如野鹿 (a wild deer)。《莊子·天地》
— 人民像野鹿一樣。

質勝文則野。 　　《論語·雍也》
— 如果一個人內在的質樸多過外在的文采，那就像個
粗鄙的野人。

野性難馴 　　（成語）
(yě xìng nán xùn, untameable)

野人獻曝 　　（成語）
(yě rén xiàn pù, a rustic offering sunshine—trivial contribution)

在野黨 (zài yě dǎng, a party not in power)
下野 (xià yě, be forced to relinquish power)

13. 賈　　名詞

(1) 讀 gǔ，做買賣的人

商賈皆欲藏於王之市。 　　(1.7)
— 商人們都想到齊國來做生意。

註：古代運貨販賣的叫“商”，囤積營利的叫“賈”，所以有“行商坐賈”的說法。現代漢語中不區別“商”和“賈”的意義。

(2) 讀 jià，價格 (jià gé, price)，現代漢語用“價”，不用“賈”。

求善賈而沽諸？ 　　《論語·子罕》
— 是不是找個好價錢把它賣掉呢？

510

14. 旅　名詞，軍隊──→行旅，旅行的人 (travelers)

　　　加之以師旅。　　　《論語・先進》
　　　──（外面）有軍隊來侵伐它。

　　　行旅皆欲出於王之塗。　　　(1.7)
　　　──旅行的人都想取道齊國。

15. 泣　動詞，哭 (to weep)

　　　相泣於中庭。　　　(8.33)
　　　──一塊兒在庭院裡哭泣。

　　　泣涕零如雨　　　《古詩十九首・迢迢牽牛星》
　　　──哭得眼淚像下雨一樣。

　　註：“涕”(tì, tears)，上古沒有“淚”字，“淚”的意義都用“涕”。但“涕”字在現代漢語中也用。另外，“泣”是無聲有淚；“哭”是有聲有淚；還有一個“號”(háo) 字，是大聲哭叫加上訴說。英文的 “weep” 是有淚的，“cry” 是有聲有淚，也可以是大聲；“wail” 是大聲號叫，但不一定有言。

　　下面幾個詞語在現代漢語中還可以應用。

　　　痛哭流涕　(tòng kū liú tì, to cry one's heart out)
　　　感激涕零　(gǎn jī tì líng, to be moved to tears of gratitude)
　　　泣下如雨　(qì xià rú yǔ, to shed tears like rain)
　　　號啕大哭　(háo táo dà kū, to cry one's eyes out)

511

下面英文的例子，請參考：

Weep now or nevermore
（現在哭罷，以後永不再哭了。）

If we were things born not to shed a tear,
I know not how thy joy we ever should come near.
P. B. Shelley: *To A Sky Lark*

A creature might forget to weep, who bore
thy comfort long, and lose thy love thereby!
E. B. Browning: *If Thou Must Love Me*

It's a warm wind, the west wind, full of birds' cries;
I never hear the west wind but tears are in my eyes.
John Masefield: *The West Wind*

15. 羞　動詞，羞恥，丟臉 (diū liǎn, be disgraced)

其妻妾不羞也，而不相泣者，幾希矣。　(8.33)
── 他們的妻妾如果不覺得羞恥、不相對哭泣的，
也就很少了。

惱羞成怒　　（成語）

(nǎo xiū chéng nù, to get angry from shame)

512

虛詞與句型

1.3 (1) 耳矣 (a final particle greatly emphasizing the preceding sentence)

句尾語氣詞連用。"耳矣" 和 "已矣" 同義，相當於現代漢語的 "了" 或 "啦"。在《孟子》中，有時用 "耳矣"，有時用 "已矣"。

寡人之於國也，盡心焉耳矣。　　(1.3)
— 我對於國政，真是盡了心啦。

由是觀之，則君子之所養，可知已矣。　《孟子‧滕文公下》
— 由此看來，君子所應注意培養的品德，
就可以知道了。

(2) 何如　介賓短語，表疑問。相當於 "怎麼樣" (how about)。

以五十步笑百步，則何如？
— 逃跑五十步的譏笑跑一百步的膽小，
（您覺得）怎麼樣呢？

諸君以為何如？　方勺《青溪寇軌》
— 諸位認為怎麼樣？

註："何如" 當 "怎麼樣" 講的時候，也寫作 "何若"、"奚如" 或 "奚若" 等。

(3)   A 何異於 B　=　A 跟 B 有甚麼不同

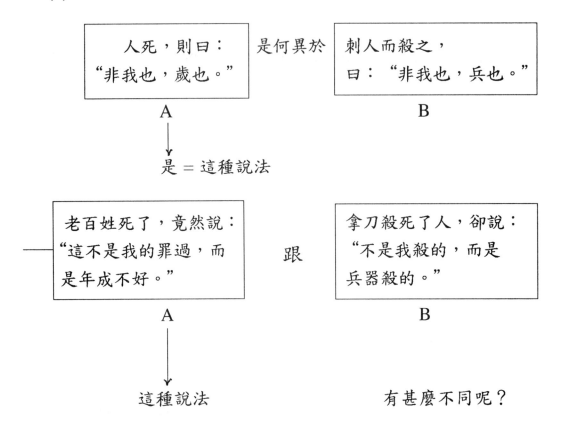

(When people die, you say, "I didn't do it. It's because of the bad harvest." How is that different from stabbing a man to death and then saying, "It's not of my doing. It's because of the weapon.")

1.7 (1) 若　　動詞，像 like

       若寡人者，可以保民乎哉？
       —— 像我這個樣子，可以保護人民嗎？

       其若是，孰能禦之？
       —— 像這樣，誰能抵擋得住您呢？

若　　連詞，表假設。如果 (if)

王若隱其無罪而就死地，則牛羊何擇焉？
—— 王如果憐憫它沒犯罪卻被送到死地，那麼
牛和羊又有甚麼區別呢？

連詞，表示轉折。至於 (as to)

無恆產而有恆心者，惟士惟能；若民，則無恆產，
因無恆心。
—— 沒有固定的產業收入卻有一定的道德觀念和行為
準則的，只有士人才能做到；至於普通人民，就會
因為沒有永久保有的產業，也就沒有一定的道德觀
念和行為準則。

代詞，表示性質和程度。這樣的（地）(such)

以若所為，求若所欲，猶緣木而求魚也。
—— 用這樣的行為，實行這樣的欲望，就像爬上樹去找魚
一樣。

(2) 然則   連詞

然（代詞）＋則（連詞），組成連詞性結構。相當於“既然這樣”(since it is so)，“那麼”(then)，“這樣看來”(the truth is)。

> 然則廢釁鐘與？
> — 那麼要廢除釁鐘的祭祀嗎？
>
> 然則一羽之不舉，為不用力焉。
> — 這樣看來，拿不起來一根羽毛，只是不肯用力的緣故。
>
> 然則王之大欲可知已。
> — 那麼您的最大欲望便可以知道了。

(3) 之   連詞

“之”用在主語和謂語之間，取消句子的獨立性，使其成為“主謂短語”，作複句中的主語或賓語。這些“之”只有語法的功能，沒有實際的意義。如下面的例子：

百姓皆以王為愛也，　臣　固　知　王　之　不忍　　也。
　　　　　　　　　　 S　adv　V 　S 　　 P 　　 particle
　　　　　　　　　　　　　　　　　　　　 O

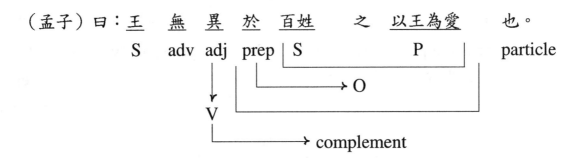

（孟子）曰：王　無　異　於　百姓　　之　以王為愛　　也。
　　　　　　S　adv adj prep｜S　　　　　P　　｜particle

（異：形容詞的意動用法，以⋯⋯為異。）

故　　　王　之　不　王，　　不為也，非不能也。
conj　　S　｜adv　V｜　　　P1　　　P2
　　　　　　　　　P
　　　　S

百姓　　之　不　見　保，　　為不用恩焉。
S　　　　｜adv　V　O｜　　　　P
　　　　　　　P
　　　　S

宜乎　　　百姓　　之　　謂我愛　　也。
P　　　　｜S　　　　　　　P　　｜
　　　　　　　　S

在這個句子中，"宜"是句子的謂語，前置以加強感嘆語氣。

為了加強語氣，"之"的作用是把賓語提到動詞之前。這種"之"也不必翻譯。如下面的例子：

詩云："他人有心，予忖度之。"夫子之謂也
　　　｜S　V　O，S　V　O｜　O ← V particle
　　　　　　　S　　　　　（之：表示堅決的語氣）

517

然 則	一羽 之 不舉，	為 不用 力 焉。
pron conj	O ←———— V	prep adv V O 於之
＝如此就		prep-O

（之：一羽）

"之" 用作代詞，可根據上下文很容易地找出它指代的是甚麼。如下面的例子：

有牽牛而過堂下者，王見之。　（指牽牛過堂下）

以羊易之。　（指 "牛"）

以小易大，彼惡知之。　（指王以小易大的原因）

夫我乃行之，　（指以羊易牛之事）

反而求之。　（指以羊易牛的理由）

其若是，孰能禦之。　（指上文所說的行仁政的王）

及陷於罪，然後從而刑之。　（指犯罪的人民）

"之" 如在主語和介賓短語之間 (S ＋ 之 ＋ prep-O)，常表示要進一步解釋，後面還有別的話。這種 "之" 也只有語法的功能。例如：

寡人	之	於國	也，	盡心	焉耳矣。
S		prep-O	particle	V O	particle

— 我對於國政，真是盡了心啦。

君子	之	於 禽獸	也，	見	其生，	不忍	見其死。
S		prep-O		V	O	adv V	O

— 君子對於飛禽走獸，看見它們活著，便不忍再看到它們死去。

518

4. 之所以　　the reason why

此心之所以合於王者　，　何也？
　　　　　S　　　　　　　P

所以……者 ＝ ……的原因
所以合於王者 ＝ 同推行王道相符合的原因

註：這個結構在現代漢語中還用，常說成：

"主語 ＋ 之所以 ＋謂語，　是因為（由於）……"
前分句：表示結果或結論　　後分句：追述原因或理由

他之所以成功，是由於他的苦幹。

5. 詞類活用

老　吾　老　以〔之〕　及　〔於〕　人　之　老
adj　　　adj　prep-O　　V　prep　│　　　　adj → N│
　│　　　↓　　　　　　　　　　　│　　　　　　　│
　│　　　N　　　　　　　　　　　└────→ O
　↓　　　│
　V　　　O

幼　吾　幼　以〔之〕　及　〔於〕　人　之　幼
adj　　　adj　prep-O　　V　prep　│　　　　adj → N│
　│　　　↓　　　　　　　　　　　│　　　　　　　│
　│　　　N　　　　　　　　　　　└────→ O
　↓　　　│
　V　　　O

—— 尊敬我家裡的長輩，從而推廣到尊敬別人家裡的長輩。
—— 愛護我家裡的兒女，從而推廣到愛護別人家裡的兒女。

8.33 與　介詞。和；同

　　　　與　〔之〕飲食者
　　　　所與〔之〕飲食者　　　　　　　之：良人，在此都省略了。
　　　　所與〔之〕立談者

　　連詞
　　用來連接詞與詞，短語與短語，表示並列關係。意義也是"和"或
"同"。

　　　　〔其妻〕與其妾訕良人。

520

孟子選句

1. 顧左右而言他。　　《梁惠王章句下》
   ── 左顧右盼，而去說別的事情。

2. 五十步笑百步。　　（成語）《梁惠王章句下》
   (wǔ shí bù xiào bǎi bù, one who retreats fifty paces mocks one who
   retreats a hundred; the pot calling the kettle black)

3. 水深火熱　　（成語）《梁惠王章句下》
   (shuǐ shēn huǒ rè, deep water and scorching fire; an abyss of suffering)

4. 雖有智慧，不如乘勢；雖有鎡 (zī) 基，不如待時。　《公孫丑章句上》
   ── 雖然有智慧，不如把握住有利的機會；雖然有鋤頭，
   不如等待耕種的時節。

5. 我知言，我善養我浩然之氣。　　《公孫丑章句上》
   ── 我善於分析別人的言辭，也善於培養我的浩然之氣。

6. 出類拔萃　　（成語）《公孫丑章句上》
   (chū lèi bá cuì, eminent above all others)

7. 天作孽，猶可違；自作孽，不可活。　《公孫丑章句上》
   ── 自然造成的災禍，還可以逃避；自己造成的災禍，那就活不成了。

8. 天時不如地利，地利不如人和。　《公孫丑章句下》
   ── 攻戰時自然氣候的適宜，不如高城深池山川險阻的地勢，據有
   有利的地勢，不如人心所向，內部團結。

9. 富貴不能淫，貧賤不能移，威武不能屈：此之謂大丈夫。

《滕文公章句下》

— 財富和尊貴，不能動搖他的心意；貧窮和卑賤，不能
改變他的節操；權勢和武力，不能屈撓他的志氣。這樣
的人，才叫做大丈夫。

10. 人之患在好為人師。　　《離婁章句上》
— 人的毛病在於喜歡做別人的老師。

11. 人有不為也，而後可以有為。　　《離婁章句下》
— 一個人必須有他不肯做的事，然後才能有偉大的作為。

12. 一暴十寒　　　（成語）《告子章句上》
(yí pù shí hán, to work hard for one day and then do nothing for ten)

13. 生於憂患，死於安樂。　　　《告子章句下》
— 在憂患的環境中才能生存，在安樂的環境中便會死亡。

14. 人不可以無恥；無恥之恥，無恥矣。　　《盡心章句上》
— 一個人不可以沒有羞恥的心；能夠知道無恥的可恥，
就不會有恥辱了。

15. 窮則獨善其身，達則兼善天下。　　《盡心章句上》
— 窮困時就獨自修養己身，顯達時就使天下人同歸於善。

16. 盡信書，則不如無書。　《盡心章句下》
— 完全相信書上的話，那還不如沒有書。

練習

I. 將文言譯成白話，並將白話譯成文言：

1.3
喻
（文） 王好戰，請以戰喻

（白）

（白） 你喜歡喝酒，我就用酒來作個比方。

（文）

無憾
（文） 養生喪死無憾，王道之始也。

（白）

（白） 如果能得到你的愛，我就是死了也沒有不滿足的感覺。

（文）

奪
（文） 無奪其時

（白）

（白） 殺了他的朋友，並用力量搶走了朋友的妻子和女兒。

（文）

罪
（文） 王無罪歲，斯天下之民至焉。

（白）

（白） 君子責怪自己，小人責怪別人

（文）

（白） 用槍把人殺了，卻說："不是我殺的，是這枝槍殺的。"

（文）

勝

（文）　魚鱉不可勝食

（白）

（白）　我家靠近海邊，龍蝦多得吃不完。

（文）

樹

（文）　五畝之宅，樹之以桑，五十者可以衣帛矣。

（白）

（白）　種一顆樹，十年的時間就可以長大，要培植一個人才，
　　　　需要一百年才行。

（文）

饑寒

（文）　黎民不饑不寒。

（白）

（白）　無家可歸的人，在街上住，又冷又餓。

（文）

1.7

不識有諸

（白）　听說你很喜歡漂亮的人，不知道有這回事嗎？

（文）

寡不敵眾

（文）　然則小故不可以敵大，寡固不可以敵眾。

（白）

以⋯⋯為⋯⋯

（白）　生活在學校，所以把學校當作家。

（文）

II. 用下列詞語造句：

1. 明察秋毫　　　2. 緣木求魚　　　3. 愛不釋手
4. 半途而廢　　　5. 通權達變　　　6. 聲名狼藉
7. 朝三暮四　　　8. 感激涕零　　　9. 惱羞成怒
10. 野性難馴

III. 以下這首詩說的是甚麼？

金縷衣

杜秋娘

勸君莫惜金縷衣，勸君惜取少年時。
花開堪折直須折，莫待無花空折枝。

金縷衣　　jīn lǚ yī, jade clothes sewn with gold thread
杜秋娘　　Dù Qiūniáng, a Tang poet

IV. 閱讀練習

課外查字典略讀全文，了解大意，然後於課堂討論。

孟子·告子章句上

11.2 告子曰："性猶湍水也，決諸東方則東流，決諸西方則西流。人性之無分於善不善也，猶水之無分東西也。"

孟子曰："水信無分於東西，無分於上下乎？人性之善也，猶水之就下也。人無有不善，水無有不下。今夫水，搏而躍之，可使過顙；激而行之，可使在山。是豈水之性哉？其勢則然也。人之可使為不善，其性亦猶是也"

問題：孟子主張人性本善，人如果做坏事，是由於外在的力量使他這
　　　樣。你同意這種看法嗎？為甚麼？

525

3.6 孟子曰："人皆有不忍人之心。先王有不忍人之心，斯有不忍人之政矣。以不忍人之心，行不忍人之政，治天下可運之掌上。

"所以謂人皆有不忍人之心者：今人乍見孺子將入於井，皆有怵惕惻隱之心；非所以內交於孺子之父母也，非所以要譽於鄉黨朋友也，非惡其聲而然也。

"由是觀之，無惻隱之心，非人也；無羞惡之心，非人也；無辭讓之心，非人也；無是非之心，非人也。惻隱之心，仁之端也；羞惡之心，義之端也；辭讓之心，禮之端也；是非之心，智之端也。人之有是四端也，猶其有四體也；有是四端而自謂不能者，自賊者也；謂其君不能者，賊其君者也。

凡有四端於我者，知皆擴而充之矣，若火之始然，泉之始達。苟能充之，足以保四海；苟不能充之，不足以事父母。"

問題：討論人性中的"惻隱之心；羞惡之心；辭讓之心；是非之心"。

第二十七課

莊子選讀

Zhuang Zhou (370-286 B.C.)* was a prominent Taoist author. He took no interest in politics or statecraft. He was concerned only with the life and freedom of the individual. The works of *Zhuang Zi* consist of 33 chapters, impressive for both their bold philosophical imagination and their striking literary style.

　　莊子名周，戰國時宋國蒙（今河南商丘東北）人。莊子在哲學上繼承並發展了老子"道法自然"的思想，是道家學派的代表人物，與老子並稱"老莊"。莊子的文章具有豐富的想像力，文筆波瀾起伏，變幻多端，對後代的散文有很大的影響。《莊子》一書共三十三篇，其中內篇七，外篇十五，雜篇十一。一般認為內篇是莊周所作，外篇和雜篇是門人與後學所作。

道法自然	dào fǎ zì rán, the Way imitates that which is natural, i.e., it has no need to imitate anything else
波瀾起伏	bō lán qǐ fú, (of a piece of writing) with one climax following another
變幻多端	biàn huàn duō duān, to change unpredictably

---

*莊子的生卒年，歷來異說很多。這裡的生年(370 B.C)是根據馬夷出《莊子年表》、莊萬壽《莊子學述》、張成秋《莊子篇目考》及梁啟超《先秦學術表》的考證；卒年(286 B.C.)則是根據錢穆《先秦諸子繫年》、胡哲敷《老莊哲學》及鄔昆如《莊子與古希臘哲學中的道》的考證。

一、北冥有魚 （逍遙遊）

　　北冥有魚，其名為鯤。鯤之大，不知其幾千里也。化而為鳥，其名為鵬。鵬之背，不知其幾千里也。怒而飛，其翼若垂天之雲。是鳥也，海運則將徙於南冥。南冥者，天池也。《齊諧》者，志怪者也。《諧》之言曰：「鵬之徙於南冥也，水擊三千里，摶扶搖而上者九萬里，去以六月息者也。」野馬也，塵埃也，生物之以息相吹也。天之蒼蒼，其正色邪？其遠而無所至極邪？其視下也，亦若是則已矣。且夫水之積也不厚，則其負大舟也無力。覆杯水於坳堂之上，則芥為之舟；置杯焉則膠，水淺而舟大也。風之積也不厚，則其負大翼也無力。故九萬里，則風斯在下矣，而後乃今培風；背負青天而莫之夭閼者，而後乃今將圖南。

【註釋】

北冥	běi míng	（名語）	"冥"通"溟"，北方的海 the northern sea
鯤	kūn	（名）	傳說中的大魚 a legendary big fish
鵬	péng	（名）	傳說中的大鳥 a legendary big bird
怒	nù	（動）	here: 鼓動翅膀 to flap one's wings
翼	yì	（名）	翅膀 wing
垂天之雲 chuí tiān zhī yún		（名語）	掛在天上的雲 clouds all over the sky
海運	hǎi yùn	（動語）	海動 when the sea begins to move。一說海動即有大風，鵬就可以乘風南飛。
南冥	nán míng	（名語）	南方的海 the southern sea
天池	tiān chí	（名）	天然形成的池塘 the Celestial Lake
齊諧	Qí Xié	（名）	書名。一說為以人名為書名。Identified variously as the name of a man or the name of a book

志怪	zhì guài	（動語）	記載怪異的事 to record the weird, occult, and mysterious
水擊	shuǐ jī	（動語）	（翅膀）在水面擊水 the wing flaps along the water
摶	tuán	（動）	迴旋著往上飛 to soar
扶搖	fú yáo	（名）	旋風 whirlwind
息	xī	（名）	here: 大風 gale
野馬	yě mǎ	（名語）	指春天林澤中的霧氣，因狀如奔馬，故稱之為野馬 wavering vapor
塵埃	chén āi	（名）	塵土 bits of dust
生物	shēng wù	（名）	有生命的東西 living things
以息相吹		（動語）	用氣息相吹拂 to blow one against another with their breath
yi xī xiāng chuī			

野馬也，塵埃也，生物之 以息相吹也。　　　　　　　大意是：像野馬般的雲層與霧氣，飛揚的塵埃，都是被生物的氣息吹動，在空中遊蕩的東西。

蒼蒼	cāng cāng	（形）	深藍色 deep blue
正色	zhèng sè	（名）	真正的顏色 the real color
其……邪？			（見本課《虛詞與句型》）
其視下	qí shì xià	（動語）	其：指鵬。大鵬在高空往下看 the bird looks down from above
若是	ruò shì	（介賓）	像這樣 like this
則已	zé yǐ	（語）	而已，罷了 that is all
且夫	qiě fú	（連）	再說 besides（見本課《虛詞與句型》）
積	jī	（動）	儲積 to pile up
厚	hòu	（形）	here: 水深 deep
負	fù	（動）	浮載 to float
覆	fù	（動）	倒 to pour
坳堂	ào táng	（名）	廳堂的窪 (wā) 地 a depression on the floor
芥	jiè	（名）	小草 a straw

為之舟		（動賓）	給水當船；成為一隻飄浮水上的小船（見本
wéi zhī zhōu			課《虛詞與句型》） the straw will float on
			water like a boat
膠	jiāo	（動）	粘住不動 to stick fast
斯	sī	（副）	就 then
而後乃今		（副）	（副詞性結構）然後這才……
ér hòu nǎi jīn			only then . . .（見本課《虛詞與句型》）
培風	péi fēng	（動語）	乘風 to ride the wind
背負青天		（動語）	背負著青天 to shoulder the blue sky
bèi fù qīng tiān			
莫	mò	（代）	（否定性無定代詞）沒有甚麼 nothing
夭閼	yāo è	（動）	遮攔阻擋 to hinder and block
圖南	tú nán	（動語）	南：方位名詞動用，向南飛。圖南：計劃著
			向南飛 to start for the south

　　蜩與學鳩笑之曰："我決起而飛，搶榆枋而止，時則不至，而
控於地而已矣，奚以之九萬里而南為？"適莽蒼者，三餐而反，腹
猶果然；適百里者宿舂糧；適千里者，三月聚糧。之二蟲又何知？

蜩	tiáo	（名）	蟬 cicada
學鳩	xué jiū	（名）	一種小鳥名 name of a little bird
決	xuè	（形）	快速奮起的樣子 to rise with force and spirit
搶	qiāng	（動）	碰到 to run into
榆枋	yú fāng	（名）	榆樹和檀樹 elm and sandalwood tree
時則不至		（動語）	有時如果（力氣不夠）而飛不到 sometimes
shí zé bú zhì			if (we) don't get that far
控	kòng	（動）	投 (tóu, to throw); here: 落下 to fall down
控於地	kòng yú dì（動語）		落在地面上 to fall down on the ground
奚以……為		（句型）	哪裡用得著……呢？何必要……呢？
			（見本課《虛詞與句型》）

適	shì	（動）	到……去 to go to
莽蒼	mǎng cāng	（名）	（疊韻聯綿詞） here: 郊外 the forest nearby
餐	cān	（名）	一頓飯 a meal
反	fǎn	（動）	同 "返" to come back
果然	guǒ rán	（形）	here: 飽 be full

三餐而反，腹猶果然　　只要帶三頓飯的糧食，當天回來，肚子還是飽飽的。

宿舂糧 sù chōng liáng		（動語）	頭天晚上搗米預備乾糧 to grind the grain the night before
之	zhī	（代）	這 this, these
二蟲	èr chóng	（名語）	here: 指蜩和學鳩

古漢語中的 "蟲" 可作為動物的通稱。《水滸傳》中稱 "老虎" 為 "大蟲"。

之二蟲又何知？　　蜩與學鳩這兩隻蟲鳥又知道甚麼？

小知不及大知，小年不及大年。奚以知其然也？朝菌不知晦朔，蟪蛄不知春秋，此小年也。楚之南有冥靈者，以五百歲為春，五百歲為秋。上古有大椿者，以八千歲為春，八千歲為秋。而彭祖乃今以久特聞，眾人匹之，不亦悲乎！

知	zhì	（名）	同 "智"，智慧 knowledge; wisdom
年	nián	（名）	壽命 life-span; life
小知不及大知			知識少的不能和知識多的相比； 知識少的比不上知識多的。
小年不及大年			年壽短的不能和年壽長的相比； 年壽短的比不上年壽長的。
奚	xī	（代）	何 how
然	rán	（代）	如此，這樣 so; in this way
奚以知其然也？			（我們）憑甚麼知道它是這樣的呢？ How do we know that this is so?

531

朝菌	zhāo jùn	（名語）	一種生長期很短的菌類植物。朝生暮死，所以叫"朝菌"。 lit., morning mushroom here: things that fade rapidly
晦朔	huì shuò	（名）	陰曆每月最後一日，和陰曆每月初一。 the last day and the first day of the moon here: 日夜的循環 the alternation of day and night
蟪蛄	huì gū	（名）	寒蟬 a kind of bright-colored cicada 這種蟬據說"春生夏死，夏生秋死"，所以不知春秋。
蟪蛄不知春秋			limited in experience or vision (like a cicada that is ignorant of spring and autumn)
冥靈	míng líng	（名）	靈龜 a spiritual tortoise 一般註解多以為"冥靈"是"木名"。此處據羅勉道《大華真經循本》及王船山《莊子解》註為"靈龜"。
大椿	dà chūn	（名）	傳說中的大樹名
彭祖	Péng zǔ	（名）	傳說中長壽的人，活了七百多歲 a legendary man who lived more than 700 years
乃今	nǎi jīn	（副）	如今 nowadays; now
匹	pǐ	（動）	和……相等／相比 to be a match for
不亦……乎		（固定結構）	豈不……嗎（見本課《虛詞與句型》）

湯之問棘也是已："窮髮之北有冥海者，天池也。有魚焉，其廣數千里，未有知其修者，其名為鯤。有鳥焉，其名為鵬。背若太山，翼若垂天之雲。摶扶搖羊角而上者九萬里，絕雲氣，負青天，然後圖南，且適南冥也。斥鷃笑之曰："彼且奚適也？我騰躍而上，不過數仞而下，翱翔蓬蒿之間，此亦飛之至也。而彼且奚適也？"此小大之辯也。

湯	Tāng	（名）	商湯，商朝的開國之君。 the first ruler of the Shang Dynasty	
棘	Jí	（名）	商湯時的大夫 a senior official during the time of Tang	
窮髮	qióng fǎ	（名）	不毛之地 barren land	
冥海	míng hǎi	（名）	黑色的深海 dark sea	
廣	guǎng	（形）	寬 wide; broad; width; here: 指魚身的寬度	
修	xiū	（形）	長 long; length; here: 指魚身的長度	
羊角	yáng jué	（名）	旋風 whirlwind	
絕	jué	（動）	穿過 to cut through	
斥鷃	chì yàn	（名）	小雀 little quail	
彼	bǐ	（代）	指代 "大鵬" big bird	
彼且奚適也？			那大鵬想要飛到哪裡去？ Where is that bird trying to go?	
仞	rèn	（量）	古代以八尺（或七尺）為一仞 an ancient measure of length equal to seven or eight chi（尺）	
翱翔	áo xiáng	（動）	迴旋飛舞 to hover; to soar	
蓬蒿	péng hāo	（名）	weeds and bushes	
至	zhì	（名）	最高限度 the limit; the utmost	
辯	biàn	（名）	通 "辨"。分別 the difference	

故夫知效一官，行比一鄉，德合一君而徵一國者，其自視也，亦若此矣。而宋榮子猶然笑之。且舉世而譽之而不加勸，舉世而非之而不加沮，定乎內外之分，辯乎榮辱之境，斯已矣。彼其於世，未數數然也。雖然，猶有未樹也。夫列子御風而行，泠然善也。旬有五日而後反。彼於致福者，未數數然也。此雖免乎行，猶有所待者也。若夫乘天地之正，而御六氣之辯，以遊無窮者，彼且惡乎待哉？故曰：至人無己，神人無功，聖人無名。

故夫	gù fú	（連）	表示承接上文並對事物作出判斷。"故" 含有 "所以" (therefore) 的意思。"夫" 是指示代詞，有 "那"、"那些" (those) 的意思。
知	zhì	（名）	才智 ability and wisdom
效	xiào	（動）	勝任，擔任 be competent (at a job); to assume the office of
知效一官			才智可以勝任一官之職（的）
行	xìng	（名）	品行 conduct; to behavior
比	bì	（動）	合 to suit; to be to one's liking
行比一鄉			品行能適合一鄉群眾心意（的）
德	dé	（名）	道德 virtue
而	ér	（連）	而且 and
			根據清人郭慶藩《莊子集釋》，認為這個 "而" 字應作 "能"，因 "而" 與 "能" 古聲近，故通用。但 "而" 不必作 "能" 解，也通。意思是說 "其德可上合於君，而又見信於國人"。roughly: he has virtue enough to please one ruler and he may even win the confidence of the whole country
徵	zhēng	（動）	here: 取信 to establish credibility (among others)
者	zhě	（結代）	（見本課《虛詞與句型》）
其	qí	（代）	指上述的四種人 refer to the above-mentioned four kinds of people
自視	zì shì	（動語）	看待自己 to think oneself
宋榮子 Sòng Róng zǐ		（名）	戰國時宋國人 a Song State philosopher
猶然笑之 yóu rán xiào zhī		（動語）	輕蔑地嗤 (chī) 笑這些人 to laugh at them contemptuously

534

舉世	jǔ shì	（名語）	整個社會上的人 the whole world
譽	yù	（動）	稱讚 to praise
之	zhī	（代）	指宋榮子
加	jiā	（副）	更加 more
勸	quàn	（動）	鼓勵，奮勉 to make a determined effort
非	fēi	（動）	責難 to condemn
沮	jǔ	（動）	感到沮喪 to be discouraged
定	dìng	（動）	確定 to determine
內外	nèi wài	（名語）	自我與外物 the internal and the external; oneself and the external world
分	fēn	（名）	分際 the border line
辯	biàn	（動）	通"辨"，分辨 to distinguish (with accuracy)
榮辱	róng rǔ	（形）	honor and shame
境	jìng	（名）	界限 boundary
數數然 shuò shuò rán		（副）	汲汲 (jí jí)，急迫 anxiously, here: 汲汲追求
未樹	wèi shù	（動語）	指沒有達到莊子所認為的逍遙自由的境界
列子	Lèi zǐ	（名）	列禦寇，戰國時鄭人。 a philosopher who is said to have lived in the age immediately after Confucius
御風	yù fēng	（動語）	乘風 to ride upon the wind
泠然	líng rán	（副）	輕巧的樣子 lightly and at ease
旬	xún	（名）	（時間名詞）十天 10 days。旬有五日 ＝ 旬又五日，即十五日。
致福	zhì fú	（動語）	使福到來，求福 to search for good fortune
免於行 miǎn yú xíng		（動語）	免於步行 to escape the trouble of walking
所待者	suǒ dài zhě	（名語）	依靠的東西 to depend upon something here: 指"風"

若夫	ruò fú	（連）	至於 as to（見本課《虛詞與句型》）
乘	chéng	（動）	here: 順應 to conform to
天地之正		（名語）	天地萬物自然之性 the truth of the natural
tiān dì zhī zhèng			world
六氣	liù qì	（名語）	the six elemental forces: yin（陰）, yang（陽）, wind（風）, rain（雨）, darkness（晦）and light（明）
辯	biàn	（動）	通 "變" to change
無窮	wú qióng	（動語）	不受時空的限制 boundless; infinite
惡乎	wū hū	（介賓）	於何
惡乎待哉		（動語）	有待於甚麼呢？依靠甚麼呢？ What does (he) have to depend upon?
至人	zhì rén	（名語）	here: 能達到逍遙境界的人 the perfect man
無己	wú jǐ	（動語）	忘我，無我 to be oblivious to self-existence
神人	shén rén	（名語）	超乎自然，能主宰物質世界的人 a spiritual man
無功	wú gōng	（動語）	不追求功 to have no achievement
聖人	shèng rén	（名語）	a sage
無名	wú míng	（動語）	不追求名 not to seek fame

二、運斤成風 （徐無鬼）

　　莊子送葬，過惠子之墓。顧謂從者曰：“郢人堊漫其鼻端若蠅翼，使匠石斲之。匠石運斤成風，聽而斲之，盡堊而鼻不傷。郢人立不失容。宋元君聞之，召匠石曰：‘嘗試為寡人為之。’ 匠石曰：‘臣則嘗能為斲之，雖然，臣之質死久矣。’ 自夫子之死也，吾無以為質矣，吾無與言之矣。”

【註釋】

送葬	sòng zàng	（動語）	參加葬禮 to accompany a funeral
惠子	Huì zǐ	（名）	姓惠，名施，莊子的好友。
墓	mù	（名）	墳 grave
郢	Yǐng	（名）	地名，楚國的首都 place name, the capital of Chu State
堊	è	（名）	刷牆的白土 plaster; here: 用白土粉刷 to plaster a wall
漫	màn	（動）	塗抹 to paint
蠅翼	yíng yì	（名語）	蒼蠅的翅膀 a fly's wing
匠石	jiàng Shí	（名）	名字叫"石"的木匠 carpenter Shi
斲	zhuó	（動）	砍削 to slice off
運	yùn	（動）	掄動 to whirl
斤	jīn	（名）	斧子 a hatchet
聽	tìng	（動）	（用作狀語）隨心所欲 conveniently
盡堊	jìn è	（動語）	削光了白土 to remove every bit of plaster
傷	shāng	（動）	受傷 to be injured
失容	shī róng	（動語）	失去常態 to lose one's composure
宋元君 Sòng Yuán jūn		（名）	即宋元公，名子佐 Duke Yuan of Song
嘗試	cháng shì	（動語）	試試 to try

質	zhí	（名）	箭靶 target; here: 對象 object
夫子	fū zǐ	（名）	指惠子 refer to "Hui zi"

三、渾沌 （應帝王）

南海之帝為儵，北海之帝為忽，中央之帝為渾沌。儵與忽時相遇於渾沌之地，渾沌待之甚善。儵與忽謀報渾沌之德，曰："人皆有七竅，以視聽食息，此獨無有，嘗試鑿之。"日鑿一竅，七日而渾沌死。

【註釋】

儵	shū	（形）	急速 swift; here: 南海帝王的名字 name of the emperor of the South Sea
忽	hū	（形）	快速 sudden; here: 北海帝王的名字 the name of the emperor of the North Sea
渾沌	hùn dùn	（形）	宇宙未成前的情形 chaos, the disorder of formless matter and infinite space, supposed to have existed before the ordered universe. here: 中央帝王的名字 the name of the emperor of the central region
待之甚善 dài zhī shèn shàn		（動語）	待他們很好 to treat them generously
謀	móu	（動）	計議，商量 to discuss
報	bào	（動）	報答 to repay
德	dé	（名）	恩德 kindness
七竅	qī qiào	（名語）	眼耳口鼻 seven openings
視聽食息	shì tīng shí xi	（動語）	to see, hear, eat and breathe
鑿	záo	（動）	鑿開 to bore through

538

常用詞

北冥有魚： 逍遙　培　圖　志　搶　適　年　匹　勸　絕
運斤成風： 聽　質
渾沌： 竅　息

1. 逍遙　形容詞

自由自在，無拘無束

聊浮游以逍遙。　屈原《離騷》
── 暫且無拘無束在四處流浪。

逍遙自在　　（成語）

(xiāo yáo zì zài, free and unrestrained)

逍遙法外　　（成語）

(xiāo yáo fǎ wài, to go scot-free; to be at large)

2. 培　動詞

(1) 乘，憑藉

故九萬里，則風斯在下矣，而後乃今培風。
── 所以（大鵬）飛上九萬里的高空，那麼下面必有
巨大的風力，然後才可以乘風而行。

(2) 培養（人才）péi yǎng (rén cái), to train (a talented person)

專以培植獎勵後進為己責任。　　《金史‧韓企先傳》
—— 專門把培養獎勵青年後輩當做自己的責任。

3. 圖　　動詞
計劃，打算 ——→ 謀取（設法得到）

而後乃今將圖南。
—— 然後才打算向南飛。

則諸侯圖魯矣。　　《史記‧吳起傳》
—— 那麼諸侯就要設法取得魯國了。

名詞
圖畫 (tú huà, picture)；畫像 (huà xiàng, portrait)；地圖 (map)

宋元君將畫圖。　　《莊子‧田子方》
—— 宋元君要畫一幅圖像。

秦王發圖，圖窮而匕首見。　　　　《史記‧刺客列傳》
—— 秦王慢慢打開地圖，卷軸 (juàn zhóu, scroll) 打開到
最後出現一把匕首。

3. 志　　　動詞

　　　　　記載，記述 —→ 記住 (to learn by heart)

　　　　　　齊諧者，志怪者也。
　　　　　　—《齊諧》是一本記載異聞的書。

　　　　　　太古之事滅矣，孰志之哉？　《列子‧楊朱》
　　　　　　—上古時代的事已經消滅無蹤，誰還記述它呢？

　　　　　　圖史一經目輒志於心。　　　《新唐書‧褚亮傳》
　　　　　　—圖表史籍只要看過一次，就能記在心裡。

　　　註：當“記載”、“記住”講的“志”後來又寫作“誌”。

　　　　　名詞
　　　　　心意 (xīn yì, feelings) —→ 志向 (zhì xiàng, aspiration; ambition)

　　　　　　詩言志。　　《尚書‧舜典》
　　　　　　—詩歌是表達內心思想的。

　　　　　　燕雀安知鴻鵠 (hú) 之志哉！　　《史記‧陳涉世家》
　　　　　　—燕雀哪裡知道天鵝的志向呢！

　　　　　　志同道合　　　（成語）
　　　　　　(zhì tóng dào hé, to cherish the same ideals and follow
　　　　　　the same path; to have a common goal)

5. 搶　　動詞

　　碰到 ⟶ 逆 (nì, contrary; to go against)

　　　我決起而飛，搶榆枋而止。

　　　— 我們一下子起飛，碰到榆樹和檀樹就停下來。

　　　艇子搶風。　　　　　庾闡《揚都賦》

　　　— 小船逆風。

　　註：元、明以前，"搶"字沒有"搶奪" (qiǎng duó, to rob; to snatch) 的意義。

6. 適　　動詞

　　(1) 到……去

　　　適百里者宿舂糧。

　　　— 到一百里遠處去的人，頭天晚上就要準備乾糧。

　　(2) 女子出嫁 (of a woman) to marry

　　　女三人，長適秘書丞錢袞 (gǔn)，餘尚幼。

　　　　　　　　　　歐陽修《江鄰幾墓志銘》

　　　— 三個女兒，長女嫁給秘書丞（官名）錢袞，
　　　其餘的年紀還小。

542

適　　副詞

恰好 (qià hǎo, just; by chance)

身中大創十餘，適有萬金良藥，故得無死。

《史記·魏其武安侯列傳》

— 身上有十幾處受了大傷，恰好有貴重的好藥，
因此沒有死。

此時，魯仲連適遊趙。　　　《戰國策·趙策二》

— 這個時候，恰好魯仲連（人名）去趙國。

適逢其會　　（成語）

(shì féng qí huì, to happen to be present at the right moment)

適得其反　　（成語）

(shì dé qí fǎn, to be just the opposite of what one wishes)

形容詞

適合 (shì hé, suit)，適宜 (shì yí, appropriate; suitable)

然其名尊者，以適於時也。　　《商君書·畫策》

— （神農）的名比（黃帝）尊貴，是因為適合時勢。

適者生存　　（成語）

(shì zhě shēng cún, survival of the fittest)

適　　名詞　　通 "嫡" (dí, sons born of the legal wife)

　　　　　殺適立庶。　　《左傳・文公十八年》
　　　　　— 殺正妻所生之子，以非正妻所生之子繼位。

　　　動詞　　通 "謫" (zhé, to exile)

　　　　　又以適去。　　《史記・賈誼傳》
　　　　　— 又因為被流放貶職。

　　注意：古代 "適" 和 "适" （kuò，一般只用於人名）是兩個字。現代漢語 "适" 是 "適" 的簡化字。

7. 年　　名詞

　　(1) 年齡 (nián líng, [one's] age) —→ 壽命

　　　　　是時賈生年二十餘，最為少。　　《史記・賈誼傳》
　　　　　— 這時，賈誼二十多歲，是最年輕的。

　　　　　小年不及大年。
　　　　　— 年壽短的比不上年壽長的。

　　(2) 收成 (shōu chéng)，年景 (nián jǐng, the year's harvest)

　　　　　年饑，用不足。　　《論語・顏淵》
　　　　　— 年景歉收，國家的財用不夠。

8. 匹　　動詞　相當，相等 (to be a match for)

眾人匹之

— 大家都想和彭祖相比（倣效彭祖的長壽）。

秦、晉匹也。　　《左傳・僖公二十三年》

— 秦國和晉國的力量相當。

世無其匹 (shì wú qí pǐ, matchless; without peer)

量詞

兩匹騾子　two mules
三匹馬　　three horses
一匹布　　a bolt of cloth

單槍匹馬　　　（成語）

(dān qiāng pǐ mǎ, single-handed)

9. 勸　　動詞

勉力，奮勉——→ 勉勵 (miǎn lì, to encourage) ——→ 勸說 (quàn shuō, to persuade)

且舉世而譽之而不加勸。

— 整個社會的人都稱讚他（宋榮子），他並不因此而更加奮勉。

此所以勸善黜惡也。　　《漢書・武帝紀》

— 這就是要鼓勵好的和貶退那些不好的。

勸秦王顯巖穴之士。　　《史記・商君列傳》

— 勸說秦王尊顯那些隱居不做官的人。

10. 絕　　動詞

斷，弄斷 (duàn, nòng duàn, to break)——→斷絕 (duàn jué, to break
off)——→穿過 (to cut through)——→盡 (jìn, to be exhausted; to be used up)

秦王驚，自引而起，絕袖。　　《戰國策・燕策》
— 秦王受到驚嚇，用力掙扎而起，掙斷了袖子。

陛下絕匈奴不與和親。　　晁錯《募民徙塞下疏》
— 您跟匈奴斷絕友好關係。

絕雲氣，背負青天，然後圖南。
— 穿過雲氣，背負青天，然後打算往南飛。

老子猶堪絕大漠。　　陸游《夜泊水村》
— 老漢還能橫穿沙漠。

務積蓄，以備乏絕。　　桓寬《鹽鐵論・非鞅》
— 必要從事積蓄，為了防備短缺用盡。

形容詞
到了極點 (desperate; hopeless)；極遠的 (inaccessible)

臣前與官屬三十六人奉使絕域。　　《後漢書・班超傳》
— 我曾跟官員屬下三十六人奉命出使極遠的地方。

546

絕處逢生　　（成語）

(jué chù féng shēng, to be unexpectedly rescued from a desperate situation)

天無絕人之路　　（成語）

(God will not close all doors.)

11. 聽　動詞

(1) 讀 tìng，任從，隨心所欲

匠石運斤成風，聽而斲之。
— 姓石的工匠掄動斧頭像風那樣快，隨手砍削。

聽其自然　　（成語）

(tìng qí zì rán, to let things take their own course)

聽天由命　　（成語）

(tìng tiān yóu mìng, to resign oneself to one's fate)

(2) 讀 tīng，聽 ⟶ 聽從 (tīng cóng, to comply with; to obey) ⟶ 處理 (chǔ lǐ, to handle; to deal with)

耳不能兩聽而聰。　　《荀子·勸學》
— 耳朵不能同時聽兩件事而聽得清楚。

秦王乃拜斯為長史，聽其計。　　《史記·李斯列傳》
— 秦王於是拜李斯為長史（官名），聽從他的計劃。

言聽計從　　　（成語）
·　·

(yán tīng jì cóng, to have implicit faith in somebody)

兼聽萬事。　　《史記·秦始皇本紀》
·

—— 同時處理很多事情。
　　　　　·　·

　　注意：古代"聽"和"听"(yǐn) 是兩個字。例如司馬相如《子虛賦》中的"無是公（人名）听然 (yǐn rán，張開口而笑的樣子) 而笑"。在現代漢語中，"聽"被簡化為"听"。

12. 質　　名詞

(1) 箭靶 (jiàn bǎ, target for archery) —→ 對象，對手(duì shǒu, match)

是故質的張而弓矢至焉。　　《荀子·勸學》
·

—— 因此箭靶正中的圓心張掛起來，弓箭自會找到目標。
　　　　　　·　·

臣之質死久矣
·

—— 我的對象已經死了很久了。
　　　·　·

(2) 本質 (běn zhí, essence)，實體 (shí tǐ, substance) —→ 質地 (zhí dì, quality)

其質非不美也，所漸者然也。　　《荀子·勸學》
·

—— 做香料用的蘭槐 (lán huái, orchid) 的根，它的本質
並非不美好，是因為泡在臭水裡的緣故，（人們
　　　　　　　　　　　　　　　　　　　·　·
都不願佩帶它）。

形者神之質。　　　范縝《神滅論》

— 形體是精神的物質實體。

質　　形容詞　樸實 (pǔ shí, plain)

文質附乎性情。　　劉勰《文心雕龍・情采》

— 文章的華美或樸實依附於作者的性情。

　　　　動詞　質問 (zhí wèn, to question; to call to account)

黯質責湯於上前。《漢書・汲黯傳》

— 汲黯（àn，人名）在皇帝面前質問張湯（人名）。

質疑問難　　（成語）

(zhí yí wèn nàn, to raise doubts and difficult questions
for discussion)

　　註："質"有"zhí"和"zhì"兩種聲調，可以參考字典。不過，現代漢語
都可讀第四聲。

13. 竅　名詞　孔，洞

人皆有七竅。

— 人都有眼、耳、口、鼻七個孔洞。

一竅不通　　（成語）

(yí qiào bù tōng, to be utterly ignorant of)

竅門兒 (qiào ménér, key to a problem)

開竅 (kāi qiào, to have one's ideas straightened out)

9. 息　　名詞

(1) 呼吸 (hū xī, breath) ——→嘆氣 (tàn qì, to sigh)

人皆有七竅，以視、聽、食、息。

— 人都有眼、耳、口、鼻，來看、聽、吃和呼吸。

喟然太息。　　《史記‧高祖本紀》

— 感慨地長歎。

(2) 休息 (xiū xi, to rest) ——→停止 (tíng zhǐ, to stop; to cease)

任重道遠者，不擇地而息。　　　　《韓詩外傳‧卷一》

— 責任重大並且要長時期履行責任的人，不選擇特別的地方休息。

息事寧人　　　（成語）

(xī shì níng rén, to patch up a quarrel and reconcile the parties concerned; to make concessions to avoid trouble)

虛詞與句型

一、北冥有魚

1. 其……邪？　＝是……呢？還是……呢？Is it . . . , or is it . . . ?

　　"其" 在這兒是個語氣詞，表示揣測 (conjecture) 語氣。由於在此是用在選擇分句中，因而也可以看做是一個連詞。"邪" 通 "耶"，是句尾語氣詞。

> 天之蒼蒼，其正色邪？其遠而無所至極邪？
> ── 蔚藍的天空，（還）是他的本色呢？還是因為天太遠而沒有達到盡頭呢？（還是因為天太遠沒有盡頭才現此藍色呢？）

> 嗚呼！其信然邪？其夢邪？其傳之非真邪？
> 　　　　　　　　　　　　　　　　　　韓愈《祭十二郎文》
> ── 唉！（還）是確實是這樣呢？還是做夢呢？還是傳來的消息不真實呢？

2. 且夫　連詞

　　且（連詞）＋夫（語氣詞），連用表示對人或對事進一步發表議論。現代漢語沒有適當的詞可以對譯。有時可用 "再說……"，"況且"(What's more; besides)。

> 且夫水之積也不厚，則其負大舟也無力。
> ──（再說）水如果太淺了，就不能夠浮起大的船來。

　　註：句中的兩個 "也" 字，都表示停頓。

今天以吳賜越，越其可 逆天乎？且夫君王蚤朝晏罷，

非為吳邪？　　　　　　　　　《史記‧越王勾踐世家》

—— 現在天把吳國賜給越國，越國怎麼可以違背天意呢？
況且君王早起親理朝政，很晚才休息，不正是為了（滅掉）
吳國嗎？

3. 雙賓語結構

參閱本書第二十五課《虛詞與句型 11. 26 (3)》雙賓語結構。

覆杯水於坳堂之上，則芥為之舟。

（"之"和"舟"都是"為"的賓語）

為之舟 ＝ 給它（水）當船

—— 倒一杯水在堂上低窪的地方，那麼小草可以
像船一樣在水中浮動。

4. 而後乃今　　副詞性結構，等於說"然後這才"(only then . . .)。

而後乃今培風⋯⋯
—— 然後這才乘風而行⋯⋯

　　註："而後"、"乃今"在古漢語中經常連用，如果遇到"乃今而
後"、"乃今然後"，它們的意義大致相同。

5. 奚以……為？　　　固定結構＝何以……為，哪裡用得著……呢？

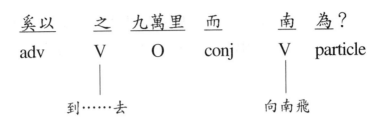

奚以　　之　九萬里　而　　南　為？
adv　　 V　 O　 conj　 V　 particle
　　　　 |　　　　　　　　 |
　　　 到……去　　　　　 向南飛

—— 哪裡用得著飛到九萬里的高度而再向南飛呢？
(What's the use of going up 90,000 "li" in order to
start for the south?)

　　註：“奚以”雖然與“何以”同義，但“何以”也有“為甚麼”的意
思。要看上下文的意義來了解。如下面的例子：

　　　天之亡我，我何渡為？　《史記‧項羽本紀》
　　　—— 天要滅亡我，我為甚麼還要渡江呢？

　　　敵未滅，何以為家？　　《宋史‧岳飛列傳》
　　　—— 敵人沒有消滅，要家幹甚麼呢？

6. 不亦……乎　　　固定結構

　　相當於現代漢語中的“不是……嗎”、“難道不……嗎”、“豈不
……嗎”。

不　　　　亦　　　悲　　　乎？
negative　 adv　　 adj　　 interrogative
adv　　　　　　　　　　　 particle

—— 豈不可悲嗎？／不是很可悲嗎？

7. 者　　　　結構代詞

"者"與形容詞或動詞短語結合，構成名詞性的"者"字結構，用來指稱人、事、物等。"者"前面的詞或短語不管有幾個，都是中心詞"者"字的修飾語。

故夫	知	效一官	行	比一鄉	德	合一君而徵一國	者
conj	S	P	S	P	S	P	structural

adjectival modifier ——————————→ pron

其自視也，亦若此矣。

— 那些才智能勝任一官之職，品行能合一鄉之人的
心意，道德符合一君之心而能力可以取信於一國的人，
他們看待自己，也就像這（斥鴳）一樣。

8. 若夫　　　連詞

表示一層意思已經說完，再另說一層意思。相當於"至於"(as to)。

若夫乘天地之正，而御六氣之辯，以遊無窮者，
彼且惡乎待哉？

— 至於順應萬物的自然本性，把握自然陰陽風雨晦明
之氣的變化，而在無窮境界遨遊的人，他們更有待於
甚麼呢？

554

二、運斤成風

嘗　副詞

表示 從前有過某種行為或情況。
"嘗" indicates a past occurrence.

臣則嘗能為斲之。
— 我是曾經給別人砍削過。

孔子曰："苛政猛於虎。"吾嘗疑乎是。

柳宗元《捕蛇者說》

— 孔子說："殘暴的政治比老虎還兇。"我曾經
懷疑過這句話。

動詞　試試；辨別滋味 (biàn bié zī wèi, to taste)

嘗試為寡人為之。
— 試試對我做做看。

康子饋藥，拜而受之，曰："丘未達，不敢嘗。"

《論語·鄉黨》

— 季康子（給孔子）送藥，（孔子）行禮後接受了，
說："我對這藥性不了解，不敢嘗。"

練習

I. 比較分析下面各句中虛詞的意義和作用：

1. 是鳥<u>也</u>，海運則將徙於南冥。

2. 天之蒼蒼，<u>其</u>正色邪，<u>其</u>遠而無所至極邪？

3. 風之積<u>也</u>不厚，則<u>其</u>負大翼也無力。

4. 鯤之大，不知<u>其</u>幾千里也。

5. <u>且夫</u>水之積也不厚，則<u>其</u>負大舟也無力。

6. 故九萬里，則風<u>斯</u>在下矣。

7. 時<u>則</u>不至，而控於地而已矣。

8. 奚以<u>之</u>九萬里而南為？

9. <u>之</u>二蟲又何知？

10. 湯之問棘也<u>是</u>已。

II. 用下列詞語及句型造句：

    1. 況且   2. 是……呢？還是……呢？

    3. 至於   4. 嘗

    5. 適得其反   6. 勸

    7. 天無絕人之路   8. 聽其自然

    9. 一竅不通   10. 息事寧人

III. 將選讀第三《渾沌》翻譯成白話，然後舉例發揮其意義。

IV. 作文：我對老莊思想的看法

第二十八課

謀攻

Sun Wu (孫武) was a native of Lean (樂安) in the State of Qi (齊國) during the Spring and Autumn Period (770-476 B.C.). In 512 B.C., he was summoned by the King of Wu (吳王) who appointed him as a general. According to Sima Qian's *Historical Record*, "Sun Wu defeated the strong State of Chu (楚國) to the west and entered Ying (郢); to the north he intimidated Qi and Jin (晉). That the name of Wu (吳) was illustrious among the feudal lords was partly due to his achievements."

The Art of War (《孫子兵法》), 13 chapters in total, has been recognized as the first literary masterpiece in the field of military writings.

孫子曰：凡用兵之法，全國為上，破國次之；全軍為上，破軍次之；全旅為上，破旅次之；全卒為上，破卒次之；全伍為上，破伍次之。是故百戰百勝，非善之善者也；不戰而屈人之兵，善之善者也。

故上兵伐謀，其次伐交，其次伐兵，其下攻城。攻城之法，為不得已。修櫓轒轀，具器械，三月而後成，距闉又三月而後已。將不勝其忿，而蟻附之，殺士三分之一，而城不拔者，此攻之災也。故善用兵者，屈人之兵，而非戰也；拔人之城，而非攻也；毀人之國，而非久也。必以全爭於天下，故兵不頓，而利可全。此謀攻之法也。

故用兵之法，十則圍之，五則攻之，倍則分之，敵則能戰之，少則能逃之，不若則能避之。故小敵之堅，大敵之擒也。

【註釋】

凡	fán	（副）	大凡 in most cases（見本課《虛詞與句型》）
全	quán	（動）	（使動用法）使……完整 to make complete; to keep intact（見本課《虛詞與句型》）
上	shàng	（名）	上策 the best plan
次	cì	（形）	比較下一等 second-rate; inferior
			次之：to take second place
破	pò	（動）	摧毀，打敗，擊破 to destroy; to defeat
軍	jūn	（名）	古代軍隊編制 ancient establishment for army units
			軍 = 12,500 人，旅 (lǚ) = 500 人
			卒 (zú) = 100 人，伍 (wǔ) = 5 人
善	shàn	（形）	好，高明 brilliant
非善之善者		（名語）	不是用兵高明中最高明的 it's not the most desirable
屈	qū	（動）	（使動用法）使……屈服 to subdue
上兵	shàng bīng	（名語）	用兵的上策 the highest form of generalship
伐謀	fá móu	（動語）	以謀略勝敵 to win by strategy
伐交	fá jiāo	（動語）	用外交手段取勝 to conquer the enemy through the art of diplomacy
伐兵	fá bīng	（動語）	用武力戰勝敵人 to conquer the enemy by the use of force
其下	qí xià	（名）	下策 a bad plan; the worst thing to do
攻城	gōng chéng	（動賓）	攻打敵國的城池 to besiege the enemy's walled city
不得已	bù dé yǐ	（形）	不能不這樣 to have no alternative but to
修	xiū	（動）	製造 to make
櫓	lǔ	（名）	大盾 large shield
轒轀	fén wēn	（動）	戰車 war chariot
距闉	jù yīn	（動語）	"闉"通"堙"，土山。用土構築土山（用來窺探敵情）to build up the earth mounds

560

不勝	bù shēng	（動語）	不能忍受 cannot bear
不勝其忿	bù shēng qí fèn		煩燥得不能忍受 to be pestered beyond endurance
蟻	yǐ	（名）	here: 名詞作狀語，像螞蟻一樣 like crawling ants
附	fù	（動）	爬城進攻 to launch an attack
之	zhī	（代）	here: 城牆 city wall
拔	bá	（動）	攻克 to capture
久	jiǔ	（形）	長久的戰鬥 prolonged warfare
頓	dùn	（動）	"頓" 通 "鈍"，挫損 wearying; becoming tired
十	shí	（數）	here: 兵力十倍於敵人 to outnumber the enemy forces by 10 to 1
圍	wéi	（動）	包圍 to surround
分	fēn	（動）	here: 分兵攻之 to divide troops and attack the enemy from two sides
敵	dí	（名）	勢均力敵 to match each other in strength
避	bì	（動）	避免（交戰） to avoid confrontation
小敵	xiǎo dí	（名語）	弱小的軍隊 a small force
堅	jiān	（形）	堅決 obstinate
大敵	dà dí	（名語）	強大的敵人 a large and superior force
擒	qín	（動）	捕捉 to capture
小敵之堅，大敵之擒			弱小的軍隊要堅決與強大的軍隊交戰，必定成為強大敵人的俘虜 (fú lǔ, to capture)

夫將者，國之輔也。輔周則國必強，輔隙則國必弱。

故君之所以患於軍者三：不知軍之不可以進，而謂之進；不知軍之不可以退，而謂之退，是謂縻軍。不知三軍之事，而同三軍之政者，則軍士惑矣。不知三軍之權，而同三軍之任，則軍士疑矣。三軍既惑且疑，則諸侯之難至矣。是謂亂軍引勝。

561

故知勝有五：知可以戰與不可以戰者勝；識眾寡之用者勝；上下同欲者勝；以虞待不虞者勝；將能而君不御者勝。此五者，知勝之道也。

故曰：知彼知己，百戰不殆。不知彼而知己，一勝一負。不知彼，不知己，每戰必殆。

輔	fǔ	（名）	輔佐者 the mainstay
輔周	fǔ zhōu	（動語）	輔助得周密，充分了解戰略 to be skillful in the art of war
輔隙	fǔ xì	（動語）	輔助得有缺陷，不精於戰略 to be deficient in the art of war
患	huàn	（動）	危害 to endanger; to jeopardize
縻軍	mí jūn	（動語）	束縛軍隊 to interfere with military command
同	tóng	（動）	參與管理 have a hand in
政	zhèng	（名）	here: 軍隊的行政 military affairs
惑	huò	（形）	迷惑 confuse
權	quán	（名）	權謀 adaptability in tactics
任	rèn	（動）	干涉軍隊的指揮 to take on the role of the commander
疑	yí	（形）	疑慮 misgiving
既……且……			（固定句式）既……又…… both . . . and . . . （見本課《虛詞與句型》）
是謂	shì wèi	（動語）	這叫做 this is called
亂軍	luàn jūn	（動語）	（自己）擾亂（自己）的軍隊 to mess up one's own army
引勝	yǐn shèng	（動語）	導致敵人的勝利 to invite defeat
上下同欲 shàng xià tóng yù		（名語）	上下同心 The leadership and the rank and file are of one mind.
虞	yú	（名）	here: 有準備 well-prepared
御	yù	（動）	干預 to interfere

562

殆　　　　dài　　　　（形）　　　危險 danger。here: 失敗 to be defeated

一勝一負　　　　　　（名語）　　　勝負各半 an even chance of winning or
yí shèng yí fù　　　　　　　　　　　　　losing a battle

破　勝　攻　避　疑　虞　殆

1. 破　動詞

(1) 打敗

全國為上，破國次之。

— 使敵人全國降服是上策，用兵擊破敵國是次一等。

方其破荊州，下江陵，順流而東也。　蘇軾《赤壁賦》

— 當他（曹操）剛擊破了荊州，佔領了江陵，順著江水東下。

勢如破竹，所向披靡　（成語）

(shì rú pò zhú, suǒ xiàng pī mǐ, to smash all enemy resistance and advance victoriously everywhere)

(2) 殘破 (cán pò, broken; dilapidated shattered)，不及物動詞

亡國破家相隨屬。　《史記·屈原列傳》

（相隨屬：緊緊相連著。）

國破山河在，城春草木深。　杜甫《春望》

(The nation shattered, hills and streams remain.)

2. 勝　　動詞

(1) 能承受 (néng chéng shòu, to be able to stand)

不勝其忿。

— 煩燥得不能承受。

勝任愉快　　（成語）

(shēng rèn yú kuài, to be fully competent)

(2) 讀 shēng，盡 (jìn, exhausted)

天下之材不勝用矣。　　王安石《上皇帝萬言書》

— 天下有能力的人就用不完了。

材木不可勝用。　　《孟子·梁惠王章句上》

— 材木用不完。

不勝枚舉　　（成語）

(bù shēng méi jǔ, too numerous to mention individually)

註：現代漢語詞典中，已將“勝”字都讀作第四聲。

(3) 勝利

能因敵變化而取勝者，謂之神。　　《孫子兵法·虛實》

— 能根據敵情變化而得到勝利的，就叫做用兵如神。

(4) 勝過 (shèng guò, to surpass; to get the better of)

妖不勝德。　王符《潛夫論・巫列》
— 邪惡不能勝過正直。

事實勝於雄辯　　（成語）
(shì shí shèng yú xióng biàn, Facts speak louder than words.)

聊勝於無　　（成語）
(liáo shèng yú wú, better than nothing)

勝　形容詞　優美的 (yōu měi de, graceful; fine; exquisite)

勝友如雲。　王勃《滕王閣序》
— 美雅的朋友聚集在一起。

引人入勝　　（成語）
(yǐn rén rù shèng, fascinating; enchanting; bewitching)

勝地 (shèng dì, famous scenic spot)

3. 攻　動詞
(1) 攻打，進攻 ——→指責 (zhǐ zé, to criticize; to find fault with)

攻城之法，為不得已。
— 攻打城池的辦法是不得已。

無攻人之惡　《論語・顏淵》
— 不指責批評別人的過失。

566

群起而攻之　　　（成語）

(qún qǐ ér gōng zhǐ, to rally together to attack; to rise up in struggle against somebody or something)

(2) 進行工作 ⟶ 做學問，有專門訓練 (to study; to specialize in)

他山之石，可以攻玉。　《詩經・小雅・鶴鳴》

(lit., stones from other hills may serve to polish the jade from this one — advice from others may help one overcome one's shortcomings)

聞道有先後，術業有專攻。　韓愈《師說》

— 理解道理有先有後，技藝學業各有專門的訓練。

4. 避　　動詞　　避免，躲開

不若則能避之。

— 實力比敵人弱，就要避免跟敵人決戰。

刑過不避大臣。　　《韓非子・有度》

— 懲罰有過失的人，不因其是大臣而躲避開。

5. 疑　　形容詞

懷疑 ⟶ 猶疑不決 (yóu yù bù jué, to hesitate; to remain undecided)

既惑且疑。

— 既疑惑又有疑慮。

疑行無成，疑事無功。《商君書・更法》

── 在行動上猶豫不決就不會有成就，在事情上猶豫不決就不會有功效。

疑心生暗鬼　　　（俗語）

(yí xīn shēng àn guǐ, to be suspicious, and create imaginary fears)

6. 虞　　　動詞／名詞

(1) 意料 (yì liào, anticipation)

以虞待不虞者勝。

── 以（自己）意料得到的事來對待（敵人）意料不到的事，就會勝利。
── 以有準備對待沒有準備的，能勝利。

以備不虞　　　（成語）

(yǐ bèi bù yú, to be prepared for any contingency)

(2) 欺騙 (qī piàn, to cheat)

爾虞我詐　　　（成語）

(ěr yú wǒ zhà, each trying to cheat the other)

7. 殆　　形容詞　危險 —→ 失敗

知己知彼，百戰不殆。
— 了解敵人，也了解自己，經過百次戰爭，也不會失敗。

吾非至於子之門，則殆矣。　　《莊子‧秋水》
— 我如果不是來到你這裡，那就很危險了。

副詞　大概，恐怕，也許，一定，幾乎，將近

殆有甚焉。　　《孟子‧梁惠王章句上》
— 恐怕有更坏的情形會發生。

君自此為之，則殆不成。　　《莊子‧雜篇：徐無鬼》
— 您從這些事情做起，那就一定不行。

謝靈運為永嘉守，凡永嘉山水，遊歷殆遍。
　　　　　　　　　　　　　　《夢溪筆談‧雜志一》
— 謝靈運（人名）做永嘉（地名）太守時，凡是永嘉的
山水名勝，幾乎都遊歷遍了。

民飢饉疾癘死者殆半。　　曾鞏《越州趙公救災記》
— 百姓因飢餓瘟疫死亡的將近一半。

569

虛詞與句型

1. 凡　　副詞

表示對某種情況做總的論述。相當於現代漢語的"凡是"(every; all; without exception) 或"大凡"(in most cases)。

凡用兵之法，全國為上。
— 大凡用兵的法則，使敵人舉國完整地屈服是上策。

凡聞言必熟論。　　　　《呂氏春秋·慎行論·察傳》
— 凡是聽到一種言論，一定要仔細分析。

2. 使動用法 (Causative Form)

使動用法是指謂語動詞具有"使賓語怎麼樣"(to cause to) 的意思。（請參閱本書第一冊第 264 頁《使動用法》）。

凡用兵之法，全國為上。（全：使……完整）

不戰而屈人之兵，善之善者也。（屈：使……屈服）
— 不交戰而使敵人屈服，才算是好中最好的。

3. 謂　　動詞

相當於"對……說"，"告訴"(to say; to tell)。

不知軍之不可以進，而謂之進。
— 不知道軍隊不可以前進，卻告訴（命令）他們前進。

丈人附耳謂先生曰："有匕首否？" 馬中錫《中山狼傳》
—老人靠近耳邊，對東郭先生說："有匕首沒有？"

謂之　　　　動詞性結構

上一頁例句中的"而謂之進"，很容易和"謂之"結構相混淆。這裡的"謂之"相當於"稱之為"，或"把他（它）叫做"(to name; to call; to designate)。

請京，使居之，謂之京城大叔。　《左傳·隱公元年》
—（莊姜）請求莊公，把京邑（城市名）作為叔段的封地，（莊公）答應了，讓叔段住在京邑，把他叫做京城太叔。

現代漢語中還有一些跟"謂"結合的書面語：

所謂　so-called
或謂　someone says
何謂　what is the meaning of
可謂　may well be termed

4.既……且……　　　固定句式

表示兼有兩種情況，一般可譯為"既……又……"(both . . . and . . .)。
"既……且……" is usually used to join two adjectives or descriptive phrases indicating that the two states of affairs exist simultaneously.

既明且哲，以保其身。《禮記·中庸》
— 既聰明又有智慧，用來保全自身。

三軍既惑且疑，則諸侯之難至矣。

—— 軍隊既迷惑又有疑慮，那麼各諸侯國乘機進攻的災禍

就會到來了。

　　註：古代萬二千五百人為軍。周制，天子六軍，諸侯大國三軍，次國二軍，小國一軍。春秋時為軍隊之通稱。現代軍隊編制"三軍"為海軍、陸軍和空軍。

　　　　喪亂既平，既安且寧。　　《詩・小雅・常棣》

—— 死亡禍亂的事已平定，（社會）既安定又平靜。

　　　　既和且平，依我磬聲。　　《詩・商頌・那》

—— 各種樂器的演奏既和諧又整齊，配合我磬 (qìng, musical stone) 的樂聲。

孫子兵法選句

1. 將在軍，君命有所不受。 　　　　《史記・孫子吳起列傳》
    — 統帥受任帶領軍隊出外作戰，他不必須接受君主的命令。

2. 攻其無備，出其不意。 　　《始計篇》
    — 要在敵人沒有準備的狀態下實施攻擊，要在敵人意想不到的
    情況下採取行動。

3. 兵貴勝，不貴久。 　　　《作戰篇》
    — 用兵打仗應看重快速的勝利，不應看重持久的戰爭。

4. 知己知彼，百戰不殆。 　　　《謀攻篇》
    — 了解自己也了解敵人，百戰都不會失敗。

5. 守則不足，攻則有餘。 　　　《軍形篇》
    — 防守是由於取勝條件不足，進攻是由於取勝條件有餘。

6. 出其所不趨，趨其所不意。 　　　《虛實篇》
    — 進兵要指向敵人來不及救急的地方，急進要指向敵人意料
    不到的地方。

7. 水之形，避高而趨下；兵之形，避實而擊虛。《虛實篇》
    — 水流動的規律是避開高處而流向低處；用兵的規律是避開
    敵人堅實之處而攻擊其虛弱的地方。

8. 三軍可奪氣，將軍可奪心。 　　　《軍爭篇》
    — 對敵人的軍隊，可以摧毀它的士氣；對敵人的將領，
    可以擾亂他的決心。

9. 歸師勿遏，圍師必闕，窮寇勿迫。　《軍爭篇》
　　── 敵人撤退歸國時，不要去攔阻；包圍敵人，要留一個缺口；
敵人已經陷入絕境，不要過分逼迫它。

　　窮寇勿追　　　（成語）
(qióng kòu wù zhuī, don't pursue a desperate enemy lest he puts up
a life-or-death fight that would make the pursuer pay dearly)

10. 絕地勿留，死地則戰。　　《九變篇》
　　── 在絕地 (an isolated place or country) 上不可停留；陷入
死地 (be cornered in a fatal position)，要堅決奮戰 (fight
one's way out)。

11. 夫惟無慮而易敵者，必擒於人。　　《行軍篇》
　　── 只有那種沒有深謀遠慮而又輕敵的人，必會成為
敵人的俘虜。

12. 視卒如愛子，故可與之俱死。　《地形篇》
　　── 將帥對待士兵能像對待自己的兒女一樣，士兵就可以與
將帥同生共死。

13. 始如處女，敵人開戶，後如脫兔，敵不及拒。《九地篇》
　　── 戰爭開始時，要像處女那樣沈靜，使敵人不加戒備；
戰爭展開後，要像逃命的兔子一樣，快速行動，使敵人
措手不及，無法抗拒。

　　動若脫兔　　　（成語）
　　── 行動迅速，像逃走的兔子一樣。

練習

I. 給下面一段文章加上標點符號，並說出其大意：

虛實篇

　　吾所與戰之地不可知不可知則敵所備者多敵所備者多則吾所與戰者寡矣故備前則後寡備後則前寡備左則右寡備右則左寡無所不備則無所不寡寡者備人者也眾者使人備己者也。

II. 用下列詞語及句型造句：

1. 勢如破竹　　　　　2. 勝任愉快

3. 不勝枚舉　　　　　4. 聊勝於無

5. 群起而攻之　　　　6. 凡

7. 所謂　　　　　　　8. 既……且……

9. 爾虞我詐　　　　　10. 不勝其煩

576

第二十九課

非攻

　　墨子 (480-420 B.C.)，姓墨名翟 (dí)，魯國人。戰國初期思想家，是墨家學派的創始人。他主張"兼愛"、"非攻"、"尚賢"、"節用"及"非命"等。《漢書·藝文志》著錄《墨子》七十一篇，現存五十三篇。《墨子》一書是墨翟的門徒編纂而成。《非攻》包括上、中、下三篇。這裡節選的是上篇。

兼愛	jiān ài,	universal love
節用	jié yòng,	moderation in expenditure
非攻	fēi gōng,	opposed to offensive warfare
尚賢	shàng xián,	honoring the worthy
非命	fēi mìng,	opposed to fatalism

　　今有一人，入人園圃，竊其桃李，眾聞則非之，上為政者得則罰之。此何也？以虧人自利也。至攘人犬豕雞豚者，其不義又甚入人園圃竊桃李。是何故也？以虧人愈多，其不仁茲甚，罪益厚。至入人欄廄，取人馬牛者，其不仁又甚攘人犬豕雞豚。此何故也？以其虧人愈多。苟虧人愈多，其不仁茲甚，罪益厚。

【註釋】

園圃	yuán pǔ	（名）	種樹的地方叫做園，種花種菜的地方叫做圃。這裡指果園 orchard
竊	qiè	（動）	偷 to steal
非	fēi	（動）	責備 to condemn
為政者 wéi zhèng zhě		（名語）	執政的人 government officials
得	dé	（動）	here: 捕獲 to catch, capture

罰	fá	（動）	處罰	to punish
以	yǐ	（介）	因為	because
虧	kuī	（動）	損害	to injure; to damage
至	zhì	（連）	至於	as to
攘	rǎng	（動）	竊取	to carry off
犬豕雞豚		（動）	狗、豬、雞、小豬	dog, swine, chicken,
quǎn shǐ jī tún				piglet
不義	bú yì	（形）	不合乎道理	unrighteous
茲	zī	（副）	通 "滋" ，更	even more
厚	hòu	（形）	here: 重	serious
欄廄	lán jiù	（名）	牛圈 (juàn)，馬棚	stable (for horses)
苟	gǒu	（副）	假如	if

　　至殺不辜人也，拖其衣裘，取戈劍者，其不義又甚入人欄廄，取人馬牛。此何故也？以其虧人愈多。苟虧人愈多，其不仁茲甚矣，罪益厚。當此，天下之君子皆知而非之，謂之不義。今至大為攻國，則弗知非，從而譽之，謂之義。此可謂知義與不義之別乎？

辜	gū	（名）	罪	guilt
不辜人	bù gū rén	（名語）	無罪的人	an innocent man
拖	tuō	（動）	here: 拽 (zhuài) 下，剝去	to strip
當此	dāng cǐ	（介賓）	對此	to; in relation to
大	dà	（形）	here: 指更大的不義	the greater
				unrighteousness
攻國	gōng guó	（動賓）	攻打他國	offensive warfare against other
				states
譽	yù	（動）	讚美	to praise

殺一人，謂之不義，必有一死罪矣。若以此說往，殺十人，十重不義，必有十死罪矣；殺百人，百重不義，必有百死罪矣。當此，天下之君子皆知而非之，謂之不義。今至大為不義，攻國，則弗知非，從而譽之，謂之義。情不知其不義也，故書其言以遺後世；若知其不義也，夫奚說書其不義以遺後世哉？

若	ruò	（連）	假如 if
此說	cǐ shuō	（名）	here: 指前面所說"殺一人，必有一死罪"
往	wǎng	（動）	here: 類推 reason by analogy
若以此說往			假如按照這種道理類推 according to this reasoning
十重	shí chóng	（名）	（數量短語）十倍 10 times
情	qíng	（副）	實在 truly
書	shū	（動）	記載 to make a record
其言	qí yán	（名語）	here: 稱讚攻國的話
遺	yí	（動）	留下來 to hand down
後世	hòu shì	（名語）	後代 posterity
奚說	xī shuō	（動語）	怎麼解釋 how to explain

今有人於此，少見黑曰黑，多見黑曰白，則以此人不知白黑之辯矣；少嘗苦曰苦，多嘗苦曰甘，則必以此人為不知甘苦之辯矣。今小為非，則知而非之；大為非攻國，則不知非，從而譽之，謂之義，此可謂知義與不義之辯乎？是以知天下之君子也，辯義與不義之亂也。

少見	shǎo jiàn	（動語）	見得少，見一點兒 to see a little bit
多見	duō jiàn	（動語）	見得多，見很多 to see a lot
辯	biàn	（動）	通"辨"，辨別 to differentiate; to distinguish

苦	kǔ	（形）	bitter
甘	gān	（形）	sweet
是以	shì yǐ	（連）	因此 therefore
亂	luàn	（形）	混亂，混為一談 to confuse something with something else

常用詞

園 罰 虧 苟 遺 亂 甘 苦

1. **園**　　名詞

(1) 果園

今有一人，入人園圃，竊其桃李。
— 如果有一個人，潛入別人的果園，偷園中的桃和李子。

註：種樹種花的地方叫 "園"，種菜的地方叫 "圃"。這裡泛指種花果樹木的地方。

(2) 帝王后妃的墓地 (the emperor's or imperial concubines' tomb)

先帝園陵寢廟。　　《史記·叔孫通傳》
— 死去皇帝的墓地宗廟 (zōng miào, the imperial ancestral temple)。

2. **罰**　　動詞　　處罰

上為政者得則罰之。
— 政府執政的人捕捉到（偷人桃李）的人就加以處罰。

犯法怠慢者雖親必罰。　　《三國志·蜀書·諸葛亮傳》
— 犯了法不盡職守的人，雖然是親人，也必定要受到處罰。

賞罰分明　　（成語）
·

(shǎng fá fēn míng, to be fair in meting out rewards
or punishments)

罰款
·

(fá kuǎn, to impose a fine or forfeit)

3. 虧　　動詞

(1) 損害

以虧人愈多，其不仁茲甚，罪益厚。
·

虧敗風俗。　　《晉書·王戎傳》
·
—— 損害敗坏風俗。
　　　 · ·

(2) 欠缺 (qiàn quē, to be deficient in; to be short of)

功虧一簣　　（成語）
·
(gōng kuī yí kuì, fail to build a mound for want
of one final basket of earth — fall short of success
for lack of a final effort)

4. 苟　副詞

(1) 如果　if

苟虧人愈多，其不仁茲甚，罪益厚。

苟子之不欲，雖賞之不竊。　《論語‧顏淵》
—— 如果您自己不貪求財貨，雖獎勵人民去行竊，
他們也不會去做。

(2) 苟且 (gǒu qiě, perfunctorily; carelessly)

君子於其言，無所苟而已矣。　《論語‧子路》
—— 君子對自己所說的話，一句都不敢隨便苟且啊！

一絲不苟　（成語）

(yì sī bù gǒu, not be the least bit negligent)

5. 遺　動詞

(1) 遺留

故書其言以遺後世。
—— 所以把讚美攻國的話記載下來遺留給後世。

此所謂養虎自遺患也。　《史記‧項羽本紀》
—— 這就叫做飼養老虎給自己留下後患。

養虎遺患　（成語）

(yǎng hǔ yí huàn, to rear a tiger is to court calamity
—— appeasement brings disaster)

583

(2) 遺失 (yí shī, lose)，遺漏 (yí lòu, to leave out)

齊桓公飲酒醉，遺其冠　《韓非子・難三》
— 齊桓公喝酒喝醉了，遺失了他的帽子。

小學而大遺。　　韓愈《師說》
— 小的去學習，可是大的反而遺漏了

(3) 讀 wèi，給 (gěi, give)，贈送 (zèng sòng, to give as a gift)

郢人有遺燕相國書者。　《韓非子・外儲說左上》
— 楚國有給燕國相國寫封信的人。

欲厚遺之，不肯受。　《史記・魏公子列傳》
— 想要贈送給他厚禮，但不肯接受。

6. 亂　　形容詞

混亂，無秩序，不太平，與"治"相對。

是以知天下之君子也，辯義與不義之亂也。

法敗則國亂。　　《韓非子・難一》
— 法律敗坏了，國家就會陷入混亂。

天下之生久矣，一治一亂。　《孟子・滕文公下》
— 天下自有人民以來，已經很久了，一代平治，
一代混亂（交替循環著）。

動詞，擾亂 (rǎo luàn, to create confusion)，破坏 (pò huài, to destroy, to wreck)

欲絜其身而亂大倫。　　《論語‧微子》
—— 為了保持自身的高潔，而破坏了君臣的大倫。

7. 甘　　形容詞

(1) 甜 (tián, sweet) ⟶ 味美 (wèi měi, delicious)

則必以此人為不知甘苦之辯矣。
—— 那麼就一定認為這人不知道辨別甚麼是甜，
甚麼是苦了。

口辨酸鹹甘苦。　　《荀子‧榮辱》
—— 嘴裡可以辨別酸鹹甜苦的味道。

(2) 動聽 (dòng tīng, pleasant to listen to)

雖甘義繁說，眾不見信。　　王充《論衡‧知實》
—— 雖然引證廣泛，說得動聽，大家並不相信。

(3) 甘心，情願 (to be willing to)

甘受詬厲。　　龔自珍《病梅館記》
—— 甘心樂意受到斥罵。

8. 苦　　形容詞

(1) 苦味

　　　少嘗苦曰苦。
　　　・
　　—嘗到一點苦味，就說是苦。
　　　　　　　　　・・

(2) 辛苦 (xīn kǔ, toilsome; laborious)

　　　農之用力最苦。　　《商君書·外內》
　　　　　　　　・
　　—農耕所花費的勞力是最辛苦的。
　　　　　　　　　　　　　・・

(3) 苦惱 (kǔ nǎo, vexed)，痛苦(tòng kǔ, painful)

　　　病者不堪其苦。　　《後漢書·華佗傳》
　　　　　　　　・
　　—患病的人受不了那種痛苦。
　　　　　　　　　　　・・

　　　不苦一民。　　《戰國策·秦策》
　　　　・
　　—不使一個老百姓痛苦。
　　　　　　　　　・・

　　　苦海無邊，回頭是岸。　（俗語）
　　　・
　　(kǔ hǎi wú biān, huí tóu shì àn, The sea of bitterness
　　has no bounds; repent and the shore is at hand.)

(4) 竭力 (jié lì, painstakingly)

　　　苦心孤詣　　　（成語）
　　　・
　　(kǔ xīn gū yì, to make extraordinarily painstaking efforts)

虛詞與句型

1. 以　　介詞

"以"的用法很多（請參見本書第一冊第353頁至第355頁"以"字的用法）。這裡是介紹動作行為發生、出現的原因，相當於"因為"。

以虧人自利也
—— 因為損害別人讓自己得到利益的緣故。

而我以捕蛇獨存。　　柳宗元《捕蛇者說》
—— 而我卻因為捕捉毒蛇獨自活了下來。

2. 至　　連詞

表示轉折，在敘述一件事時又轉到另一件事上。相當於"至於"。

今有一人，入人園圃竊其桃李，眾聞則非之，
上為政者得則罰之。此何也？以虧人自利也。
至攘人犬豕雞豚者，其不義又甚入人園圃竊桃李。

—— 假如有一個人，潛入別人的果園偷桃和李子，
大家知道了，就責怪他；為政的捉住後，就懲罰
他。這是為甚麼呢？因為他損人利己。至於偷別
人雞狗豬的人，他的不義行為又遠遠超過了潛入
人家果園偷桃李的。

項王見人恭敬慈愛，言語嘔嘔 (ǒu)，人有疾病，涕泣分
食欲，至使人有功當封爵者，印刓敝 (wán bì)，忍不能予。

《史記·淮陰侯列傳》

—— 項羽見人恭敬慈愛，說話和氣，一旦人有疾病，
便哭啼著分給吃的喝的，至於所任用的人有了功勞
應當封爵的，官印磨損了，還不忍心給他們

3. 茲　　副詞

用法同"滋"，表示所述情況比以往更甚。可譯為"更加"、"越加"
或"更"等。有時"滋益"連用，意思相同。

苟虧人愈多，其不仁茲甚矣，罪益厚。
—— 假如損害別人越屬害，他的不仁就更嚴重了，
罪就越大。

今將軍為秦將三歲矣，所亡失已十萬數，而諸侯并起
茲益多。

《漢書·陳勝項籍傳》

—— 現在將軍作秦將已經三年了，所折損的兵將已有十萬多，
而各地諸侯同時起來（反秦的）更多了。

4.奚　　副詞

加強反詰語氣，可譯為"怎麼"、"哪裡"等。

夫奚說書其不義以遺後世哉？
—— 怎麼解釋把不義的事記載下來遺留給後世？

588

知積氣也，知積塊也，奚謂不壞？　　《列子‧天瑞》

—— 知道天是堆積起來的氣體，知道地是堆積起來的
土塊，怎麼說它不會壞？

3. 是以　　　連詞

由介賓結構組成，用來連接結果分句，位於結果分句的句首或主語後。
相當於“因此”。

是以知天下之君子也，辯義與不義之亂也。

—— 因此知道天下的君子們把義與不義混為一談。

敏而好學，不恥下問，是以謂之“文”也。

《論語‧公冶長》

—— （孔文子）聰明好學，不把向比自己地位低的人請教
當做恥辱，因此用“文”字做他的諡號。

練習

I. 用下列詞語及句型造句：

   1. 犯法   2. 處罰

   3. 功虧一簣   4. 賞罰分明

   5. 一絲不苟   6. 養虎遺患

   7. 心甘情願   8. 同甘共苦

   9. 至於   10. 是以

II. 閱讀下面一段文章，並回答問題：

墨子・尚賢

   子墨子言曰：今者王公大人為政於國家者，皆欲國家之富，人民之眾，刑政之治。然而不得富而得貧，不得眾而得寡，不得治而得亂，則是本失其所欲，得其所惡。是其何故也？子墨子言曰：是在王公大人為政於國家者，不能以尚賢事能為政也。是故國有賢良之士眾，則國家之治厚；賢良之士寡，則國家之治薄。故大人之務，將在於眾賢而已。

   1. 簡單地說一說這段文章的大意。

   2. 解釋下面詞語：

      a) 今者　b) 為政　c) 是其　d) 事能　e) 是故

590

3. 解釋"皆欲國家之富，人民之眾，行政之治"一句中"之"字的語法作用。

4. 指出下面句中的使動用法：

"故大人之務，將在於眾賢而已。"

第三十課

勸學 （節選）

　　荀子 (c.313-c.238 B.C.) 名況，戰國末期趙國人。五十歲時遊學齊國，曾
三為祭酒。後適楚，春申君以為蘭陵令。荀子免官後，家居蘭陵，著書講學以
終。李斯、韓非均曾為其弟子。

　　荀子雖與孟子並稱，為儒家兩大宗派，但其所處時代使他成為先秦儒家
的一個承先啟後的人物，同時是先秦諸子的評論者。荀子反對迷信，批評天
命；反對孟子的性善說，而認為人性本惡，但客觀環境可使其改變，因此強調
教育與學習。在政治上，針對孔、孟的"法先王"與禮治思想，主張"法後
王"和禮、法，並用來治理國家。

　　荀子著作，漢劉向校訂為《孫卿新書》三十二篇。唐楊倞為之作註，更
名《荀子》。通行註本有清代王先謙的《荀子集解》，今人梁啟雄的《荀子
簡釋》。

祭酒	jì jiǔ, (in ancient times) the officer for the sacrificial wine offering
春申君	Chūnshēn jūn, Lord of Chunshen, the prime minister of Chu
蘭陵令	Lánlíng lìng, magistrate of Lanling, a region in southern Shandong
李斯	Lǐ Sī, the statesman who assisted the First Emperor of the Qin in the unification of the empire
韓非	Hán Fēi, the leading exponent of the Legalist School
承先啟後	chéng xiān qǐ hòu, inherit the past and usher in the future
天命	tiān mìng, the mandate of heaven
性善說	xìng shàn shuō, the theory of Mencius that men are born naturally good
人性本惡	rén xìng běn è, the theory advocated by Xun Zi that men are born evil
法先王	fǎ xiān wáng, to observe the examples of the rulers of the early Zhou or the more ancient sage-kings Yao and Shun
法後王	fǎ hòu wáng, to observe the examples of later rulers of virtue, who lived in the less distant past and whose ways are, therefore, easier to learn about and to practice

君子曰：學不可以已。青，取之於藍而青於藍；冰，水為之而寒於水。木直中繩，輮以為輪，其曲中規，雖有槁暴，不復挺者，輮使之然也。故木受繩則直，金就礪則利；君子博學而日參省乎己，則知明而行無過矣。故不登高山，不知天之高也；不臨深谿，不知地之厚也；不聞先王之遺言，不知學問之大也。干越夷貉之子，生而同聲，長而異俗，教使之然也。

【註釋】

已	yǐ	（動）	停止 to cease
青	qīng	（名）	靛青 blue
藍	lán	（名）	染青色的植物 indigo plant
於	yú	（介）	（見本課《虛詞與句型》）
中	zhòng	（動）	適合，符合 to conform to
繩	shéng	（名）	here: 木工用來取直的墨線 plumb line
木直中繩			木材直得符合拉直的墨線
輮	róu	（動）	通"煣"。用火煨木，使它彎曲 to bend wood with fire
輪	lún	（名）	圓形車輪 wheel
輮以為輪			用火烤它，使它彎曲成為車輪
以為	yǐ wéi	（介）	（介詞結構，見本課《虛詞與句型》）
規	guī	（名）	圓規，木工用來取圓的工具 compass
槁	gǎo	（形）	枯 withered
暴	pù	（形）	乾 dry
雖有槁暴			雖然又枯乾了
挺	tǐng	（動）	伸直 to straighten
不復挺			不會再伸直
然	rán	（代）	這樣 this way
輮使之然也			這是烘烤使它彎曲而成這樣的。
……者……也		（判斷句）	（見本課《虛詞與句型》）

594

受繩	shòu shéng	（動語）	經過墨線測量重壓 to be pressed against a straightening board	
金	jīn	（名）	here: 指金屬製成的刀、劍等 knife; sword	
就礪	jiù lì	（動語）	放到磨刀石上去磨 to be put to the grindstone	
利	lì	（形）	鋒利 sharp	
參	cān	（動）	檢驗 to inspect	
省	xǐng	（動）	反省 to examine oneself	
知	zhì	（名）	智慧 wisdom	
行	xíng	（名）	行為 conduct	
過	guò	（名）	過失 fault	
深谿	shēn xī	（名語）	深谷 deep valley	
先王	xiān wáng	（名語）	古代的賢明君主 the ancient kings	
遺言	yí yán	（名語）	here: 古代賢明君主留下來的話 words handed down (from the ancient kings)	
干	gān	（名）	小國名 name of a small state	
越	yuè	（名）	國名 name of a state	
夷	yí	（名）	古代對東部各民族的統稱 (in ancient China) barbarians in the east	
貉	Mò	（名）	通"貊"。古代東北部的少數民族 (in ancient China) name of a northern barbarian tribe	
異俗	yì sú	（名語）	不同的風俗習慣 different customs	

　　吾嘗終日而思矣，不如須臾之所學也。吾嘗跂而望矣，不如登高之博見也。登高而招，臂非加長也，而見者遠；順風而呼，聲非加疾也，而聞者彰。假輿馬者，非利足也，而致千里；假舟楫者，非能水也，而絕江河。君子生非異也，善假於物也。

嘗	cháng	（副）	曾經 to have had the experience of; once	
須臾	xū yú	（名）	一會兒，極短的時間 moment; instant	
跂	qǐ	（動）	提起腳後跟站著 to stand on tiptoe	
博見	bó jiàn	（動語）	見得廣 to see much farther	
招	zhāo	（動）	招手 to wave to (someone)	
見者遠 jiàn zhě yuǎn		（動語）	人們在很遠的地方也可以看見 people can see you from farther away	
疾	jí	（形）	急速；here: 有力 strong	
彰	zhāng	（形）	here: 聽得清楚 can hear clearly	
假	jiǎ	（動）	憑借 make use of	
輿馬	yú mǎ	（名）	車和馬 horses and carriages	
利足	lì zú	（動）	腳走得快，善於走路 to be a faster walker	
致千里	zhì qiān lǐ	（動語）	遠行千里 to travel a thousand "li"	
舟楫	zhōu jí	（名）	船和槳 boat and oar	
能水	néng shuǐ	（動語）	"水"，名詞動用，指游泳。"能水" 指會游泳 to know how to swim	
絕江河 jué jiāng hé		（動賓）	橫渡江河 to cross a river	
生	shēng	（名）	here: 先天條件 innate	
物	wù	（名）	here: 客觀事物 objective things	

　　物類之起，必有所始；榮辱之來，必象其德。肉腐出蟲，魚枯生蠹。怠慢忘身，災禍乃作。強自取柱，柔自取束。邪穢在身，怨之所構。施薪若一，火就燥也；平地若一，水就濕也。草木疇生，禽獸群焉，物各從其類也。是故質的張而弓矢至焉，林木茂而斧斤至焉，樹成蔭而眾鳥息焉，醯酸而蚋聚焉。故言有招禍也，行有招辱也，君子慎其所立乎！

起	qǐ	（動）	興起，出現 to appear	
始	shǐ	（名）	開始的原因 a cause	

榮辱	róng rǔ	（形）	光榮和恥辱 honor and disgrace
象	xiàng	（動）	像 to take after; resemble
怠慢	dài màn	（形）	懈惰粗魯 careless and lazy
忘身	wàng shēn	（動賓）	忘記自身（的利害） to forget oneself
作	zuò	（動）	發生 to occur
強	qiáng	（形）	剛強的東西 the hard and strong
自取	zì qǔ	（動語）	自己導致 to suffer from one's own actions; to end up
柱	zhù	（動）	here: 通"祝"。折斷 to break
柔	róu	（形）	柔軟的東西 the meek and weak
束	shù	（動）	約束 to keep within bounds
邪穢	xié huì	（形）	邪惡醜行 evil and corruption
構	gòu	（動）	招致，惹起 to incur
施薪	shī xīn	（動賓）	把柴火放在（火上） to lay firewood (on a fire)
若一	ruò yī	（介賓）	像一樣，同樣 in the same manner
火就燥 huǒ jiù zào		（動語）	火總是向乾燥的柴火燒去 the flames will seek out the driest ones
水就濕 shuǐ jiù shī		（動語）	水向濕的地方流 the water will seek out the dampest spot
疇生	chóu shēng	（動語）	"疇"通"儔"。疇生：同類（草木）生長在一起 plants of the same species grow together
群	qún	（名）	here: 群居 living in groups; gather in herds 依王念孫《讀書雜誌》，"群焉"應為"群居"。
質	zhí	（名）	箭靶 target
的	dì	（名）	箭靶正中的圓心 bull's-eye
張	zhāng	（動）	張掛 to hang up
弓矢	gōng shǐ	（名）	箭 arrow

醯	xī	（名）	醋 vinegar
蚋	ruì	（名）	蟲名，蚊子的一種 gnat
召禍	zhào huò	（動賓）	招惹災禍 to invite disaster
立	lì	（動）	here: 指立身行事 to establish and behave oneself

積土成山，風雨興焉；積水成淵，蛟龍生焉；積善成德，而神明自得，聖心備焉。故不積蹞步，無以至千里；不積小流，無以成江海。騏驥一躍，不能十步；駑馬十駕，功在不舍。鍥而舍之，朽木不折；鍥而不舍，金石可鏤。螾無爪牙之利，筋骨之強，上食埃土，下飲黃泉，用心一也。蟹六跪而二螯，非蛇蟺之穴無可寄託者，用心躁也。

蛟龍	jiāo lóng	（名）	古代傳說中一種能發起洪水的龍 flood dragon, a mythical creature capable of invoking storms and floods
焉	yān	（代）.	（見本課《虛詞與句型》）
積善成德 jí shàn chéng dé		（動語）	累積善行而養成道德 to accumulate good deeds to create virtue
而	ér	（連）	here: 就，那麼 then
神明	shén míng	（名）	here: 指人的精神和智慧 (man's) wisdom
得	dé	（動）	獲得 to obtain, acquire
聖心	shèng xīn	（名語）	聖人的思想 the mind of the sage
備	bèi	（動）	具備 to possess
焉	yān	（語）	了。這個"焉"是語氣詞，和本課《虛詞與句型》中"焉"字的用法不同。
蹞步	kuǐ bù	（名語）	"蹞"同"跬"，半步 half a pace。古人以邁出一腿為一跬，兩腿各邁一次為一步。所以古人說"一跬"，就等於現代的"一步"。成語有"跬步千里"(Even small

steps may carry one a thousand miles.)

無以	wú yǐ	（助動）	（固定結構，見本課《虛詞與句型》）
騏驥	qí jì	（名）	駿馬 fine horse; steed
駑馬	nú mǎ	（名）	劣馬 inferior horse; jade
功	gōng	（名）	成績 achievement
不舍	bù shě	（動語）	不停止前進 not to give up

駑馬千里，功在不舍　　If a jade travels a thousand "li," it's only
　　　　　　　　　　　　through perseverance.

鍥	qiè	（動）	用刀子刻 to carve
鏤	lòu	（動）	雕刻 to carve
螾	yǐn	（名）	蚯蚓 earthworms
爪牙之利		（名語）	鋒利的爪牙 sharp claws and teeth
zhǎo yá zhī lì			
筋骨之強		（名語）	強健的筋骨 strong muscles and bones
jīn gǔ zhī qiáng			
埃土	āi tǔ	（名語）	泥土 mud
黃泉	huáng quán	（名語）	地下的泉水 ground water
蟹	xiè	（名）	螃蟹 crabs
六跪	liù guì	（名語）	六條腿 six legs，六跪應是八跪之誤。
二螯	èr áo	（名語）	兩隻蟹鉗 two pincers
蛇蟺之穴		（名語）	"蟺"通"鱔"。蛇和鱔魚的洞穴
shé shàn zhī xuè			an empty hole dug by a snake or an eel
寄託	jì tuō	（名）	here: 藏身的地方 a place to lodge
躁	zào	（形）	浮躁，不專一 impetuous

　　《詩》曰："尸鳩在桑，其子七兮。淑人君子，其儀一兮。其儀一兮，心如結兮。"故君子結於一也。

| 尸鳩 | shī jiū | （名） | 布穀鳥 cuckoo，楊倞註："尸鳩之養七子，旦從上而下，暮從下而上，平均如一。 |

善人君子，其執義亦當如尸鳩之一。執義一則用心堅固，故曰心如結也。"

桑	sāng	（名）	桑樹 mulberry tree
淑人	shú rén	（名）	善良的人 man of virtue
儀	yí	（名）	儀表，態度 appearance; bearing
結	jié	（動）	here: 專心 to concentrate one's attention; with single-hearted devotion
結於一	jié yú yī	（動語）	（治學應該）把精神集中在一點上 to bind oneself to oneness

常用詞

已　規　省　招　假　儀　青出於藍

1. 已　　動詞　　停止 (tíng zhǐ, to stop)

學不可以已。

— 學習是不能停止的。

稱讚不已　　（成語）

(chēng zàn bù yǐ, to praise without end)

不得已 (bù dé yǐ, to have no alternative but to)

予豈好辯哉？予不得已也。　　《孟子‧滕文公下》

— 我哪裡是喜歡辯論呢？我實在是不得不辯啊。

副詞　　已經 (yǐ jīng, already)

道之不行，已知之矣。　　《論語‧微子》

— 政治理想不能實現，那是我早已經知道的了。

2. 規 　　名詞

圓規 ⟶ 規劃 (guī huà, plan) ⟶ 準繩 (zhǔn shéng, criterion)

其曲中規。
— 它的弧度可以符合於圓規。

不以規矩，不能成方圓。 　　《孟子・離婁上》
— 不用圓規和曲尺，就不能製成方形和圓形的器具。

蕭規曹隨 　　（成語）

(Xiāo guī Cáo suí, Cao [a Han Dynasty prime minister]
followed the rules set by Xiao [his predecessor]
— follow established rules)

循規蹈矩 　　（成語）

(xún guī dǎo jǔ, to conform to convention; to toe the line)

3. 省 　　動詞

讀 xǐng，檢查，察看 ⟶ 看望父母

君子博學而日參省乎己。
— 君子廣泛地學習，而且天天檢查自己。

皇帝春遊，覽省遠方。《史記・秦始皇本紀》
— 皇帝春天外出旅行，觀覽察看邊遠的地方。

昏定而晨省。 　　《禮記・曲禮上》
— 晚上伺候父母安睡，早上再來看望父母。

602

省　　讀 shěng，減少 (jiǎn shǎo, to reduce; to decrease) ──→ 節省 (jié shěng, to economize; to save)

省徭役，減徵賦。　　　《三國志・吳書・吳主傳》

── 減少力役、徵兵和賦稅。

省吃儉用　　　（成語）

(shěng chī jiǎn yòng, to live frugally)

4. 招　　動詞

(1) 打手勢叫人

登高而招。

── 登上高處向人打招手。

(2) 招集 (zhāo jí, to gather together) ──→ 招惹 (zhāo rě, to incur; to provoke)，招引 (zhāo yǐn, to invite; to incur)

上招賢良。　　《漢書・晁錯傳》
── 皇帝招集有道德和有能力的人。

招怨樹敵。　　（成語）

(zhāo yuàn shù dí, to inspire animosity and make enemies)

招蜂引蝶　　（成語）

(zhāo fēng yǐn dié, [said of a woman] to make passes at men indiscriminately)

招花惹草　　（成语）

(zhāo huā rě cǎo, [said of a man] to play Don Juan
or Casanova)

5. 假　　動詞　憑借，借 (to rely on, to make use of)

假輿馬者，非利足也，而致千里。

— 借助車馬的人，並不是腳走得快，但能達到千里之外。

君子生非異也，善假於物也。

— 君子不是生來與別人不同，只是善於憑借外物而已。

形容詞　和"真"相對

峨嵋咫尺無人去，卻向僧窗看假山。

　　　　　　　　　鄭谷《七祖院小山》詩
— 峨嵋山就在近處沒有人去，卻對著僧侶的窗戶
看人造的假山。

以假亂真　　（成语）

(yǐ jiǎ luàn zhēn, to create confusion by passing off
an imitation as genuine)

　　註：在先秦，表示"不是真的"的意思時，只用"偽"，不用"假"。
"假"字在兩漢以後才用。另外，"假"和"偽"都有"不是真的"的意義，
但"偽"字兼有"虛偽"(xū wěi, hypocritical) 的意思，"假"字則沒有。

6. 儀　　名詞　　儀容 (yí róng, appearance) ——→ 法度 (fǎ dù, law)

風儀秀整，美於談論。　　　《晉書・溫嶠傳》

—— 容貌風度端莊，善於談論。

普施明法，經緯天下，永為儀則。　《史記・秦始皇本紀》

—— 普遍施行合適的法律，治理國家，使它有條理，
永遠成為法度準則。

7. 青出於藍　　成語

青出於藍而勝於藍。

(indigo blue is extracted from the indigo plant, but
is bluer than the plant it comes from —— the pupil
surpasses the master)

虛詞與句型

1. 於   介詞

介紹動作行為發生、出現的處所，相當於"從"。表示比較時，相當於"比"。

When "於" indicates the place where an action takes place, it corresponds to "從" in modern Chinese. When "於" is placed after an adjectival predicate indicating comparison, it corresponds to "比" in modern Chinese.

青，取 之 於 藍 而 青 於 藍。
S │ V   pron prep-O   conj adj prep-O │
            P

— 靛青是從藍草中提取出來的，可是比藍草的
顏色更深。
(Blue comes from the indigo plant, but is bluer than
the plant itself.)

民以為將拯己於水火之中也。   《孟子・梁惠王下》
— 百姓認為（您）將從水火當中把他們拯救出來。

福莫長於無禍。
— 福沒有甚麼比沒有災禍更大。

季氏富於周公。   《論語・先進》
— 季氏比周公富有。

2. 以為　　　動詞性短語

　　介詞 "以" 當 "用" 講的時候，"以為" 相當於 "用為" 或 "用來做成"。文言中一般通過某種動作製成甚麼，常用 "動詞 ＋ 以為 ＋ 名詞" 的格式。介詞 "以" 的後面省略了賓語 "之"。 here: with the meaning of out; from; of (material from which something is made)

輮　以　〔之〕　為　輪
V　·　　　　·　N

—— 用火烘烤木料，使它彎曲成車輪。

埏埴以為器。　　　《老子·上篇·十一章》
—— 用水和黏土，把它做成器皿。

3. 判斷句 (Determinative Sentence)

不　復　挺　者，　　輮　使　之　然　也。
└────結構代詞────┘　　└────表示判斷語氣────┘
提示結果或現象　　　　　申述原因

—— 不會重新挺直，這是用人力烘烤它，使它彎曲成這樣的。

　　註："A 者，B 也" 是肯定判斷句的格式。請參考本書第一冊《附件三·基本句式》第 313 頁。

4. 焉　　代詞

"焉" 作指示代詞，在這兒等於 "於是"，用來指代地點。

"焉" used as a demonstrative pronoun; here equals "於是" indicating "a place."

積土如山，　<u>風雨　　興　　焉</u>。
　　　　　　　S　　　vi　　pron

＝風雨興於是

是，指代山　＝風雨在那兒興起

— 堆積土石成了高山，風雨就會在那兒興起

積水成淵，蛟龍生焉。

— 匯集水流成為深潭，蛟龍就會在那兒生長。

這種 "焉" 字的結構主要有兩種。一種是 "主語＋不及物動詞＋焉"，另一種是 "主語＋及物動詞＋賓語＋焉"。"焉" 字相當於 "於是"、"於之"，可根據其所指代的處所、人或事物，譯成 "在（從、到）這（那）裡"、"在這方面"、"在……之中"，或 "向他（他們）" 等。例如：

願學焉。　　《論語・先進》
— 願意在這方面學習。

或乞醯焉。　　《論語・公冶長》
— 有人向他討醋。

三人行，必有我師焉。　　　《論語・先進》
— 三人同行，其中一定有可做我老師的。

註：有的語法書將這種"焉"字的詞性定為"兼詞"，那是因為"焉"兼有介詞"於"和代詞"是"、"之"等的作用。這只是語法術語的不同，不必深究。學生只要能從上下文辨別文意即可。

5. 無以　固定結構

"無以"經常用於動詞謂語之前，相當於助動詞作用的結構，表示不能或沒有辦法。可譯為"不能"(cannot)，"無法"(unable)，"沒有甚麼可以用來……"(there's no way to . . .)等。

故不積蹞步，無以至千里；不積小流，無以成江海。
—— 所以不一步步地積累，就無法到達千里之遠的地方；
不匯集細流，就無法匯成江海。

吹竽者眾，我無以知其善者。　　《韓非子・內儲說上》
—— 吹竽（yú，樂器）的人很多，我無法知道那吹得好的人。

無以供犧牲也。　　《孟子・滕文公下》
—— 沒有用來做祭品的。

無以為家　　（成語）
(unable to nourish one's family)

6.者　結構代詞

(1) "者" is joined to adjectives, verbs or verbal phrases to form a noun phrase indicating a person, place, or thing.

登高而招，臂非加長也，而見者遠。
—— 登上高處招手，手臂並沒有加長，但在遠處的人們
也能看見。

順風而呼，聲非加疾也，而聞者彰。
—— 順著風向呼叫，聲音並沒有增強，但聽的人卻特別清楚。

假輿馬者
—— 借助車馬的人

假舟楫者
—— 借助船和槳的人

(2) "者" indicates a cause

非蛇鱔之穴無可寄託者，用心躁也。
—— 沒有蛇或鱔魚的洞穴就沒有藏身的地方，是因為
用心浮躁的緣故。

然而不勝者，是天時不如地利也。　　《孟子·公孫丑下》
—— 但是還不能取勝，這是因為天時不如地利。

註：這種用在因果句前一分句末的"者"，意思雖然是"的原因"，但不必譯出。

610

練習

I. 用白話說出下列各句的意思，注意"焉"字指代甚麼：

1. 君子道者三，我無能焉。　《論語·憲問》

2. 山岳有饒（富饒），然後百姓贍（shàn，供給）焉。《鹽鐵論·貧富》

3. 率妻子邑人來此絕境，不復出焉。　陶淵明《桃花源記》

4. 長沮（人名）、桀溺（人名）耦而耕，孔子過之，使子路問津焉。
　　　　　　　　　　　　　　　　《論語·微子》

5. 及小白（人名）立為桓公，公子糾（人名）死，管仲（人名）
　　囚焉。　　　　　　　　　　《史記·管晏列傳》

II. 用下列詞語造句：

1. 不得已　　　　　　　2. 循規蹈矩

3. 省吃儉用　　　　　　4. 招怨樹敵

5. 招花惹草　　　　　　6. 以假亂真

7. 青出於藍　　　　　　8. 無以為家

III.《勸學》是要說明學習的意義、作用和態度，勉勵人要堅持不已地學習。整篇文章都是通過大量的比喻來說明的。請把這些比喻挑出來，並在課堂上批評討論。

第三十一課

五蠹 （節選）

　　韓非(d. 233 B.C.)，戰國末期韓國貴族，是先秦法家思想的集大成者。韓非見韓國政治混亂，上書韓王變法，韓王沒有採用。於是，他寫下《孤憤》、《五蠹》、《內外儲》等十餘萬言的著述。有人把韓非的書傳到秦國，秦王讀後說：“寡人得見此人，與之遊，死不恨矣。”

　　《韓非子》一書，共有五十五篇，提出以法為本的政治思想。註本有清人王先慎的《韓非子集解》，今人陳奇猷的《韓非子集釋》。

　　韓非所說的“五蠹”是：學者、帶劍者、言談者、患御者和商工之民。韓非認為這五種人都像蛀蟲一樣，危害社會與國家。

集大成　　jí dà chéng, to epitomize
上書　　　shàng shū, to send in a memorial
變法　　　biàn fǎ, to reform
死不恨　　sǐ bú hèn, to die without regret
五蠹　　　wǔ dù, the five vermin of the state
學者　　　xué zhě, the learned men
帶劍者　　dài jiàn zhě, the traveling swordsmen and assassins
言談者　　yán tán zhě, itinerant politicians
患御者　　huàn yù zhě, the courtiers
商工之民 shāng gōng zhī mín, the tradesmen and craftsmen

上古之世，人民少而禽獸眾，人民不勝禽獸蟲蛇。有聖人作，構木為巢以避群害，而民悅之，使王天下，號之曰有巢氏。民食果蓏蚌蛤，腥臊惡臭，而傷害腹胃，民多疾病。有聖人作，鑽燧取火，以化腥臊，而民悅之，使王天下，號之曰燧人氏。中古之世，天下大水，而鯀禹決瀆。近古之世，桀紂暴亂，而湯武征伐。今有構木鑽燧於夏后氏之世者，必為鯀禹笑矣；有決瀆於殷、周之世者，必為湯武笑矣。然則今有美堯、舜、湯、武、禹之道於當今之世者，必為新聖笑矣。是以聖人不期修古，不法常可，論世之勢，因為之備。宋人有耕者，田中有株，兔走觸株，折頸而死。因釋其耒而守株，冀復得兔。兔不可復得，而身為宋國笑。今欲以先王之政，治當世之民，皆守株之類也。

【註釋】

上古	shàng gǔ	（名）	here: 指遠古 the age of remote antiquity
			文中的上古、中古和近古是韓非對古代歷史的分期。上古指傳說中的有巢氏。我們現在所說的上古，是指商、周、秦漢。
不勝	bù shēng	（動語）	不能克服 unable to overcome
構木	gò mù	（動賓）	架木 to put pieces of wood together
巢	cháo	（名）	here: 避難的地方 shelter
以	yǐ	（連）	來，為了（見本課《虛詞與句型》）
王天下 wàng tiān xià		（動語）	做天下的王 to be the ruler of the whole world
有巢氏 Yǒu cháo shì		（名）	name of a legendary ruler who taught the people to build tree houses for protection against wild beasts.
號之	hào zhī	（動賓）	給他起個稱號 to give him a name (title)
果蓏	guǒ luǒ	（名）	水果和瓜類植物的果實 fruits and melons
蚌蛤	bàng gé	（名）	mussels and clams

614

腥臊	xīng sāo	（形）	stinking smell as of rotten fish; foul smell
鑽燧取火 zuǎn suì qǔ huǒ		（動語）	to drill wood and get fire — by friction
燧人氏	Suìrén shì	（名）	a legendary ruler said to be the first to discover fire
鯀	Gǔn	（名）	father of the legendary ruler Yu（禹）
禹	Yǔ	（名）	the legendary founder of the Xia（夏）Dynasty
決瀆	jué dú	（動語）	疏導江河，引水入海 to open channels for water
桀紂	Jié Zhòu	（名）	Jie and Zhou, last rulers of the Xia and Shang Dynasties, respectively — used as synonym for tyranny
湯武	Tāng Wǔ	（名）	Tang and Wu, founders of the Shang and Zhou Dynasties, respectively
堯舜	Yáo Shùn	（名）	Yao and Shun, two of the most celebrated sage kings of ancient China
是以	shì yǐ	（連）	因此 therefore（見本課《虛詞與句型》）註：下面"守株待兔"的故事，請參閱本書第六課。

　　儒以文亂法，俠以武犯禁，而人主兼禮之，此所以亂也。夫離法者罪，而諸先生以文學取；犯禁者誅，而群俠以私劍養。故法之所非，君之所取；吏之所誅，上之所養也。法趣上下，四相反也，而無所定。雖有十黃帝，不能治也。故行仁義者非所譽，譽之則害功；工文學者非所用，用之則亂法。楚之有直躬，其父竊羊而謁之吏。令尹曰："殺之。"以為直於君而曲於父，報而罪之。以是觀之，夫君之直臣，父之暴子也。魯人從君戰，三戰三北，仲尼問其故，對曰："吾有老父，身死莫之養也。"仲尼以為孝，舉而上

之。以是觀之，夫父之孝子，君之背臣也。故令尹誅而楚姦不上聞，仲尼賞而魯民易降北，上下之利，若是其異也。而人主兼舉匹夫之行，而求致社稷之福，必不幾矣。

儒	rú	（名）	儒家 scholars following Confucian thoughts; literati
文	wén	（名）	here: 古代文獻經典 ancient documents and classics
亂	luàn	（形）	（形容詞動用）擾亂 to creat confusion
法	fǎ	（名）	法制 legal system
俠	xiá	（名）	遊俠 traveling swordsman and assassin; cavalier
犯	fàn	（動）	違犯 to transgress
禁	jìn	（名）	禁令 prohibitions
兼禮之	jiān lǐ zhī	（動語）	都用禮來對待他們（儒跟俠）to treat them both with decorum
離	lí	（動）	通“罹”。觸犯 to offend; to violate
取	qǔ	（動）	（被）錄用 to be taken on the staff
以私劍養 yǐ sī jiàn yǎng		（動語）	憑著行刺被供給生活費用 to be patronized because of their readiness to assassinate
法之所非 fǎ zhī suǒ fēi		（名語）	法律所譴責的（事物）
君之所取 jūn zhī suǒ qǔ		（名語）	君主所僱用的（人）
法趣上下 fǎ qǔ shàng xià		（名語）	法，指“法之所非”；趣，指“君之所取”上，指“上之所養”；下，指“吏之所誅”；說這四種情況自相矛盾。
無所定	wú suǒ dìng	（名語）	沒有一定標準 to have no fixed standard
非所譽	fēi suǒ yù	（名語）	不是應該讚譽的人 should not be praised

害攻	hài gōng	（動賓）	損害一般表現成效的事務 to hinder meritorious service
工	gōng	（動）	擅長 to be versed in
楚之有直躬		（名語）	"之"為"人"之誤。此說見《韓非子纂聞》。直躬，指直身而行，品行端正的人。楚國有個正直的人。
chǔ zhī yǒu zhí gōng			
謁之吏	yè zhī lì	（動語）	向官吏自首報告這件事 to report to the authorities
令尹	lìng yǐn	（名）	楚國官名 a district magistrate
報	bào	（動）	判決 to sentence
罪	zuì	（動）	治罪 to punish somebody for a crime; to convict
以是觀之		（動語）	從這裡（我們）可以看出 from this (we) can see
yǐ shì guān zhī			
君之直臣		（名語）	君主誠實的臣子
jūn zhī zhí chén			
父之暴子		（名語）	父親不孝的兒子
fù zhī bào zǐ			
北	běi	（名）	（名詞動用）敗走 to suffer defeat and run away
舉	jǔ	（動）	推薦 to recommend
上	shàng	（名）	（名詞動用）放在上位 to exalt
楚姦	chǔ jiān	（名語）	楚國壞人的犯罪行為
上聞	shàng wén	（動語）	報告上級，使國君了解（"聞"字的使動用法見本課《虛詞與句型》）
社稷	shè jì	（名語）	國家 a state
不幾	bù jǐ	（形）	沒有希望 hopeless

故不相容之事，不兩立也。斬敵者受賞，而高慈惠之行；拔城者受爵祿，而信廉愛之說；堅甲厲兵以備難，而美薦紳之飾；富國以農，距敵恃卒，而貴文學之士；廢敬上畏法之民，而養游俠私劍之屬：舉行如此，治強不可得也。國平養儒俠，難至用介士，所利非所用，所用非所利。是故服事者簡其業，而游學者日眾，是世之所以亂也。

不相容之事 bù xiāng róng zhī shì		（名語）	互相矛盾的事 incompatible things
不兩立	bù liǎng lì	（動語）	不能同時存在 do not coexist
斬	zhǎn	（動）	殺 to kill
高	gāo	（形）	（意動用法）以……為高（見本課《虛詞與句型》）
高慈惠之行 gāo cí huì zhī xíng		（動語）	認為慈愛大量的行為是值得尊敬的 to esteem deeds of mercy and generosity
拔	bá	（動）	攻陷 to capture
爵祿	jué lù	（名）	古代貴族封位和俸給 the degree and profit of nobility
堅	jiān	（形）	（使動用法）使……堅固（見本課《虛詞與句型》）
厲	lì	（動）	通"礪"。磨 to sharpen
薦紳	jiàn shēn	（動語）	"薦"通"搢"。插 to stick in；"紳"，衣帶 girdle belt。古代官員的服裝，要在衣帶上插笏 (hù, a tablet held by a civil official during an audience with the emperor)，因此稱"薦紳" (civil gentry)。
廢	fèi	（動）	廢棄 to neglect
屬	shǔ	（名）	輩 people of a certain kind
介士	jiè shì	（名）	甲士 armed officers

618

所利非所用 suǒ lì fēi suǒ yòng		（名語）	國家給予利益的人不是國家要用的人。
服事者	fú shì zhě	（名語）	替公家服務的人 men who are engaged in public affairs
簡其業	jiǎn qí yè	（動語）	怠慢他們的職守 to neglect their duties

今境內之民皆言治，藏商管之法者家有之，而國愈貧；言耕者眾，執耒者寡也。境內皆言兵，藏孫吳之書者家有之，而兵愈弱；言戰者多，被甲者少也。故明主用其力，不聽其言；賞其功，必禁無用；故民盡死力以從其上。夫耕之用力也勞，而民為之者，曰：可得以富也；戰之為事也危，而民為之者，曰：可得以貴也。今修文學，習言談，則無耕之勞而有富之實，無戰之危而有貴之尊，則人孰不為也？是以百人事智而一人用力。事智者眾，則法敗；用力者寡，則國貧。此世之所以亂也。故明主之國，無書簡之文，以法為教；無先王之語，以吏為師；無私劍之扞，以斬首為勇。是境內之民，其言談者必軌於法，動作者歸之於功，為勇者盡之於軍。是故無事則國富，有事則兵強，此之謂王資。既畜王資而承敵國之釁，超五帝侔三王者，必此法也。

商管 Shāng Guǎn		（名）	商鞅，戰國衛人。秦孝公的宰相，定變法令，廢井田。管仲，戰國時齊國的宰相。
法	fǎ	（名）	商鞅和管仲所制定的有關法令的書 the laws of Shang Yang and Guan Zhong
家有之	jiā yǒu zhī	（動語）	每家都有（商管之法）
孫	Sūn	（名）	孫武，春秋時代齊國人。 Sun Wu, pre-Qin strategist noted for his book, *The Art of War*
吳	Wú	（名）	吳起，戰國時代衛國人。 Wu Qi, a strategist during the Warring States period

被甲	pī jiǎ	（動賓）	"被"通"披"。here: 參加戰爭 to join the army
明主	míng zhǔ	（名語）	有智慧的君主 an enlightened ruler
其	qí	（代）	用"其"力、不聽"其"言、賞"其"功，這裡的三個"其"都是泛指 (fàn zhǐ, used in a general sense)，沒有特別指甚麼人。
無用	wú yòng	（動語）	這裡指對國家沒有用的儒家和帶劍者的活動。
得以	dé yǐ		（固定結構，見本課《虛詞與句型》）
事智	shì zhì	（動賓）	從事智力活動。（這裡指前面說的"修文學"，"習言談"）to attend to learning
用力	yòng lì	（動賓）	從事體力活動（這裡指前面說的"耕戰"）to engage in physical labor
書簡之文 shū jiǎn zhī wén		（名語）	書籍 recorded literature
扞	hàn	（動）	違犯 to transgress
無私劍之扞，以斬首為勇			大意是：不以擊劍私鬥為強，而以斬殺敵人為勇。
軌	guǐ	（名）	（名詞動用）遵循 to conform to
言談者必軌於法			（境內百姓）言談必定合乎法度。
歸	guī	（動）	歸結 to aim at
動作者歸之於功			動作行為務求其有功用。
盡	jìn	（動）	盡職服務 to offer services
為勇者盡之於軍			勇力必發揮於軍中。
王資	wáng zī	（名語）	建立王業的資本 the kingly resources
畜	xù	（動）	儲蓄 to store up
承	chéng	（動）	通"乘"。趁機會 to seize the chance
釁	xìn	（名）	弱點，破綻 weak point
侔	móu	（動）	和……相等 to match

620

| 五帝 | wǔ dì | （名語） | the Five Emperors (of the legendary period 2252-2205 B.C., listed at least in three different ways, usually including Huang Di 黃帝） |
| 三王 | sān wáng | （名語） | 指夏禹，商湯，周文王。 |

是故亂國之俗：其學者，則稱先王之道以籍仁義，盛容服而飾辯說，以疑當世之法，而貳人主之心。其言古者，為設詐稱，借於外力，以成其私，而遺社稷之利。其帶劍者，聚徒屬立節操以顯其名，而犯五官之禁。其患御者，積於私門，盡貨賂，而用重人之謁，退汗馬之勞。其商工之民，修治苦窳之器，聚沸靡之財，蓄積待時，而侔農夫之利。——此五者，邦之蠹也。人主不除此五蠹之民，不養耿介之士，則海內雖有破亡之國，削滅之朝，亦勿怪矣。

亂國	luàn guó	（名語）	危亂的國家 a disorderly state or nation
俗	sú	（名）	習常的特點 a common trait
以	yǐ	（介）	here: 而
籍	jiè	（動）	通"藉"。憑藉，託辭 by means of
仁義	rén yì	（名語）	benevolence and righteousness
稱先王之道以籍仁義			託辭仁義，稱說先王治理國家的方法。
盛容服 shèng róng fú		（動語）	講究容貌服裝 to adorn one's manners and clothes
飾辯說 shì biàn shuō		（動語）	藻 (zǎo) 飾辭令 to embellish one's arguments with eloquent speeches
以	yǐ	（介）	here: so as to
疑	yí	（動）	惑亂 to delude or confuse; to cast doubts on
貳	èr	（動）	使……迷惑 to beguile（見本課《虛詞與句型・使動用法》）

言古者　yán gǔ zhě（名）　　即"言談者"，也就是戰國時期的"說客"
或"說士"。他們遊歷各方，以言談勸人，
使君主採納自己的主張。 itinerant
politicians who sought to convince the ruler
to adopt their views of government

為設詐稱　　　　（動語）　　虛辭矯詐，假造事實，說謊弄假。
wéi shè zhà chēng　　　　to advocate deceptive theories

私　　sī　　（形）　　個人的利益 private interest; personal gain

遺　　yí　　（動）　　不顧 in spite of; to show no consideration for

帶劍者　dài jiàn zhě（名）　　遊俠刺客 traveling swordsmen and
assassins

徒屬　tú shǔ　（名）　　黨徒 followers of a clique

立節操　lì jié cāo　（動語）　　訂立堅定的志向與操守 to set up standards
of fidelity and self-discipline

五官　wǔ guān　（名語）　　古代官署名，即司徒、司馬、司空、司士、
司寇 (in ancient China) five ministries:
Education, War, Public Works, Revenue,
and Crimes

禁　　jìn　　（名）　　禁令 prohibition; ban

患御者　huàn yù zhě（名）　　皇帝左右的廷臣 courtiers

積　　jī　　（動）　　積聚 to gather; to accumulate

私門　sī mén　（名語）　　貴族世卿的家 powerful houses of the
nobility

盡　　jìn　　（副）　　（用作動詞）搜括 to extort

貨賂　huò lù　（名）　　財貨賄賂 bribes

用　　yòng　　（動）　　聽用，接受 to adopt; to employ

重人　zhòng rén（名語）　　有權勢的人物 influential men or officials

謁　　yè　　（動）　　請託 to ask for a favor

退　　tuì　　（動）　　斥退 to dismiss

汗馬之勞　　　　（名）　　指有戰功的人 people who perform deeds of
hàn mǎ zhī láo　　　　valor in battle

622

商工之民 shāng gōng zhī mín	（名語）	商人工匠 tradesmen and craftsmen	
苦窳之器 kǔ yǔ zhī qì	（名語）	粗劣容易壞的器具 inferior, broken 　　articles	
沸靡之財 fèi mǐ zhī cái	（名語）	供人揮霍奢侈無用的財物 useless luxuries	
蓄積待時 xù jī dài shí	（動語）	囤積貨物，等待機會 to store up goods and 　　wait for good opportunities	
侔	móu	（動）	通"牟"。奪取 to exploit
耿介	gěng jiè	（形）	有操守氣節 upright
削滅	xiāo miè	（動）	絕滅 to wane and perish

常用詞

儒 法 俠 犯 禁 取 功 罪 姦 斬 堅
簡 軌 俗 私

1. **儒**　名詞

　　春秋時期熟習詩書禮樂的學者；孔子的學說；儒家；信奉儒家學說的人；讀書人。

　　　　儒以文亂法。
　　　　— 儒者以文字擾亂法令。

　　　　是儒墨之分也。　　《荀子・禮論》
　　　　— 這就是儒家和墨家的分別。

　　　　女為君子儒，無為小人儒。　　　　《論語・雍也》
　　　　— 你該做個君子型的大儒，不要做個小人型的陋儒。

　　　　儒者所爭，尤在名實。　　　王安石《答司馬諫議書》
　　　　— 讀書人所要爭的，尤其在名目與實際方面。

2. **法**　名詞

　　法令法律 (laws and decrees)；制度 (institution)

　　　　儒以文亂法。
　　　　— 儒者以文字擾亂法令。

內立法度，務耕織。　　賈誼《過秦論》

— 國內建立制度，從事耕種與織布的工作。

法　　動詞　　效法 (xiào fǎ, to follow the example of)

則文王不足法與？　　《孟子・公孫丑上》

— 那麼古代的文王也不值得效法嗎？

治世不一道，便國不必法古。　　《商君書・更法》

— 治理天下不是只有一種方法，有利於國家的不一定非得效法古代。

3. 俠　　名詞

俠客，俠士，俠義 (chivalry)

俠以武犯禁。

— 俠客以武力干犯禁令。

少以俠聞。　　《三國志・魏書・張邈傳》

— 小時候由於為人俠義而聞名。

俠盜 (xiá dào, a robber, bandit, etc. who robs from the rich to give to the poor [such as Robin Hood])

武俠小說 (wǔ xiá xiǎo shuō, novels depicting the chivalry and prowess of ancient swordsmen)

4. 犯　　動詞

　　觸犯；違犯；干犯；侵犯 (qīn fàn, to invade)；攻擊 (gōng jī, attack)

　　　　俠以武犯禁。

　　　　—俠士以武力干犯禁令。

　　　　數犯邊境。　　《三國志・吳書・吳主傳》

　　　　—好幾次侵犯邊境。

　　　　人不犯我，我不犯人；人若犯我，我必犯人。　（俗語）

　　　　(We will not attack unless we are attacked; if we are
　　　　attacked, we will certainly counterattack.)

5. 禁　　名詞　禁令

　　　　俠以武犯禁。

　　　　—俠士以武力干犯禁令。

　　　　入國問禁　　　（成語）

　　　　(rù guó wèn jìn, on entering a country ask about its taboos)

　　　　動詞　禁止 (jìn zhǐ, to prohibit; to forbid)

　　　　賞其功必禁無用。

　　　　—獎賞那些有功勞的，禁止那些無用的。

　　　　兵者，所以禁暴除害也。　　《荀子・議兵》

　　　　—軍隊是用來禁止暴惡剷除禍害的。

禁　　讀 jīn，禁不住 (jīn bú zhù, be unable to bear or endure)

小樹不禁攀折苦，乞君留取兩三條。　白居易《楊柳枝》
— 小樹禁不住攀折之苦，求你留下兩三枝。

弱不禁風　　（成語）

(ruò bù jīn fēng, too weak to stand a gust of wind;
extremely delicate)

6. 取　　動詞

(1) 拿，取得 (qǔ dé, to acquire)，採取 (cǎi qǔ, to adopt)，錄用(lù
yòng, employ)

可取三升飲之。　　《後漢書·華佗傳》
— 可以拿三升 (shēng, litre) 來喝。

以逸擊勞，取勝之道也。　　《漢書·趙充國傳》
— 養精蓄銳，等來攻的敵人疲勞後再攻擊，是取得
勝利的方法。

取之於民，用之於民。　　（成語）
(What is taken from the people is used in the interests
of the people.)

取長補短　　（成語）
(qǔ cháng bǔ duǎn, learn from others' strong points to offset
one's weaknesses)

627

吾於武成，取二三策而已矣。　　《孟子・盡心下》

—我對於《周書・武成篇》的文字，只採取二三片竹簡所記載的罷了。

夫離法者罪，而諸先生以文學取。

—觸犯法度的應當獲罪，而一般儒生反而因學習文獻經典被錄用。

註：“取”和“舍”相對。取舍 (qǔ shě, to accept or reject)

　　“取”和“與”相對。取與 (qǔ yǔ, to take or give)

　　“取”是“去”的反義詞。去取 (qù qǔ, to abandon or accept)

(2) 攻取 (gōng qǔ, to storm and capture)

秦人伐晉，取武城。　　《左傳・文公八年》

—秦國征伐晉國，攻取（攻下）武城。

(3) 取妻 qǔ qī, to marry (a woman)

吳起取齊女為妻。　　　《史記・吳起傳》

—吳起娶齊國女子為妻子。

註：這個意思後來寫作“娶”。

7. 姦　　形容詞　邪惡 (xié è, evil; vicious)

然後姦偽並起。　　賈誼《過秦論》

—— 然後邪惡偽詐一起產生。

名詞　壞人，作亂的人

故令尹誅而楚姦不上聞。

—— 所以令尹施行誅戮，而楚國壞人的行為不報告上級，使國君了解。

寇賊姦宄(guǐ)　　《尚書‧舜典》

—— 強盜和內外作亂的惡人

姦淫擄掠　　　（成語）

(jiān yín lǔ luè, to rape and loot)

　　註：古代"姦"和"奸"是兩個字。"奸"(gān) 是"干犯"(to offend) 的意思。後代"姦"也寫作"奸"。

8. 斬　　動詞　殺，砍 (kǎn, to cut; to chop)

斬敵者受賞

—— 殺死敵人的受到獎賞。

斬木為兵，揭竿為旗。　　賈誼《過秦論》

—— 砍伐樹木作為兵器，高舉竹幹作為旗幟。

　　註："揭竿"有倉促間起義的意思。

揭竿而起　　（成語）

(jiē gān ér qǐ, to start a revolution or an uprising)

斬草除根　　（成語）

(zhǎn cǎo chú gēn, to eliminate the cause of trouble completely)

斬斷情絲　　（成語）

(zhǎn duàn qíng sī, to break the bonds of love)

9. 堅　　形容詞　堅固

堅甲厲兵以備難。

— 使甲冑 (jiǎ zhòu) 堅固，磨利兵器，為了防備患難。

堅壁清野　　（成語）

(jiān bì qīng yě, strengthen defense works, evacuate noncombatants, and hide provisions and livestock)

堅苦卓絕　　（成語）

(jiān kǔ zhuó jué, showing the utmost fortitudc)

堅貞不屈　　（成語）

(jiān zhēn bù qū, remain faithful and unyielding)

10. 私　形容詞　私人的

借於外力，以成其私。
— 借助外面的勢力，來完成私人的欲望。

欲苟順私情，則告訴不許。　　李密《陳情表》
— 要想暫時顧著私人的情況，請求又不許可。

副詞
偷偷地 (tōu tōu de, secretly)，私自 (sī zì, privately)

項伯乃夜馳之沛公軍，私見張良。　《史記·項羽本紀》
— 項伯（人名）就夜裡快馬加鞭趕到沛公的軍營，
偷偷地會見張良（人名）。

虛詞與句型

1. 以　連詞

"以" occurs at the beginning of the second clause of a sentence to introduce a purpose. It corresponds to "來", "去" or "為了" in modern Chinese.

構 木 為 巢　　以　　避 群 害

action　　　　　　　purpose

—架木築窩，用來（為了）躲避各種禽獸的侵害。

鑽燧取火，以化腥臊。
—（教人民）鑽木取火（來烤食物），為了除掉腥臊的氣味。

2. 是以　連詞

連接結果分句，位於結果分句的句首，相當於"因此"。
a consequential conjunction meaning "therefore."

然則今有美堯、舜、湯、武、禹之道於當今之世者，
必為新聖笑矣。是以聖人不期修古，不法常可，論世
之事，因為之備。

—那麼，如果有人在現在的時代仍然讚美堯、舜、湯、
武、禹的政治方法，一定會被當代的聖人嗤笑。因此，
聖人不要求遵循古代的法制，不效法舊的規章制度，而
研究當代的情況，按照情況制度制定實際的辦法和措施。

632

敏而好學，不恥下問，是以謂之"文"也。

《論語‧公冶長》

— （孔文子）聰明好學，不把向比自己地位低的人
請教當做恥辱，因此用"文"來做他的諡號。

註："是以"有時也寫作"以是"、"以此"或"故以此"等，但意思
一樣。

3. 使動用法

使動用法是指謂語動詞具有"使賓語怎麼樣"的意思。

The causative form consists of the predicate verb expressing causation (to cause to).

故令尹誅而楚姦不上聞。

— 所以令尹施行誅戮而楚國壞人的犯罪行為不向
上報，使國君了解。

堅甲厲兵以備難。

— 使甲胄堅固，磨利兵器，為了防備患難。

盛容服而飾辯說，以疑當世之法，而貳人主之心。

— 講究儀容服飾，鋪張巧妙的辯論，來擾亂當世的法度，
使國君的心思迷惑。

4. 意動用法

意動用法指謂語動詞具有 "認為（以為）賓語怎麼樣" 的意思。

The putative form is the predicate verb expressing the subjective view or idea of the speaker (to think, consider, believe)

斬敵受賞，而高慈惠之行。

— 殺死敵人的人受到獎賞，可是又認為慈愛大量的行為值得推崇。

堅甲厲兵以備難，而美薦紳之飾。

— 使甲胄堅固，磨利兵器，為了防備患難，可是同時又以儒者服裝衣帶的裝飾為美。

註：有關使動用法、意動用法，請參閱本書第一冊第 264 頁至 267 頁。

5. 得以　　助動詞結構

用在謂語前，表示能夠依靠憑借客觀條件來實現某種行為，或得到某種利益。相當於 "（借此）可以……" (so that . . . can/may . . .)。

夫耕之用力也勞，而民為之者，曰：可得以富也。

— 耕田是很勞苦的，然而百姓肯去耕種，說靠耕種可以富足。

戰之為事也危，而民為之者，曰：可得以貴也。

— 戰爭是極危險的，然而百姓肯去打仗，說這樣可以榮顯。

緹縈通尺牘，父得以寧。　　《史記・扁鵲倉公列傳》

— 緹縈（人名）上書給皇帝，他父親因此免掉肉刑的痛苦。

634

孫叔敖之為楚相，盡忠為廉以治楚，楚王得以霸。

《史記·滑稽列傳》

— 孫叔敖（人名）做楚國的宰相，竭盡忠誠治理楚國，楚王憑此能稱霸天下。

練習

I. 將下面一段文章加上標點，並試譯成白話：

韓非子·外儲說左上

曾子之妻之市其子隨之而泣其母曰女還顧反為女殺彘妻適市來曾子欲捕彘殺之妻止之曰特與嬰兒戲耳曾子曰嬰兒非與戲也嬰兒非有知也待父母而學者也聽父母之教今子欺之是教子欺也母欺子而不信其母非以成教也遂烹彘也

彘	zhì	豬		嬰兒	yīng ér	小孩子
反	fǎn	同返。回來		戲	xì	開玩笑
適	shì	到……去		烹	pēng	煮

II. "是以"和"得以"在現代書面語中還用，請用這兩個結構各寫兩個句子：

例 1. 這位作家不曾讀過古書，缺少用詞鍊句的訓鍊，是以寫不出優美的白話文章。

例 2. 上課時應給學生討論的機會，讓學生的意見得以充分發表出來。

II. 討論題：

1. 韓非認為社會情況隨著時代的變化而變化，政治措施也應適應當時的情況來制定。這是針對儒家"法先王"的思想來說的。談談儒家與法家的主要異同和你自己的看法。

2. 韓非認為儒者、遊俠、言談者、國君的近臣、商工之民都是對國家有害的人。你有甚麼看法，為甚麼？

第三十二課

鴻門宴

本文選自司馬遷《史記·項羽本紀》。

司馬遷 (145-90 B.C.)，字子長，漢左馮翊夏陽（今陝西省韓城縣）人。是中國古代偉大的歷史學家和傑出的文學家。

《史記》全書共一百三十篇，五十二萬餘言，記載了中國自黃帝到漢武帝長達二千五百多年的歷史，是中國第一部紀傳體通史。

《項羽本紀》是《史記》中最出色的篇章之一。“本紀”是帝王的傳記。項羽在秦漢之間，叱咤風雲，擁有帝王的權力，雖不曾建立統一的王朝，司馬遷仍將其列入“本紀”。

“鴻門宴”的故事發生在公元前 206 年。這時，項羽和劉邦是反秦王朝的兩支主要力量，奉楚懷王之命，向秦王朝的首都咸陽進擊，並約定“誰先打敗秦軍，攻入咸陽，誰就做關中的王。”當項羽因援救趙國，與秦軍主力軍大戰的時候，劉邦趁秦王朝的後防空虛，已從黃河南面進入關中，先攻下了咸陽。項羽對此十分忿怒，準備撕毀盟約，跟劉邦一決雌雄。當時項羽的軍隊有四十萬人，劉邦只有十萬人。在眾寡懸殊的情勢下，劉邦採用了張良的建議，親自到鴻門去向項羽謝罪。這就是歷史上著名的“鴻門宴”。

史記	shǐ jì, *Historical Records*
項羽本紀	xiàng yǔ běn jì, *The Basic Annals of Xiang Yu*
鴻門宴	hóng mén yàn, a banquet thrown by Xiang Yu for his rival Liu Bang at Hongmen, at which an unsuccessful attempt was made on the guest's life, an event often referred to in describing similar situations.

637

行略定秦地。函谷關有兵守關，不得入。又聞沛公已破咸陽，項羽大怒，使當陽君等擊關。項羽遂入，至於戲西。沛公軍霸上，未得與項羽相見。沛公左司馬曹無傷使人言於項羽曰："沛公欲王關中，使子嬰為相，珍寶盡有之。" 項羽大怒，曰："旦日饗士卒，為擊破沛公軍！"

【註釋】

行	xíng	（動）	行進，進軍 to march, advance
略	luè	（動）	奪取土地 to seize territories
秦地	Qín dì	（名語）	the territory of Qin
			"秦地" 指秦國的本土，在今陝西省。項羽在鉅鹿之戰中消滅了秦軍的主力，救了趙國。然後從河南向關中進軍，佔領秦地。
函谷關	Hángǔ Guān	（名）	the Hangu Pass
沛公	Pèi gōng	（名）	the governor of Pei
			"沛公" 即劉邦。劉邦在沛（今江蘇沛縣）起兵抗秦，所以稱他 "沛公"。
咸陽	Xián yáng	（名）	秦王朝的首都，在今陝西西安市西北。the capital city of Qin State
當陽君 Dāng yáng jūn		（名）	姓英名布，因曾受黥面 (qíng miàn, ancient punishment of tattooing the face) 之刑，改稱 "黥布"。他是項羽的部將。
戲西	Xì xī	（名）	戲水之西 the west side of the Xi River
軍	jūn	（名）	（名詞動用）駐軍 to be stationed
霸上	Bà shàng	（名）	地名，在今陝西長安縣東 place name
左司馬	zuǒ sī mǎ	（名）	武官名，主管軍法 minister of war
於	yú	（介）	（見本課《虛詞與句型》）
王	wàng	（名）	（名詞動用）稱王 to rule; to govern
關中 Guān zhōng		（名）	地區名 place name，相當於今陝西省。這個地區東有函谷關（在今河南靈寶縣東南），

			西有隴關（在今陝西省隴縣附近），所以稱之為 "關中"。
子嬰	Zǐ yīng	（名）	秦二世的哥哥扶蘇的兒子，公元前207年宦官趙高逼二世自殺後，立子嬰為帝。子嬰在位四十六天，劉邦的軍隊已到城下，子嬰投降。後子嬰為項羽殺害。the last emperor of Qin, who surrendered to Liu Bang and later was killed by Xiang Yu
珍寶	zhēn bǎo	（名）	precious articles and treasures
盡有之	jìn yǒu zhī	（動語）	全部佔有 to keep possession of all the treasures
旦日	dàn rì	（名語）	第二天早上 tomorrow
饗	xiǎng	（動）	用酒肉款待 to feast
為	wèi	（介）	替，給 for（見本課《虛詞與句型》）

　　當是時，項羽兵四十萬，在新豐鴻門；沛公兵十萬，在霸上。范增說項羽曰："沛公居山東時，貪於財貨，好美姬。今入關，財物無所取，婦女無所幸，此其志不在小。吾令人望其氣，皆為龍虎，成五采，此天子氣也。急擊勿失。

新豐	Xīn fēng	（名）	縣名，在今陝西省臨潼縣東 place name
鴻門	Hóng mén	（名）	地名，在新豐縣東邊。現在也叫項王營。place name
范增	Fàn Zēng	（名）	人名，項羽的謀士。one of Xiang Yu's counselor
說	shuì	（動）	勸說 to advise
貪於財貨 tān yú cái huò		（動語）	貪求錢財貨物 to be greedy for possessions "於"，見本課《虛詞與句型》。
美姬	měi jī	（名語）	美女 beautiful girls
所取	suǒ qǔ	（名語）	奪取的東西 things that were captured

所幸	suǒ xìng	（名語）	寵幸的人 people that doted on
望其氣	wàng qí qì	（動語）	觀望劉邦頭上的雲氣 to observe the clouds over Liu Bang's head
			據古代迷信的說法，帝王頭上常有奇異的雲氣。
皆為龍虎 jiē wéi lóng hǔ		（動語）	全都成為龍虎的形狀 in shape, they were all like dragons and tigers
五采	wǔ cǎi	（名語）	青、黃、紅、白、黑，五色交合在一起 to be colored with five colors: blue, yellow, red, white, and black
天子氣	tiān zǐ qì	（名語）	帝王的雲氣 the signs of an emperor
急擊勿失 jí jī wù shī		（動語）	盡快地攻打，不要失去機會 to attack at once and not lose this opportunity

　　楚左尹項伯者，項羽季父也，素善留侯張良。張良是時從沛公，項伯乃夜馳之沛公軍，私見張良，具告以事，欲呼張良與俱去。曰：“毋從俱死也。”張良曰：“臣為韓王送沛公，沛公今事有急，亡去不義，不可不語。”

左尹	zuǒ yǐn	（名）	官名 an official title
項伯	Xiàng Bó	（名）	項羽的族叔 an uncle of Xiang Yu
素	sù	（副）	一向 all along the length of
善	shàn	（形）	（形容詞動用）和⋯⋯友好 to be good friends with . . .
留	Liú	（名）	地名，在今江蘇省沛縣東南 place name
留侯	Liú hóu	（名）	marquis of Liu
張良 Zhāng Liáng		（名）	字子房，是劉邦的謀士 Zhang Liang styled himself Zi Fang, Liu Bang's counsellor
夜	yè	（名）	（名詞作狀語）連夜 the very night
馳	chí	（動）	騎馬飛奔 to gallop on a horse

之	zhī	（動）	到，去
具告以事		（動語）	把（項羽計劃消滅劉邦的）事情全告訴了
jù gào yǐ shì			（張良）to tell (Zhang Liang) of Xiang Yu's plans（見本課《虛詞與句型》）
毋從俱死		（動語）	不要跟隨（劉邦他們）一起送死（見本課
wù cóng jù sǐ			《虛詞與句型》）
臣	chén	（名）	我 I
為	wèi	（介）	替
送沛公		（動賓）	陪伴沛公一起 to accompany Pei gong
sòng Pèi gōng			公元前 207 年，劉邦的軍隊經過韓國，那時張良帶軍隊和劉邦配合，攻下十幾個城鎮。後來劉邦讓韓王留守，和張良一起繼續向西進軍。張良所說的"臣為韓王送沛公"就是指的這件事。
亡	wáng	（動）	逃走 to run away
不可不語		（動語）	不可以不告訴（他）must tell him
bù kě bù yù			（見本課《虛詞與句型》）

　　良乃入，具告沛公。沛公大驚，曰："為之奈何？"張良曰："誰為大王為此計者？"曰："鯫生說我曰：'距關，毋內諸侯，秦地可盡王也。'故聽之。"良曰："料大王士卒足以當項王乎？"沛公默然，曰："固不如也，且為之奈何？"張良曰："請往謂項伯，言沛公不敢背項王也。"沛公曰："君安與項伯有故？"張良曰："秦時與臣遊，項伯殺人，臣活之。今事有急，故幸來告良。"沛公曰："孰與君少長？"良曰："長於臣。"沛公曰："君為我呼入，吾得兄事之。"

為之奈何		（疑問句）	對這件事怎麼辦？ What shall we do?
wèi zhī nài hé			（見本課《虛詞與句型》）

鯫生	zōu shēng	（名）	沒有見識的人 people who have meager knowledge。"鯫" a small fish, here: to despise
距關	jù guān	（動賓）	"距"通"拒"。守住函谷關 to guard the pass of Hangu
內	nà	（動）	"納"的本字。接納，放進 to admit, let in
勿內諸侯 wù nà zhū hóu		（動語）	不放進其他諸侯 do not let the other troops enter
當	dāng	（動）	抵擋 to stand up against
默然	mò rán	（副）	沈默一會兒 to be silent for a while
固	gù	（副）	誠然 certainly
且	qiě	（副）	將
且為之奈何			將如何對付這件事呢？ What should we do now?
背	bèi	（動）	違背，背離 to deviate from; to be disloyal
安	ān	（副）	（疑問副詞）怎麼 how
故	gù	（名）	舊交情 long-standing friendship
活之	huó zhī	（動語）	（使動用法）使之活，救活了他 to save his life。"之"指項伯。
幸	xìng	（形）	（形容詞作狀語）幸虧 to be good enough; fortunately
孰與	shú yǔ		（固定結構）跟……相比，哪個……，比……怎麼樣 which; to compare with . . . （見本課《虛詞與句型》）
兄	xiōng	（名）	（名詞用作狀語）像哥哥一樣
事	shì	（動）	對待，侍奉 to treat; attend upon
兄事之 xiōng shì zhī		（動語）	像哥哥一樣對待他 to treat him as an elder brother

642

張良出，要項伯。項伯即入見沛公。沛公奉卮酒為壽，約為婚姻，曰：「吾入關，秋豪不敢有所近，籍吏民，封府庫，而待將軍。所以遣將守關者，備他盜之出入與非常也。日夜望將軍至，豈敢反乎！願伯具言臣之不敢倍德也。」項伯許諾，謂沛公曰：「旦日不可不蚤自來謝項王。」沛公曰：「諾。」於是項伯復夜去，至軍中，具以沛公言報項王。因言曰：「沛公不先破關中，公豈敢入乎？今人有大功而擊之，不義也，不如因善遇之。」項王許諾。

要	yāo	（副）	邀請 to invite
奉卮酒	fèng zhī jiǔ	（動賓）	奉上一杯酒 to offer a cup of wine
為壽	wéi shòu	（動語）	上壽，祝人長壽 to drink to someone's long life
約為婚姻 yuē wéi hūn yīn		（動語）	結為兒女親家 to enter into a matrimonial relationship
秋豪	qiū háo	（副）	"豪"通"毫"。here: 細小的東西 very tiny thing
秋豪不敢有所近			一點東西都不敢拿取 dare not to lay a finger on a single thing
籍吏民	jí lì mín	（動賓）	登記官吏和人民的戶口 to preserve the registers of the officials and common people
封府庫	fēng fǔ kù	（動賓）	封閉倉庫 to seal off the storehouses
所以……者		（句型）	……的原因（見本課《虛詞與句型》）
倍德	bèi dé	（動語）	"倍"通"背"。忘恩負義 devoid of gratitude; ungrateful
蚤	zǎo	（副）	"蚤"通"早"early
自	zì	（副）	親自 in person
謝罪	xiè zuì	（動語）	道歉 to apologize
諾	nuò	（動）	應答詞，"是"yes

因善待之 yīn shàn dài zhī		（動語）	趁著這個機會好好兒地對待他 to take this opportunity to treat him as a friend
許諾	xǔ nuò	（動）	答應 to make a promise; to agree to

　　沛公旦日從百餘騎來見項王。至鴻門，謝曰："臣與將軍戮力而攻秦，將軍戰河北，臣戰河南，然不自意能先入關破秦，得復見將軍於此。今者，有小人之言，令將軍與臣有卻。"項王曰："此沛公左司馬曹無傷言之。不然，籍何以至此？"

從	cóng	（動）	（使動用法）使⋯⋯跟從
戮力	lù lì	（動語）	合力 make a concerted effort
不自意	bú zì yì	（動語）	自己沒有料想到 beyond my expectation
卻	xì	（名）	"卻"通"隙"。here: 感情上的磨擦 discord
籍	Jí	（名）	項羽名籍，字羽。
何以	hé yǐ	（介賓）	因為甚麼，怎麼 why; how（見本課《虛詞 與句型》）

　　項王即日因留沛公與飲。項王、項伯東嚮坐；亞父南嚮坐。亞父者，范增也。沛公北嚮坐，張良西嚮侍。范增數目項王，舉所佩玉玦以示之者三，項王默然不應。范增起，出召項莊，謂曰："君王為人不忍。若入前為壽，壽畢，請以劍舞，因擊沛公於坐，殺之。不者，若屬皆且為所虜！"莊則入為壽。壽畢，曰："君王與沛公飲，軍中無以為樂，請以劍舞。"項王曰："諾。"項莊拔劍起舞。項伯亦拔劍起舞，常以身翼蔽沛公，莊不得擊。

　　於是，張良至軍門，見樊噲。樊噲曰："今日之事何如？"良曰："甚急！今者項莊拔劍舞，其意常在沛公也。"噲曰："此迫矣！臣請入，與之同命。"

東嚮坐 dōng xiàng zuò		（動語）	面向東坐 to sit facing east (as host)
亞父	yǎ fù	（名）	即范增，"亞父"是項羽對范增的尊稱 (zūn chēng, a respectful form of address)
西嚮侍 xī xiàng shì		（動語）	面向西坐，陪伴侍侯 to sit facing west (as attendant)
數	shuò	（副）	屢次 time and again; repeatedly
目	mù	（名）	（名詞動用）以目示意 give a hint with the eyes
佩	pèi	（動）	佩帶 to wear
玉玦	yù jué	（名）	一種環形有缺口的佩玉 a jade pendant
項莊 Xiàng Zhuāng		（名）	項羽的堂弟 Xiang Yu's cousin
不忍	bù rěn	（形）	不狠心，狠不下心 cannot harden the heart
若	ruò	（代）	你 you
為壽	wéi shòu	（動語）	祝酒 to propose a toast
不者	bù zhě	（名語）	不然的話 otherwise
若屬	ruò shǔ	（名語）	你們這些人 all of you, the entire group
皆	jiē	（副）	都，全 all
且	qiě	（副）	將 will
為	wèi	（介）	被，表示被動 (form a passive voice) （見本課《虛詞與句型》）
虜	lǔ	（動）	俘虜 to be taken prisoner
則	zé	（連）	就 then
翼	yì	（名）	翅膀 (chì bǎng, wing)，here: 像張開翅膀一 樣（名詞作狀語）
蔽	bì	（動）	掩護，保護 to shield, to protect
樊噲	Fán Kuài	（名）	劉邦的將領 Liu Bang's general
其意常在沛公			他的意圖常在沛公身上（意思是想要借舞 劍的機會刺殺沛公）
迫	pò	（形）	緊迫 pressing; urgent

與之同命 yǔ zhī tóng mìng	（動語）	和他（沛公）同生死 to share his fate

　　噲即帶劍擁盾入軍門。交戟之衛士欲止不內，樊噲側其盾以撞，衛士仆地，噲遂入，披帷西嚮立，瞋目視項王，頭髮上指，目眥盡裂。項王按劍而跽曰："客何為者？"張良曰："沛公之參乘樊噲者也。"項王曰："壯士！賜之卮酒！"則與斗卮酒。噲拜謝，起，立而飲之。項王曰："賜之彘肩！"則與一生彘肩。樊噲覆其盾於地，加彘肩上，拔劍切而啗之。項王曰："壯士！能復飲乎？"樊噲曰："臣死且不避，卮酒安足辭！夫秦王有虎狼之心，殺人如不能舉，刑人如恐不勝，天下皆叛之。懷王與諸將約曰：'先破秦入咸陽者王之。'今沛公先破秦入咸陽，豪毛不敢有所近，封閉宮室，還軍霸上，以待大王來。故遣將守關者，備他盜出入與非常也。勞苦而功高如此，未有封侯之賞，而聽細說，欲誅有功之人。此亡秦之續耳，竊為大王不取也！項王未有以應，曰："坐！"樊噲從良坐。

擁盾　　　yōng dùn	（動賓）	拿著盾牌 to grasp one's shield
交戟之衛士 jiāo jǐ zhī wèi shì	（名語）	拿著戟交叉守衛軍門的衛士 the bodyguards standing with crossed spears
欲止不內 yù zhǐ bú nà	（動語）	想要阻止不許進入 try to stop (Fan Kuai) from entering
撞　　　zhuàng	（動）	撞擊 to dash against, knock
仆地　　pū dì	（動語）	跌倒在地上 to fall down
披帷　　pī wéi	（動賓）	揭開帷幕 to pull back the curtain of the tent
瞋目　　chēn mù	（動語）	睜大眼睛 to stare angrily
頭髮上指 tóu fa shàng zhǐ	（形）	頭髮向上豎立起來 (his) hair stood on end; bristle with anger

目眥盡裂		（形）	眼角全都裂開了，形容極怒的樣子
mù zì jìn liè			(his) eyes blazed with fire; be burning with wrath
跽	jì	（動）	古人席地而坐，兩膝著地(on one's knees)，臀部 (tún bù, buttocks) 坐在腳後跟 (heels) 上。如果挺直上身，臀部離開腳後跟，就叫做 "跽"，是一種戒備的姿勢。 to raise oneself up on one knee — be on the alert
何為者	hé wéi zhě	（名語）	做甚麼的，這是誰
參乘	cān shèng	（名）	也叫 "驂乘"。站在馬車上右邊擔任侍衛的人 a carriage attendant
壯士	zhuàng shì	（名）	a warrior
賜	cì	（動）	賞 to grant
卮酒	zhī jiǔ	（名）	一杯酒 a cup of wine
斗卮	dǒu zhī	（名）	一大杯酒 a large cup of wine
彘肩	zhì jiān	（名）	豬的前腿 a pork shoulder
生	shēng	（形）	不熟的 medium rare
覆其盾於地			把盾牌反過來扣在地上 to place the shield upside down on the ground
fù qí dùn yú dì			
加彘肩上		（動語）	把豬腿放在（盾牌）上面 put the pork shoulder on top of (the shield)
jiā zhì jiān shàng			
啗	dàn	（動）	吃 to eat
且	qiě	（連）	尚且 even
安	ān	（副）	（疑問副詞）哪裡，怎麼
安足辭	ān zú cí	（動語）	有甚麼可以推辭的，哪裡值得推辭 Why should I refuse?
如	rú	（副）	像 as though
舉	jǔ	（動）	盡，完。here: 殺盡 to kill them all
刑	xíng	（名）	（名詞動用）用刑，處罰 to punish
勝	shèng	（動）	盡，here: 用盡酷刑
叛	pàn	（動）	叛離 to revolt against

懷王	Huái wáng	（名）	King Huai of Chu 楚懷王的孫子，名字叫"心"。秦末項羽的叔父項梁起義時，讓他做楚王，仍稱他為楚懷王，這樣起義軍有一個名義上的首領。滅秦以後，項羽在公元前206年讓他遷到長沙，在路上被項羽派人殺死。
王之	wàng zhī	（動賓）	王：名詞動用，做……的王。之：指代咸陽。
先破秦入咸陽者王之			先打敗秦國進入咸陽（秦國首都）的就做咸陽的王。做咸陽王，就是在關中做王。關中是秦國的本土。秦國的領域東有函谷關，西有隴關，所以叫"關中"。
			whoever defeated Qin first and entered Xianyang should become the king of Guanzhong
封侯	fēng hóu	（動語）	to be installed as feudal lords
細說	xì shuō	（名語）	小人挑撥離間的話 words that stir up ill-will
誅	zhū	（動）	殺害 to kill
亡秦之續	wáng Qín zhī xù	（名語）	被滅亡了的秦朝的後繼者；重復已經滅亡了的秦朝的作為 a repetition of the doomed Qin
耳	ěr	（語）	罷了 that's all
竊	qiè	（代）	in my humble opinion; I presume

　　坐須臾，沛公起如廁，因招樊噲出。沛公已出，項王使都衛陳平召沛公。沛公曰："今者出，未辭也，為之奈何？"樊噲曰：大行不顧細謹，大禮不辭小讓。如今人方為刀俎，我為魚肉，何辭為？"於是遂去。乃令張良留謝。良問曰："大王來何操？"曰："我持白璧一雙，欲獻項王；玉斗一雙，欲與亞父。會其怒，不敢獻。公為我獻之。"張良曰："謹諾。"

當是時，項王軍在鴻門下，沛公軍在霸上，相去四十里。沛公則置車騎，脫身獨騎，與樊噲、夏侯嬰、靳彊、紀信等四人持劍盾步走，從酈山下，道芷陽，間行。沛公謂張良曰：「從此道至吾軍，不過二十里耳。度我至軍中，公乃入。」

須臾	xū yú	（名）	一會兒 for a while
如廁	rú cè	（動語）	到廁所去 to go to the bathroom
都衛	dū wèi	（名）	武官名 a military staff title
陳平	Chén Píng	（名）	人名，項羽的都衛。後來成為劉邦的謀士。
大行	dà xíng	（名語）	（做）大事 great deeds
細謹	xì jǐn	（名語）	對小事十分謹慎 petty caution
大行不顧細謹			做大事不必拘於小節 to accomplish an important task one do not bother about small matters
辭	cí	（動）	謙讓 modestly decline
大禮不辭小讓			講禮節也不必在於那麼客氣
刀俎	dāo zǔ	（名）	切肉的刀和砧板 (zhēn bǎn) carving knife and chopping block
人為刀俎，我為魚肉			to be meat on somebody's chopping block — to be at somebody's mercy
何辭為？			還告甚麼辭呢？（見本課《虛詞與句型》）
操	cāo	（動）	帶 to bring。何操：帶了些甚麼（禮物）What did you bring as gifts?
白璧一雙 bái bì yì shuāng		（名）	一對玉璧 a pair of white jade pendants
玉斗一雙 yù dǒu yì shuāng		（名）	一對玉杯 a pair of jade wine cups
會	huì	（副）	正碰上 happen to be
獻	xiàn	（動）	送，奉獻 to present (a gift)
相去	xiāng qù	（動語）	相距，距離 apart; away from

置	zhì	（動）	留下 to leave
車騎	chē jì	（名語）	（來時所坐的）車和（跟隨的一百多）騎士 carriages and horsemen
脫身	tuō shēn	（動語）	擺脫（當時的場合）get free; extricate oneself
夏侯嬰 Xià Hóu yīng		（名）	劉邦的部將 one of Liu Bang's military officers
靳強	Jìn Qiáng	（名）	劉邦的部將 one of Liu Bang's military officers
紀信	Jì Xìn	（名）	劉邦的部將 one of Liu Bang's military officers
酈山	Lí shān	（名）	山名，在今陝西臨潼縣東南 Mount Li
道	dào	（名）	（名詞動用）取道，經過 by way of; via
芷陽	Zhǐ yáng	（名）	地名，在今陝西省長安縣東 place name
間行	jiàn xíng	（動語）	抄小道走 take a shortcut
度	duó	（動）	估計 to reckon
度我至軍中，公乃入			（你暫且留在外邊）估計我已經到了軍中，再進去（見項王）

　　沛公已去，間至軍中。張良入，謝曰：“沛公不勝桮杓，不能辭。謹使臣良奉白璧一雙，再拜獻大王足下；玉斗一雙，再拜奉大將軍足下。”項王曰：“沛公安在？”良曰：“聞大王有意督過之，脫身獨去，已至軍矣。”項王則受璧，置之坐上。亞父受玉斗，置之地，拔劍撞而破之，曰：“唉！豎子不足與謀！奪項王天下者，必沛公也。吾屬今為之虜矣！”沛公至軍，立誅殺曹無傷。

不勝	bù shēng	（動語）	受不了，禁受不了 be physically incapable of coping with
桮杓	bēi sháo	（名）	酒的代稱 here: wine

650

不勝桮杓			酒量有限，已經醉了。
沛公安在？			沛公在哪裡？"安"，疑問代詞，作介詞 "在"的賓語。
聞	wén	（動）	聽說 to hear
督過	dū guò	（動語）	責備 to reprove
豎子	shù zǐ	（名語）	沒用的小子 lad; a good-for-nothing
不足與謀 bù zú yǔ móu		（動語）	不配跟他商量大事
奪	duó	（動）	奪去，拿走 to snatch
吾屬	wǔ shǔ	（代）	我們這些人
為	wèi	（介）	被，表示被動
立	lì	（副）	立刻 immediately
誅殺	zhū shā	（動語）	殺 to execute (a person)

651

常用詞

宴 霸 貪 固 要 約 忍 虜 迫 賜
叛 誅 辭 操 脫

1. 宴　形容詞
安逸 (ān yì, easy and comfortable)，安閑 (ān xián, peaceful and carefree)

宴安酖 (zhèn) 毒，不可懷也。　　《左傳・閔公元年》
—— 貪圖安逸等於喝毒酒自殺，這種情形是不可留戀的。

宴安酖毒　　（成語）
(yàn ān zhèn dú, seeking pleasure is like drinking poisoned wine)

名詞　宴會 (banquet; feast)

今日良宴會，歡樂難具陳。《古詩十九首》
—— 今天有熱鬧的宴會，大家的歡樂難以一一述說。

2. 霸　名詞／動詞
諸侯的盟主 (chief of feudal princes)；做諸侯的盟主 —→ 稱霸
(seek hegemony)

春秋五霸。
—— 春秋時代的五個諸侯盟主（齊桓公、晉文公、宋襄公、秦穆公、楚莊王）。

652

管仲以其君霸。　　《孟子·公孫丑上》

— 管仲使他的國君成為諸侯的盟主。

誠如是則霸業可成。　　諸葛亮《草盧對》

— 如果真能如此，那麼可以成就稱霸的事業。

註：古代的"霸"字沒有蠻橫不講理的意義。現代漢語中有"霸道"(bà dào, overbearing; high-handed) 這個詞。強烈的藥或酒也可形容為"霸道" (of liquor, medicine, etc.) strong; potent。

3. 貪　　動詞

求多，不知足

貪於財貨，好美姬。

— 貪求錢財貨物，喜愛美女。

貪得無厭　　（成語）

(tān dé wú yàn, be insatiably avaricious)

貪小失大　　（成語）

(tān xiǎo shī dà, covet a little and lose a lot; seek small gains, but incur big losses)

貪多嚼不爛　　（俗語）

(tān duō jiáo bu làn, bite off more than one can chew)

4. 固　　副詞

確實；本來，原來；難道

固不如也，且為之奈何？

—確實比不上（項羽的軍隊），將如何對付這件事呢？

此固國家之珍而社稷之佐也！　　《墨子·尚賢上》

—這確實是國家的寶貝財富，社稷的好助手啊！

夫天地之生萬物也，固有餘足以食人矣。《荀子·富國篇》

—天地生長萬物，本來就有多餘的東西足以供養人們。

賢者之為人臣也，其君不賢，則固可放與？

《孟子·盡心上》

—賢人作為臣屬，他的君主即使不好，難道可以放逐嗎？

動詞　安守 (ān shǒu, be content with)

君子固窮。　　《論語·衛靈公》

—君子安守貧困。

形容詞

堅固 (jiān gù, firm; solid; strong)，固執 (gù zhí, stubborn)

戰不勝，守不固，此無法之所生也。　　《商君書·弱民》

—作戰不能獲勝，防守不能堅固，這是由於沒有（推行）法治所產生的結果。

汝心之固，固不可徹。　　　《列子‧湯問》

— 你思想固執，固執得不能改變。

5. 要　　動詞

讀 yāo，要求 (yāo qiú, ask; demand)，要挾 (yāo xié, threaten)

張良出，要項伯。

— 張良出去，邀請項伯進來。

臧武仲以防求為後於魯，雖曰不要君，吾不信也。

《論語‧憲問》

— 臧武仲（人名）據守他的封地防城（地名），請求
替（他）在魯國立後代，雖然人家說他不是要挾君主，
我是不相信的。

6. 約　　名詞／動詞

約定，盟約，約束，簡明

沛公奉卮酒為壽，約為婚姻。

— 劉邦奉上一杯酒，祝（項伯）長壽，和項伯約定
結為兒女親家。

懷王與諸將約曰：“先破秦入咸陽者王之。”

— 懷王曾和諸將約定：“先打敗秦軍進入咸陽的人
封為關中王。”

匈奴數和親，而常先犯約。　　《鹽鐵論·和親》

—匈奴多次與漢朝結親和好，可是經常首先撕破和親時所訂的盟約 (treaty of alliance)。

亦嘗約之以制度。　　　　王安石《上皇帝萬言書》

—也曾經靠制度來約束 (yuē shù, keep within bounds) 他們。

約而詳　　《荀子·強國》

—簡明而詳盡。

約定俗成　　　（成語）

(yuē dìng sú chéng, accepted through common practice)

7. 忍　　形容詞　狠心，殘忍

君王為人不忍。

—君王處世待人不狠心。

爽見董卓忍暴滋甚，必危社稷。　　《後漢書·荀爽傳》

—我（荀爽，人名）見到董卓（人名）殘忍 (cán rěn, ruthless) 暴虐 (bào nuè, brutal) 越來越厲害，一定會危害國家。

8. 虜　　動詞／名詞　　俘虜

不者，若屬皆且為所虜。
— 不這樣的話，你們都將會被他所俘虜。

斬首捕虜十餘萬。　　　《鹽鐵論・誅秦》
— 殺敵並捉到俘虜十多萬人。

9. 迫　　形容詞／動詞　　危急，逼迫

此迫矣。
— 這太危急了。

迫不急待　　　（成語）

(pò bù jí dài, unable to hold oneself back)

迫劫萬民，伐殺無罪。　　　《漢書・吳王濞傳》
— 逼迫 (bī pò, compel) 搶奪人民（財物），攻擊
濫殺沒有罪的人。

10. 賜　　動詞　　賞賜，恩惠

漢王賜良金百溢。　　　《史記・留侯世家》
— 劉邦賞賜張良（人名）一百溢黃金。

註："溢"通"鎰"，重量單位，合二十兩或二十四兩。

民到於今受其賜。　　　《論語・憲問》
— 民眾到現在還受他的恩惠 (ēn huì, favor; bounty)。

11. 叛　動詞　叛離

秦王有虎狼之心，……天下皆叛之。

—— 秦王有像虎狼一樣兇狠殘暴的本性，
……天下人都反對他，叛離他。

眾叛親離　　（成語）

(zhòng pàn qīn lí, be opposed by the masses and deserted by one's followers)

叛變投敵　　（熟語）

(pàn biàn tóu dí, turn traitor and go over to the enemy)

12. 誅　動詞　殺，討伐

欲誅有功之人。

—— 想要誅殺有功勞的人。

故興兵誅之，虜其王。　《史記‧秦始皇本紀》
—— 所以用軍隊討伐 (tǎo fá, send armed forces to suppress)
他們，俘虜了他們的首領。

口誅筆伐（成語）

(kǒu zhū bǐ fá, condemn both in speech and in writing)

13. 辭　動詞／名詞
　　推辭，告別，說

　　　　卮酒安足辭？
　　　　—一杯酒哪裡值得推辭（不接受）。

　　　　固辭不受。　　曹操《讓縣自明本志令》
　　　　—堅決推辭不接受。

　　　　停數日，辭去。　　陶潛《桃花源記》
　　　　—停留了幾天之後，就告別 (part from; leave) 離開。

　　　　請辭於軍。　　柳宗元《段太尉逸事狀》
　　　　—請讓我對軍隊說一說。

　　註：“辭”和“詞”在“言詞”這個意義上是同義詞。古代一般只說
“辭”，不說“詞”。漢代以後逐漸用“詞”代替了“辭”。

14. 操　動詞／名詞
　　帶，拿著，掌握，品德

　　　　大王來何操？
　　　　—您（劉邦）來的時候，帶了甚麼（禮物）？

　　　　操吳戈兮被犀甲。　　屈原《九歌・國殤》
　　　　—手裡拿著吳國製造的長槍，身上穿著牛皮製成的鎧甲。

操生殺之柄。　《韓非子・定法》
— 掌握 (zhǎng wò, take into one's hands; control) 生殺的權力。

欲觀隱者之操。　　王充《論衡・知實》
— 要觀察退隱的人的品德 (pǐn dé, personal integrity)。

操之過急　　　（成語）
(cāo zhī guò jí, act with undue haste)

15. 脫　動詞　脫離，脫去

脫身獨騎。
— 脫離危險的（宴會）獨自騎馬（逃走）。

脫吾帽，向君笑。　　李白《扶風豪士歌》
— 脫去 (take off) 我的帽子，對您微笑。

虛詞與句型

1. 於　　介詞

(1) "於" introduces the person or thing related to the action.

沛公左司馬曹無傷使人言於項羽曰……

— 劉邦的左司馬曹無傷派人向項羽報告說……

(2) "於" introduces the object of the verb. "於" has no necessary counterpart in modern Chinese.

沛公居山東時，貪於財貨，好美姬。

— 劉邦在山東的時候，貪戀錢財貨物，喜好
美麗的侍妾。

(3) "於" is placed after an adjectival predicate indicating comparison.

沛公曰："孰與君少長 (zhǎng)？"曰："長於君。"

— 劉邦說："項伯跟你比，年齡誰大誰小？"張良說：
"他比我大。"

(4) "於" indicates the place where an action takes place or something exists.

若入前為壽，壽畢，請以劍舞，因擊沛公於坐。

— 你進去上前敬酒，敬完酒，請求舞劍（助興），
趁機把沛公殺死在座位上。

661

2. 省略賓語 Omission of Object

(1)　旦日饗士卒，為〔　〕擊破沛公軍。

（介詞"為"後省略了指代項羽自己的賓語。）

——明天早上用酒食慰勞士兵，給我打敗劉邦的軍隊。

(2)　私見張良，具告〔　〕以事。

（動詞"告"後省略了指代張良的賓語。）

——（項伯）私下裡會見張良，把事情全告訴了他。

(3)　毋從〔　〕俱死也。

（動詞"從"後面省略了指代劉邦的賓語。）

——不要跟著劉邦一起去死啊！

(4)　沛公今事有急，亡去不義，不可不語〔　〕。

（動詞"語"後面省略了指代劉邦的賓語。）

——現在沛公有危急的情況，我要逃走就是不守信義，我不能不把事情告訴他。

(5)　君為我呼〔　〕入，吾得兄事之。

（動詞"呼"後面省略了指代項伯的賓語。）

——你替我請項伯進來，我要把他當做兄長對待。

662

3. 奈何　　　固定結構

(1) 用反問的方式表示沒有辦法。相當於"怎麼辦"(What to do now? What then?)。

為　　　之　　　奈何？　　　（"之"指上面說的事。）
|prep　　pron|　　P
　　　S

—對這件事怎麼辦？

王曰："取吾璧，不予我城，奈何？"

《史記・廉頗藺相如列傳》

—趙王說："取去我們的璧 (bì, a piece of jade with a round hole in it)，不把城給我們，怎麼辦？"

"奈何"這個詞在現代漢語中還用，例如：

無可奈何　　　（成語）
(wú kě nài hé, be utterly helpless)

徒喚奈何　　　（成語）
(tú huàn nài hé, utter vain cries)

(2) 用反問的方式表示"如何"(how)、"為甚麼"(why) 或"幹嗎"(why)，在句中用作狀語。

民不畏死，奈何以死懼之？
—老百姓不怕死，為甚麼要拿死來威嚇他們？
(The people fear not death, why threaten them with it?)

663

(3)“奈何”的中間加代詞或不知該怎樣處置的事，構成“奈……何”句型，一般相當於“對……該怎麼辦”、“拿……怎麼辦”。

無奈我何。

— 不能把我怎麼辦。

其奈我何？

(What can they do to me?)

吾城郭已治，守備已具，錢粟已足，甲兵有餘，
吾奈無箭何？　　　　　　　《韓非子·十過》

— 我已經把城池修治完工，具備了防守戒備的條件，糧餉已經足夠，軍隊也有多餘，只是我對沒有箭該怎麼辦呢？

4.孰與　　　固定結構

“孰”是疑問代詞，“與”是介詞。“孰與”表示比較，作謂語的中心成份，相當於“跟……比，誰……”。

主語 ＋ 孰與 ＋ 補語（名／名詞短語／代＋形）

（項伯）　孰與　　君少長？

—（項伯）跟你比，年齡誰大誰小？

(Is he [Xiang Bo] older or younger than you?)

吾　　孰與　徐公　美？　　　《戰國策・齊策》
— 我跟徐公比，誰（哪個）漂亮？

這個結構可以轉換如下：

吾　與　徐公　　孰　美？（這裡"美"成了形容詞謂語）

趙孰與秦大？　　《戰國策・秦策》
— 趙國跟秦國比，哪個大？

5. 所以……者　名詞性結構

表示產生某種行動的原因，相當於"……的原因"(the reason why . . .)*

所以遣將守關者，備他盜之出入與非常也。
— 派遣將領把守函谷關的原因，是為了防備其他盜賊的
出入和發生意外。

吾所以為此者，以先國家之急而後私仇也。
　　　　　　　　　　　　《史記・廉頗藺相如傳》
— 我這樣做的原因，是因為把國家的急難放在前面
而把個人的私仇放在後面。

---

*據《馬氏文通・卷二》："凡所以者之句，皆原其故也。"

6. 何以　　　介賓結構

"何"是疑問代詞，作介詞"以"的賓語。因為賓語前置，所以"何以"就是"以何"。這個結構經常用作狀語，用法要看介詞"以"的詞義是甚麼，來決定其意義。一般可分為兩類。

(1) 介詞"以"作"因為"講，"何以"相當於"為甚麼"。

此沛公左司馬曹無傷言之，不然，籍何以至此。
—— 這是你的左司馬曹無傷說的，不然的話，我
為甚麼會到這樣的地步。（請參考下面第 (2) 項的例句）

《春秋》何以始乎隱？　　　《公羊傳·哀公十四年》
—— 《春秋》這本書為甚麼從魯隱公開始？

晉平公曰："后子富如此，何以自亡？"《史記·秦本紀》
—— 晉平公說："后子（人名）這麼富有，為甚麼
自己還要出亡他國？"

(2) 介詞"以"作"用"講，"何以"相當於"用甚麼"或"靠甚麼"。

問何以戰？　　　　《左傳·莊公十年》
—— 問靠甚麼來作戰？

苟無歲，何以有民？苟無民，何以有君？《戰國策·齊策四》
—— 如果沒有莊稼的收獲，靠甚麼有人民？如果沒有
人民，靠甚麼有國君？

這個意義的 "何以" 有時按照上下文，譯成 "怎麼" 會更加通順。例如：

苟無民，何以有君？　　　　　《戰國策・齊策四》
——如果沒有人民，怎麼會有國君呢？

何以知其然也？　　《戰國策・秦策四》
——怎麼知道它是這樣的呢？

　　在上頁第(1)項中，本課例句 "此沛公左司馬曹無傷言之。不然，籍何以至此"，如果譯成 "這是沛公左司馬曹無傷說的，不然的話，我怎麼會到這樣的地步" 似乎更為通順。

　　介詞 "以" 的詞義眾多，譯成現代漢語有 "用"、"憑"、"把"、"按"、"靠" 或 "因" 等。應注意上下文，辨別詞義，加以活用。下面有幾個常見例句的英譯，請參考。

何以見得？
(hé yǐ jiàn dé, What makes you think so?)

何以自解？
(hé yǐ zì jiě, How can you explain yourself?)

何以自處？
(hé yǐ zì chǔ, How can one explain [what one has done that has caused trouble or harm to others]?)

何以言之？
(hé yǐ yán zhī, What is the meaning of this?)

667

此沛公左司馬曹無傷言之。不然，籍何以至此？

("It is your own marshal of the left, Ts'ao Wu-shang,
who has been doing the talking," replied Hsiang Yu.
"If it were not for him, how would I ever have doubted
you?")

— tr. Burton Watson

7. 為……所……　　被動句式

用介詞"為"和結構代詞"所"構成的被動句式是文言中被動句的一
種，而且有不同的變化格式。

(1) 為……所……　　to be + past participle

曹無傷為沛公所殺。　　（作者擬句）
— 曹無傷被沛公殺死

(Cao Wushang was killed by Liu Bang.)

夫直議者不為人所容。　　《韓非子·外儲說左下》
— 那些言論率直的人不被人們容納。

高祖擊布時，為流矢所中。　《史記·高祖本紀》
— 漢高祖劉邦攻擊黥布（人名）的時候，被飛來的箭射中。

這種"為……所……"的結構在戰國末期有時可以見到，到漢代才普遍
使用。不但如此，這個結構一直沿用到現代的書面語中。

668

(2)　為所

　　我們說“為……所……”的結構特點是，“為”引進施動者，“所”複指前面的受動者。但“為”後面的施動者可以省略，就成了“為所”。像本課中的例句：

　　不者，若屬皆且為所虜。
　　— 不這樣的話，你們都將被（沛公）俘虜。

(3)　為

　　在動詞前只用一個“為”(aux. v) 字，還是表示被動。

　　父母宗族，皆為戮 (lù) 沒。　《史記‧刺客列傳》
　　— 父母和同族人都被殺死。

8. 何……為　　固定結構

　　“何”是疑問代詞，意思是“為甚麼”；“為”在這裡是語氣詞，跟“何”配合，表示反詰。

　　何辭為？
　　— 為甚麼要告辭呢？／幹嗎要告辭？

　　吾所爭，周人所恥，何往為？　　《史記‧周本紀》
　　— 我們所爭的，是周人所不恥的，為甚麼還去呢？

"何為" (hé wèi) 在一起，是介賓結構，用作狀語，表示原因或反問，意思還相當於"為甚麼"。

　　　　　　夫子何為誅之？　　《韓非子・外儲說右上》
　　　　　　‥
　　　　— 夫子為甚麼殺他？
　　　　　　　‥‥

　　　　　　多多益善，何為為我禽？　　《史記・淮陰侯傳》
　　　　　　　　　‥‥
　　　　— 越多越好，為甚麼被我捉住呢？
　　　　　　　　‥‥

練習

I. 請用下列詞語及句型造句：

    1. 霸權   2. 貪小失大

    3. 難道   4. 固執

    5. 要   6. 約

    7. 眾叛親離   8. 口誅筆伐

    9. 操之過急   10. 無可奈何

    11. 所以……者   12. 何以

    13. 為……所……

II. 作文：鴻門宴 (Write a story describing similar situations)

垓下之戰

這是《史記・項羽本紀》末尾的一段。垓下之戰是楚漢相爭的最後一戰，描寫項羽兵敗，在烏江自殺。司馬遷在最後有一段"太史公曰"，是對項羽及其一生事跡的總評。這段文字叫做"論贊"，司馬遷是在紀傳體作品中加上"論贊"的首創者。

太史公	a title for the greatest Chinese historian, Sima Qian, and his father Sima Tan, also a historian
論讚	lùn zàn, appraising remarks conventionally placed at the end of a biography in history books
首創者	shǒu chuàng zhě, initiator

項王軍壁垓下，兵少食盡，漢軍及諸侯兵圍之數重。夜聞漢軍四面皆楚歌，項王乃大驚曰："漢皆已得楚乎？是何楚人之多也？"項王則夜起，飲帳中。有美人名虞，常幸從，駿馬名騅，常騎之。於是項王乃悲歌慷慨，自為詩曰："力拔山兮氣蓋世，時不利兮騅不逝。騅不逝兮可奈何，虞兮虞兮奈若何！"歌數闋，美人和之。項王泣數行下，左右皆泣，莫能仰視。

於是項王乃上馬騎，麾下壯士騎從者八百餘人，直夜潰圍南出，馳走。平明，漢軍乃覺之，令騎將灌嬰以五千騎追之。項王渡淮，騎能屬者百餘人耳。項王至陰陵，迷失道，問一田父，田父紿曰："左"。左，乃陷大澤中。以故漢追及之。項王乃復引兵而東，至東城，乃有二十八騎。漢騎追者數千人。

項王自度不得脫。謂其騎曰："吾起兵至今八歲矣，身七十餘戰，所當者破，所擊者服，未嘗敗北，遂霸有天下。然今卒困於此，此天之亡我，非戰之罪也。今日固決死，願為諸君快戰，必三勝之，為諸君潰圍，斬將，刈旗，令諸君知天亡我，非戰之罪也。"乃分其騎以為四隊，四嚮。漢軍圍之數重。項王謂其騎曰："吾為公取彼一將。"令四面騎馳下，期山東為三處。

於是項王大呼馳下，漢軍皆披靡，遂斬漢一將。是時，赤泉侯為騎將，追項王，項王瞋目而叱之，赤泉侯人馬俱驚，辟易數里，與其騎會為三處。漢軍不知項王所在，乃分軍為三，復圍之。項王乃馳，復斬漢一都尉，殺數十百人，復聚其騎，亡其兩騎耳。乃謂其騎曰：「何如？」騎皆伏曰：「如大王言。」

於是項王乃欲東渡烏江。烏江亭長檥船待，謂項王曰：「江東雖小，地方千里，眾數十萬人，亦足王也。願大王急渡。今獨臣有船，漢軍至，無以渡。」項王笑曰：「天之亡我，我何渡為！且籍與江東子弟八千人渡江而西，今無一人還，縱江東父兄憐而王我，我何面目見之？縱彼不言，籍獨不愧於心乎？」乃謂亭長曰：「吾知公長者。吾騎此馬五歲，所當無敵，嘗一日行千里，不忍殺之，以賜公。」乃令騎皆下馬步行，持短兵接戰。獨籍所殺漢軍數百人。項王身亦被十餘創。顧見漢騎司馬呂馬童，曰：「若非吾故人乎？」馬童面之，指王翳曰：「此項王也。」項王乃曰：「吾聞漢購我頭千金，邑萬戶，吾為若德。」乃自刎而死。

太史公曰：「吾聞之周生曰『舜目蓋重瞳子』，又聞項羽亦重瞳子。羽豈其苗裔邪？何興之暴也！夫秦失其政，陳涉首難，豪傑蜂起，相與並爭，不可勝數。然羽非有尺寸，乘埶起隴畝之中，三年，遂將五諸侯滅秦，分裂天下，而封王侯，政由羽出，號為『霸王』，位雖不終，近古以來未嘗有也。及羽背關懷楚，放逐義帝而自立，怨王侯叛己，難矣。自矜功伐，奮其私智而不師古，謂霸王之業，欲以力征經營天下，五年卒亡其國，身死東城，尚不覺寤而不自責，過矣。乃引『天亡我，非用兵之罪也』，豈不謬哉！」

【譯文】

　　這時，項王的部隊駐扎在垓下，兵少糧盡，被漢軍和諸侯的軍隊重重包圍。有一晚，聽到漢軍從四面八方唱起楚國的歌，項王大吃一驚，說：“漢軍已經奪取楚國了嗎？為甚麼會有這麼多的楚國人！”項王當夜起來，在中軍帳里借酒澆愁。有一位名叫虞的美人兒，隨軍陪伴；駿馬名叫騅，也常騎乘。項王悲壯地唱起自己剛寫的詞：“力拔山啊，氣蓋世。天時不利，騅不可遠馳。騅不遠馳可怎麼辦？虞啊虞，你說該怎麼辦啊！”他唱了幾遍後，虞美人也即席奉和。項王不禁潸然淚下，左右侍尉也都感慨落淚，唏噓不已。

　　於是，項王飛身上馬，八百多騎士跟從著他，不消半晚，便殺出重圍，向南直奔而去。天亮的時候，漢軍才發覺項王突圍了，即派騎將灌嬰率領五千人馬追趕。項王渡過淮水後，部下只剩一百多人。項王趕到淮陰，迷了路。問一個老農，老農騙他說：“往左走。”向左走竟陷入泥沼地帶。因此，漢軍追上了他。項王又帶領部下向東，走到東城。這時，身邊只剩二十八個騎士，而漢軍的追兵卻有幾千人。

　　項王知道再也無法脫身，便對騎士們說：“我從起兵到今天，已經八年，親自打過七十多場仗，戰無不勝，所向披靡，從沒打過敗仗，於是才稱霸天下。但如今竟困在此地。這分明是天要亡我，而不是作戰的罪過。今天當然要決以死戰，我願為各位痛痛快快再戰一次。我必定連勝漢軍三次，衝散包圍，殺死漢軍將領，砍倒幾杆司令旗，讓各位知道，是天要亡我，不是作戰的罪過。”說罷，項王把部下分成四小隊，四個方向。此時，漢軍已把項王重重圍住。項王對騎士們說：“我要為你們殺那邊一個帶兵的。”隨即，他命令騎士們向四個方向急馳而下，衝到山的東面，然後分三處會合。

　　於是項王大呼，奔馳而下，漢軍嚇得紛紛退卻，果然斬了一個將領。這時，漢騎將赤泉侯楊喜正追趕項王，項王怒目大喝一聲，楊喜嚇得人仰馬翻，漢軍連連退卻幾里。項王與騎士們在三處安然會合。漢軍分不清項王在哪裡，就兵分三路包圍上來。項王再次衝擊，又斬漢軍一個都尉，殺了上百個漢兵。項王重新與他的部下會合，只有兩個騎士傷亡。於是他問部下：“怎麼樣？”騎士們都五體投地，說：“大王的話一點兒沒錯。”

　　項王想渡過烏江。烏江亭長泊著一隻船，在岸邊等待，他對項王說：“江東雖然狹小，但方圓千里，人口幾十萬，也足夠稱王治理了。請大王趕快渡江。現在只有臣有這隻船，漢軍趕到，也無法渡江。”項王笑道：“天要亡我，我還渡甚麼？況且當年我帶領江東八千子弟渡江西征，如今一個人也沒回來。縱使江東父老憐惜我，擁護我做王，我還有甚麼臉再見他們？即使他們不指責甚麼，我難道不慚愧嗎？”隨後，他對亭長說：“我知道您是一位長者，我騎這匹馬，已經五年了，所向無敵。牠曾經一天跑過一千里。我不忍心殺掉，就送給您吧。"於是，項王命騎士下馬步行，用短兵作戰。項王一手殺掉的漢兵就有幾百人，他自己也十幾處負傷。項王回頭見到漢騎司馬呂馬童，說："你不就是我的老朋友嗎？"呂馬童見此，指著他對王翳說："他就是項王！"項王又說："我聽說你們懸賞，得我頭的，賞黃金千斤，封萬戶侯。我就成全你們吧！"於是拔劍自刎。

太史公說："我聽周先生說過，'舜的眼珠是雙瞳仁。'又聽說，項羽也是雙瞳仁。項羽難道是舜的後裔嗎？他興起得多快啊！秦末政治腐敗，陳涉第一個起義發難，豪傑聞風而起，彼此爭戰，數也數不清楚。項羽毫無憑借，只不過在草莽乘勢而起，短短三年，便統率五路諸侯，把秦朝推翻，分疆裂土，封王封侯，把持政權，號稱霸王。雖然最後沒成正果，近古以來，確實是空前的奇跡了！等到項羽違背入關盟約，執意在故鄉建都，放逐義帝，自立為王，卻怨諸王侯背叛他，那便難了。而驕傲自大，居功自傲，自作聰明，不師古法，以為稱霸天下的大業只憑武力，就可以經營治理好一切。僅僅五年光景，便國滅身亡，卻還不覺悟，不肯自責，這就是他的過錯了！至於說'是天要亡我，不是作戰的罪過，'豈不太荒謬嗎？"

討論題：

1. 就《鴻門宴》與《垓下之戰》的內容來看，比較劉邦和項羽在個性及處事上有甚麼不同？
2. 項羽失敗的基本原因是甚麼？
3. 項羽雖然失敗了，但司馬遷還是把他當做一個蓋世英雄來描寫。你自己的看法是甚麼？
4. 一般來說，你喜歡一個英雄，還是一個政治家？為甚麼？
5. 請批評討論最後一段太史公的論贊。

第三十三課

荊軻傳

　　本文記載戰國時遊俠荊軻為燕太子丹刺秦王的經過。雖然功敗垂成，但實為中國歷史上一件驚天動地的事件。司馬遷寫此傳自第三段以下，採自《戰國策‧燕策》。全文分為六段：首段說明荊軻的籍貫和遊歷；第二段敘述秦國併吞諸侯，燕太子丹急謀對策；第三段敘述太子丹把劫刺秦王的任務付託給荊軻；第四段敘述荊軻帶著樊於期的頭顱和燕督亢地圖去秦國的經過；第五段敘述荊軻在秦宮廷刺殺秦王，失敗被殺的情狀；第六段總結秦王滅燕，併吞天下，以及高漸離被殺的故事。

　　這裡選讀的是第四段和第五段，其他各段均以小號字附於課文，作為對故事全盤了解的參考。

功敗垂成	gōng bài chuí chéng, to suffer defeat when victory is within one's grasp
刺	cì, to assassinate
驚天動地	jīng tiān dòng dì, earthshaking
頭顱	tóu lú, head (of the body)
督亢	Dūkàng, place name

【首段】

　　荊軻者，衛人也。其先乃齊人。徙於衛，衛人謂之慶卿；而之燕，燕人謂之荊卿。荊卿好讀書、擊劍，以術說衛元君，衛元君不用。其後秦伐衛，置東郡，徙衛元君之支屬於野王。荊軻嘗游，過榆次，與蓋聶論劍，蓋聶怒而目之。荊軻出，人或言復召荊卿，蓋聶曰："曩者吾與論劍有不稱者，吾目之。試往，是宜去，不敢留。"使使往之主人，荊卿則已駕而去榆次矣。使者還報，蓋聶曰："固去也，吾曩者目攝之！"

【第二段】

荊軻游於邯鄲，魯句踐與荊軻博爭道，魯句踐怒而叱之，荊軻嘿而逃去，遂不復會。荊軻既至燕，愛燕之狗屠及善擊筑者高漸離。荊軻嗜酒，日與狗屠及高漸離飲於燕市。酒酣以往，高漸離擊筑，荊軻和而歌於市中，相樂也，已而相泣，旁若無人者。荊軻雖游於酒人乎，然其為人，沈深好書；其所游諸侯，盡與其賢豪長者相結。其之燕，燕之處士田光先生亦善待之，知其非庸人也。

居頃之，會燕太子丹質秦亡歸燕。燕太子丹者，故嘗質於趙；而秦王政生於趙，其少時與丹驩。及政立為秦王，而丹質於秦；秦王之遇燕太子丹不善，故丹怨而亡歸。歸而求為報秦王者，國小，力不能。其後秦日出兵山東以伐齊、楚、三晉，稍蠶食諸侯，且至於燕。燕君臣皆恐禍之至。太子丹患之，問其傅鞠武，武對曰：「秦地遍天下，威脅韓、魏、趙氏。北有甘泉、谷口之固，南有涇、渭之沃，擅巴、漢之饒，右隴、蜀之山，左關、殽之險，民眾而士屬，兵革有餘。意有所出，則長城之南、易水之北，未有所定也。奈何以見陵之怨，欲批其逆鱗哉？」丹曰：「然則何由？」對曰：「請入圖之。」

【第三段】

居有間，秦將樊於期得罪於秦王，亡之燕，太子受而舍之。鞠武諫曰：「不可。夫以秦王之暴而積怒於燕，足為寒心，又況聞樊將軍之所在乎？是謂委肉當餓虎之蹊也，禍必不振矣！雖有管、晏，不能為之謀也。願太子疾遣樊將軍入匈奴以滅口。請西約三晉，南連齊、楚，北購於單于，其後迺可圖也。」太子曰：「太傅之計，曠日彌久，心惛然，恐不能須臾。且非獨於此也。夫樊將軍窮困於天下。歸身於丹；丹終不以迫於彊秦，而棄所哀憐之交，置之匈奴。是固丹命卒之時也，願太傅更慮之。」鞠武曰：「夫行危欲求安，造禍而求福，計淺而怨深，連結一人之後交，不顧國家之大害，此謂資怨而助禍矣。夫以鴻毛燎於爐炭之上，必無事矣。且以鵰鷙之秦，行怨暴之怒，豈足道哉！燕有田光先生，其為人智深而勇沈，可與謀。」太子曰：「願因太傅而得交於田先生，可乎？」鞠武曰：「敬諾。」出見田先生，道太子願圖國事於先生也。田光曰：「敬奉教。」乃造焉。太子逢迎，卻行為導，跪而蔽席。田光坐定，左右無人，太子避席而請曰：「燕、秦不兩立，願先生留意也。」田光曰：「臣聞騏驥盛壯之時，一日而馳千里；至其衰老，駑馬先之。今太子聞光盛壯之時，不知臣精已消亡矣。雖然，光不敢以圖國事，所善荊卿可使也。」太子曰：「願因先生得結交於荊卿，可乎？」田光曰：「敬諾。」即起，趨出。太子送至門，戒曰："丹所報，先生所言者，國之大事也。願先生勿泄也！"田光俛而笑，曰："諾。"僂行見荊卿，曰："光與子相善，燕莫不知。今太子聞光壯盛之時，不知吾形已不逮也，幸而教之曰：'燕、秦不兩立，願先生留意也。'光竊不自外，言足下於太子也，願足下過太子於宮。"荊軻曰："謹奉教。"田光曰："吾聞之：長者為行，不使人疑之。今太子告光曰：'所言者，國之大事也。願先生勿泄。'是太子疑光也。夫為行而使人疑之，非節俠也。"欲自殺以激荊卿，曰："願足下急過太子，言光已死，明不言也。"因遂自剄而死。荊軻遂見太子，言田光已死，致光之言，太子再拜而跪，膝行，流涕，有頃而後言曰："丹所以誡田先生毋言者，欲以成大事之謀也。今田先生以死明不言，豈丹之心哉！"荊軻坐定，太子避席頓首曰："田先生不知丹之不肖，使得至前，敢有所道，此天之所以哀燕而不棄其孤也。今秦有貪利之心，而欲不可足也；非盡天下之地，臣海內之王者，其意不厭。今秦已虜韓王，盡納其地；又舉兵南伐楚，北臨趙；王翦將數十萬之眾距漳、鄴，而李信出太原、雲中。趙不能支秦，必入臣，入臣則禍至燕。燕小弱，數困於兵，今計舉國不足以當秦。諸侯服秦，莫敢合從。丹之私計，愚以為誠得天下之勇士使於秦，闚以重利，秦王貪，其勢必得所願矣。誠得劫秦王，使悉反諸侯侵地，若曹沫之與齊桓公，則大善矣；則不可，因而刺殺之。彼秦大將擅兵於外，而內有亂，則君臣相疑；以其閒，諸侯得合從，其破秦必矣。此丹之上願，而不知所委命，惟荊卿留意焉。"久之，荊軻曰："此國之大事也。臣駑下，恐不足任使。"太子前頓首，固請毋讓，然後許諾。於是尊荊卿為上卿，舍上舍，太子日造門下，供太牢，具異物，閒進車騎美女，恣荊軻所欲，以順適其意。久之，荊軻未有行意。

【第四段】

秦將王翦破趙，虜趙王，盡收入其地；進兵北略地，至燕南界。太子丹恐懼，乃請荊軻曰："秦兵旦暮渡易水，則雖欲長侍足下，豈可得哉！"荊軻曰："微太子言，臣願謁之。今行而毋信，則秦未可親也。夫樊將軍，秦王購之金千斤，邑萬家。誠得樊將軍首，與燕督亢之地圖，奉獻秦王，秦王必說見臣，臣乃得有以報。"太子曰："樊將軍窮困來歸丹，丹不忍以己之私而傷長者之意，願足下更慮之！"

【註釋】

王翦	Wáng Jiǎn	（名）	人名
虜	lǔ	（動）	俘虜 to take prisoner
略地	luè dì	（動賓）	侵略奪取土地 to seize territories
太子丹	Tàizǐ Dān	（名）	Prince Dan, the heir apparent of Yan 姓姬名丹，戰國燕王姬喜的兒子。
旦暮	dàn mù	（名語）	（名詞用作狀語）早晚，here: 表示時間緊迫 to be pressed for time
易水	Yì shuǐ	（名）	河名 Yi River
侍	shì	（動）	侍奉 to wait upon; to serve
足下	zú xià	（名）	您 (polite form) you
豈	qǐ	（副）	難道（見本課《虛詞與句型》）
微	wēi	（連）	即使沒有 if not . . .
微太子言 ﹅			即使沒有太子說這些話 whether you mention it or not
謁之	yè zhī	（動語）	為這事（刺秦王的事）提出請求 to intend to ask
信	xìn	（名）	信物 means of winning one's confidence
秦	Qín	（名）	指秦王 the King of Qin
親	qīn	（動）	親近 to get close to
樊將軍 Fán jiāng jūn		（名）	姓樊，名於 (wū) 期，秦國的將領，因得罪了秦王，逃到燕國，被燕太子丹收留。 Fan Wuqi, a former general of Qin
購	gòu	（動）	懸賞購買 to offer a reward for the capture of a person. Here: to set a price on Fan Wuqi's head
金千斤	jīn qiān jīn	（名語）	一千斤金 1,000 catties of gold
邑萬家 yì wàn jiā		（名語）	一萬戶的封地 a manor of 10,000 households 在"金千斤、邑萬戶"的前面，省去了介詞"以"。

誠	chéng	（副）	如果真的 if really
首	shǒu	（名）	頭 head
督亢	Dūkàng	（名）	地名，在今河北省固安縣西南 place name
說	yuè	（形）	通"悅"。高興 to be delighted
有以	yǒu yǐ		（固定結構）有辦法…… （見本課《虛詞與句型》）
報	bào	（動）	here: 報命；執行計劃 to carry out a plan; to complete a mission
以己之私 yǐ jǐ zhī sī		（介語）	因為個人的事 for the sake of one's own personal affairs
以	yǐ	（介）	（見本課《虛詞與句型》）
傷長者之意 shāng zhǎng zhě zhī yì		（動語）	傷害長輩（指樊於期）的感情，辜負長輩的信任 to hurt an elder's feeling; to betray the trust of a venerable elder
更	gèng	（副）	另外 other
慮	lù	（動）	考慮 to consider
更慮之			想想另外的辦法 to think of some other plan

　　荊軻知太子不忍，乃遂私見樊於期曰："秦之遇將軍可謂深矣，父母宗族皆為戮沒。今聞購將軍首金千斤，邑萬家，將奈何？"於期仰天太息流涕曰："於期每念之，常痛於骨髓，顧計不知所出耳！"荊軻曰："今有一言可以解燕國之患，報將軍之仇者，何如？"於期乃前曰："為之奈何？"荊軻曰："願得將軍之首以獻秦王，秦王必喜而見臣。臣左手把其袖，右手揕其胸；然則將軍之仇報，而燕見陵之愧除矣。將軍豈有意乎？"樊於期偏袒扼腕而進曰："此臣之日夜切齒腐心也，乃今得聞教！"遂自剄。太子聞之，馳往伏屍而哭，極哀。既已不可奈何，乃遂盛樊於期首函封之。

乃	nǎi	（副）	於是 therefore（見本課《虛詞與句型》）
遂	suì	（副）	就
私	sī	（副）	私下 in private
遇	yù	（動）	對待 to treat
深	shēn	（形）	here: 殘酷 cruel; harsh（見本課《常用詞》）
宗族	zōng zú	（名）	同姓的家族 family
為	wéi	（介）	被
戮	lù	（動）	殺 to kill; to slay
沒	mò	（動）	沒收 to take possession of
奈何	nài hé	（介賓）	怎麼辦
仰天太息 yǎng tiān tài xī		（動語）	仰頭朝著天長嘆 to look up to heaven and breathe a deep sigh
痛入骨髓 tòng rù gǔ suǐ		（形）	恨到極點 to hate to the very marrow of one's bones
顧	gù	（連）	只是，不過 but
計不知所出			想不出報讎的計策
乃	nǎi	（副）	就（見本課《虛詞與句型》）
把其袖	bǎ qí xiù	（動語）	拉住他的衣袖 to seize someone's sleeve
揕其胸 zhèn qí xiōng		（動語）	（用匕首）刺他的胸部 to stab someone in the chest
見陵	jiàn líng	（動語）	被欺侮 to be treated high-handedly（見本課《虛詞與句型》）
愧	kuì	（名）	恥辱 shame
豈	qǐ	（副）	是否（見本課《虛詞與句型》）
偏袒	piān tǎn	（動語）	脫下一隻衣袖，露出一條手臂 to bare one's shoulder and expose one arm
扼腕	è wàn	（動語）	緊握手腕 to grip one's wrist "偏袒扼腕"是表示決心的一種動作 (a gesture of determination)
切齒	qiè chǐ	（動語）	咬牙 to gnash one's teeth
腐心	fǔ xīn	（動語）	痛心 to eat out one's heart; to be pained

乃今	nǎi jīn	（名）	（時間名詞）現在 now
聞教	wén jiào	（動語）	聽到教導 to instruct what to do
自剄	zì jǐng	（動語）	自刎 (wěn) to commit suicide by cutting one's throat
盛	chéng	（動）	裝 to pack
函封	hán fēng	（動語）	裝在盒子裡封閉起來 to seal in a box

　　於是太子豫求天下之利匕首，得趙人徐夫人匕首，取之百金。使工以藥焠之，以試人，血濡縷，人無不立死者。乃為裝遣荊卿。燕國有勇士秦舞陽，年十三，殺人，人不敢忤視。乃令秦舞陽為副。荊軻有所待，欲與俱；其人居遠未來，而為治行，頃之未發。太子遲之，疑其改悔，乃復請曰："日已盡矣，荊卿豈有意哉？丹請得先遣秦舞陽。"荊軻怒，叱太子曰："何太子之遣！往而不反者，豎子也。且提一匕首入不測之強秦，僕所以留者，待吾客與俱。今太子遲之，請辭決矣！"遂發。太子及賓客知其事者，皆白衣冠以送之。至易水之上，既祖，取道。高漸離擊筑，荊軻和而歌，為變徵之聲，士皆垂淚涕泣。又前而歌，曰："風蕭蕭兮易水寒，壯士一去兮不復還！"復為羽聲慷慨。士皆瞋目，髮盡上指冠。於是荊軻就車而去，終已不顧。

豫	yù	（副）	通"預"。預先 in advance
利	lì	（形）	鋒利 sharp
匕首	bǐ shǒu	（名）	短劍 a dagger
徐夫人	Xú fū rén	（名）	人名
以藥淬之 yǐ yào cuì zhī		（動語）	用毒藥染漬 (zì) 它（匕首）to temper the blade with poison
濡	rú	（動）	沾溼 to moisten
縷	lǚ	（名）	絲線 a silk thread

683

血濡縷	xuè rú lǚ	（主謂）	血只滲出一點兒 (the dagger) only draw a little bit of blood
為裝 wéi zhuāng		（動語）	治裝，準備行李 to purchase things necessary for a journey
遣	qiǎn	（動）	派遣（荊軻）上路 to send (Jing Ke) on his mission
秦舞陽	Qín Wǔyáng	（名）	人名
忤視	wǔ shì	（動語）	用對抗的眼光看他 to look at someone crossly
為副	wéi fù	（動語）	做副手（助手） to act as an assistant
有所待	yǒu suǒ dài	（動語）	等待著另一個人 to wait for another person
欲與俱	yù yǔ jù	（動語）	"與"後面省去了賓語"之"。欲與俱：想要跟（他）一起（去）to wish to go with someone
頃之	qǐng zhī	（名）	（時間名詞）過了些時候
發	fā	（動）	出發 to set off
遲之	chí zhī	（動語）	嫌他動身晚了 to fret at someone's delay
豈	qǐ	（副）	難道（見本課《虛詞與句型》）
叱	chì	（動）	呵斥 to roar angrily
何太子之遣			為甚麼太子要先派遣（秦武陽）Why you want to send (Qin Wuyang) on ahead?
往而不反者 wǎng ér bù fǎn zhě		（名語）	"反"通"返"。去了而不能回來復命的人
豎子	shù zǐ	（名）	小子；沒有出息的人 a good-for-nothing
往而不反者，豎子也			（判斷句）去了而不能回來復命 (fù mìng, to report to a superior after completing an assigned mission) 的，是沒有出息的人。
不測	bú cè	（動語）	兇險不可預測 dangerous and unpredictable
辭決	cí jué	（動語）	"決"通"訣"。告別 to take leave
白衣冠 bái yī guān		（動語）	穿白衣，戴白帽 to put on white robes and hats

祖	zǔ	（動）	祭祀路神 to offer sacrifice to the god of the road
取道	qǔ dào	（動語）	上路 to set out on a journey
高漸離	Gāo Jiànlí	（名）	人名。Jing Ke's good friend
筑	zhú	（名）	一種竹製的樂器 a kind of ancient string instrument
和而歌	hè ér gē	（動語）	應和著（筑聲）唱歌 to join in with a song
變徵	biàn zhǐ	（名）	"變徵" 是古代七音之一 (one of the seven notes of the scale)，一種淒涼悲切的音調 (a tune in the mournful mode)
垂淚涕泣 chuí lèi tì qì		（動語）	流下眼淚哭泣 tears streaming from the eyes
蕭蕭	xiāo xiāo	（象聲詞）	風聲 the sound of the wind
兮	xī	（語）	（語气詞）a particle of pause used in poetry
易水寒	Yì shuǐ hán	（主謂）	The Yi's waters are cold
壯士	zhuàng shì	（名）	勇士 the brave men
一去	yí qù	（動語）	一旦離去 once gone
不復返	bú fù huán	（動語）	不再回還 never come back again
復	fù	（副）	又 again
為	wéi	（動）	發出 to send forth
羽聲	yǔ shēng	（名）	古代七音之一，是一種悲壯激昂的音調 a solemn and stirring tune
慷慨	kāng kǎi	（形）	激昂 impassioned; vehement
瞋目	chēn mù	（動語）	睜大眼睛，怒目而視 to look with angry eyes
髮盡上指冠 fǎ jìn shàng zhǐ guān		（動語）	頭髮都向上豎起頂著帽子 the hair bristles beneath the caps — intense anger
就車	jiù chē	（動語）	上車 to mount a carriage
終己不顧 zhōng yǐ bú gù		（動語）	始終沒有回頭看 never once turning one's head and looking back

【第五段】

遂至秦，持千金之資幣物，厚遺秦王寵臣中庶子蒙嘉。嘉為先言於秦王曰："燕王誠振怖大王之威，不敢舉兵以逆軍吏，願舉國為內臣，比諸侯之列，給貢職如郡縣，而得奉守先王之宗廟。恐懼不敢自陳，謹斬樊於期之頭，及獻燕督亢之地圖，函封，燕王拜送于庭，使使以聞大王。唯大王命之。"秦王聞之，大喜，乃朝服，設九賓，見燕使者咸陽宮。

荊軻奉樊於期頭函，而秦舞陽奉地圖匣，以次進。至陛，秦舞陽色變振恐，群臣怪之。荊軻顧笑舞陽，前謝曰："北番蠻夷之鄙人，未嘗見天子，故振慴。願大王少假借之，使得畢使於前。"秦王謂軻曰："取舞陽所持地圖。"軻既取圖奏之。秦王發圖，圖窮而匕首見。因左手把秦王之袖，而右手持匕首揕之，未至身，秦王驚，自引而起，袖絕；拔劍，劍長，操其室；時惶急，劍堅，故不可立拔。荊軻逐秦王，秦王環柱而走。群臣皆愕，卒起不意，盡失其度。而秦法：群臣侍殿上者，不得持尺寸之兵；諸郎中執兵皆陳殿下，非有詔召不得上。方急時，不及召下兵，以故荊軻乃逐秦王，而卒惶急，無以擊軻，而以手共搏之。

持	chí	（動）	拿著，帶著 to bring with
資	zī	（名）	財物 valuable
幣	bì	（名）	玉、帛等禮品 gifts
厚遺	hòu wèi	（動語）	豐厚地贈送 to present generous gifts
中庶子 zhōng shù zǐ		（名）	管理王侯戶籍車馬的官 a minister who is in charge of the imperial household register
蒙嘉	Méng Jiā	（名）	人名。秦王的寵臣 one of the king's favorite ministers
誠	chéng	（副）	實在 indeed
振怖	zhèn bù	（動）	害怕得發抖 to tremble with awe

686

威	wēi	（名）	威勢 might; power and influence
為內臣		（動語）	做秦國國內的臣子 to become vassals of Qin
wéi nèi chéng			
比	bì	（動）	並列 to be ranked
給	jǐ	（動）	here: 交納 to pay; to offer
貢職	gòng zhí	（名語）	貢品和賦稅 tributes and services
郡縣	jùn xiàn	（名）	province and county
奉守	fèng shǒu	（動語）	侍奉和守護 to guard and protect
宗廟	zōng miào	（名）	古代天子及諸侯奉祀祖先的地方 the imperial ancestral temple to
自陳	zì chén	（動語）	親自來陳說 to speak in person
使使	shǐ shǐ	（動賓）	派遣使臣 to dispatch envoys
聞	wén	（動）	（使動用法）使……聽到；稟告 to report to
命	mìng	（動）	命令，吩咐 to command; to instruct
朝服	cháo fú	（名語）	（名詞動用）穿上上朝的衣服 to put on court robes
九賓	jiǔ bīn	（名語）	古代君主接見外國使者的禮儀。由九個接待賓客的人依次傳呼接引上殿 a grand ceremony
咸陽宮		（名語）	Xianyang Palace
Xián Yáng gōng			
陛	bì	（名）	宮殿前的臺階 the steps of the throne
色變	sè biàn	（動語）	變了臉色 to turn pale
振恐	zhèn kǒng	（形）	害怕 quaking with fear
怪之	guài zhī	（動語）	（意動用法）以之為怪。對這種情形感到奇怪。
顧	gù	（動）	回過頭來 to turn around
謝	xiè	（動）	謝罪 to apologize
番	fān	（名）	中國古代西南部的少數民族 (in ancient China) tribes living in the southwest of China

687

蠻夷	mán yí	（名）	中國古代對中原地區以南和以東民族篾視 (miè shì, to disdain) 的統稱 the barbarians (collectively)
鄙人	bì rén	（名）	粗俗沒有見識的人 an unrefined rustic
少	shǎo	（副）	略微 slightly
假借	jiǎ jiè	（動）	原諒 to pardon
畢使	bì shǐ	（動語）	完成使命 to complete a mission
奏	zòu	（動）	獻上 to present to
發圖	fā tú	（動賓）	打開地圖 to unfold the map
圖窮而匕首見 tú qióng ér bǐ shǒu xiàn		（動語）	展開地圖到最後就露出一把匕首 lit., when the map was unrolled to the end, a dagger was revealed (The plot is exposed.)
揕	zhèn	（動）	刺 to stab
自引而起 zì yǐn ér qǐ		（動語）	自己掙扎著站起來 to struggle and leap from one's seat
袖絕	xiù jué	（動語）	扯斷了袖子 to tear the sleeve off (one's) outer garment
操其室	cāo qí shì	（動語）	握住劍鞘 (qiào) to grab the scabbard
時	shí	（名）	當時 at that time
惶急	huáng jí	（形）	又驚慌又著急 to be frightened out of one's senses
劍堅	jiàn jiān	（主謂）	劍插在劍鞘裡很緊 the sword clings to the scabbard
不可立拔 bù kě lì bá		（動語）	不能立刻拔出來 can't get it out immediately
逐	zhú	（動）	追擊 to run after; to chase
環柱	huán zhù	（動語）	繞著柱子 to revolve around a pillar
愕	è	（形）	發呆 dumbfounded
卒起	cù qǐ	（動語）	突然發生 to happen suddenly
不意	bú yì	（動語）	沒有料想到 to be taken by surprise

688

失其度	shī qí dù	（動語）	失去了常態 to lose one's presence of mind
秦法	Qín fǎ	（名語）	（名詞作狀語）按照秦國的法律 according to the law of Qin
兵	bīng	（名）	武器 weapon
郎中	láng zhōng	（名）	侍衛 palace attendants
陳殿下 chén diàn xià		（動語）	排列在正堂的外面 to be ranged outside the main hall
詔	zhào	（名）	皇帝的命令 imperial edict
召	zhào	（動）	召喚 to summon
不及	bù jí	（副）	來不及 there's not enough time (to do something)
搏	bó	（動）	搏鬥 to engage in hand-to-hand combat

是時，侍醫夏無且以其所奉藥囊提荊軻也。秦王方環柱走，卒惶急，不知所為。左右乃曰：「王負劍！」負劍，遂拔以擊荊軻，斷其左股。荊軻廢，乃引其匕首以擲秦王，不中，中銅柱。秦王復擊軻，軻被八創。軻自知事不就，倚柱而笑，箕踞以罵曰：「事所以不成者，以欲生劫之，必得約契以報太子也。」於是左右既前殺軻，秦王不怡者良久。已而論功賞群臣及當坐者各有差，而賜夏無且黃金二百鎰，曰：「無且愛我，乃以藥囊提荊軻也。」

侍醫	shì yī	（名）	皇帝的隨從醫生 attendant physician
夏無且	Xià Wújū	（名）	人名。隨從醫生
藥囊	yào náng	（名）	裝藥的口袋 medicine bag
提	dǐ	（動）	投擊 to throw
負劍	fù jiàn	（動語）	把劍挪到背後（這樣比較容易拔出）to push the scabbard around behind one's back (in order to draw one's sword easily)
斷	duàn	（動）	砍斷 to cut off

689

左股	zuǒ gǔ	（名）	左邊大腿 the left thigh
廢	fèi	（動）	受傷倒在地上 to stagger to the ground
擲	zhì	（動）	投擊 to hurl
不中	bú zhòng	（動語）	沒有擊中（秦王）to miss the target
銅柱	tóng zhù	（名）	銅製的柱子 bronze pillar
被八創 bèi bā chuàng		（動語）	受到八處創傷 to be wounded in eight places
箕踞	jī jù	（動語）	兩腿伸開，形狀像簸箕 (bò ji, dustpan) 似的坐在地上 to sit on the floor with one's legs stretched out
生劫之 shēng jié zhī		（動語）	活著劫持 (jié chí, to hold under duress) 你
約契	yuē qì	（名）	here: 秦王同意不侵犯燕國的許諾 an agreement; a promise
報太子	bào tài zǐ	（動語）	回報太子 to report to the prince
不怡	bù yí	（形）	心神不寧 have no peace of mind
良久	liáng jiǔ	（名）	（時間名詞）很久 for a long time
已而	yǐ ér	（連）	後來 later
論功賞群臣		（動語）	討論功勞賞賜臣子們 to dispense rewards to one's ministers according to merit
當坐	dāng zuò	（動語）	應當受罰 to deserve punishment
差	chā	（名）	差別等級 different degree
黃金	huáng jīn	（名）	gold
兩百鎰 liǎng bǎi yì		（名語）	200 taels

690

【第六段】

　　於是秦王大怒，益發兵詣趙，詔王翦軍以伐燕。十月而拔薊城。燕王喜、太子丹等盡率其精兵東保於遼東。秦將李信追擊燕王急，代王嘉乃遺燕王喜書曰：“秦所以尤追燕急者，以太子丹故也。今王誠殺丹獻之秦王，秦王必解。而社稷幸得血食。”其後李信追丹，丹匿衍水中。燕王乃使使斬太子丹，欲獻之秦。秦復進兵攻之，後五年，秦卒滅燕，虜燕王喜。其明年，秦并天下，立號為皇帝。於是秦逐太子丹、荊軻之客，皆亡。高漸離變名姓為人庸保，匿作於宋子。久之，作苦，聞其家堂上客擊筑，傍偟不能去。每出言曰：“彼有善有不善。”從者以告其主，曰：“彼庸乃知音，竊言是非。”家大人召使前擊筑，一坐稱善，賜酒。而高漸離念久隱畏約無窮時，乃退，出其裝匣中筑與其善衣，更容貌而前。舉坐客皆惊，下與抗禮，以為上客。使擊筑而歌，客無不流涕而去者。

　　宋子傳客之。聞於秦始皇，秦始皇召見。人有識者，乃曰：“高漸離也。”秦皇帝惜其善擊筑，重赦之。乃矐其目，使擊筑，未嘗不稱善，稍益近之。高漸離乃以鉛置筑中，復進得近，舉築撲秦皇帝，不中。於是逐誅高漸離，終身不復近諸侯之人。魯句踐已聞荊軻之刺秦王，私曰：“嗟乎！惜哉其不講於刺劍之術也。甚矣吾不知人也！曩者吾叱之，彼乃以我為非人也。”

常用詞

購 深 愧 盛 遣 慷慨　給 陳 謝 逐 召
搏　斷

1. 購　　動詞

重賞徵求，重金收買(zhòng jīn shōu mǎi, to offer money for something that cannot be readily bought on the market)

> 夫樊將軍，秦王購之金千斤，邑萬家。
> ——現在樊將軍這個人，秦王懸賞一千斤金子和一萬戶
> 封地來徵求他的頭顱。

> 太宗嘗出御府金帛購求王羲之書跡。《舊唐書·褚遂良傳》
> ——唐太宗曾經用皇帝府庫的錢財重金收買
> 王羲之的書法真跡。

註：按照《辭源》，古代"購"和"買"不是同義詞。"購"的東西往往不是商品。直到宋代，"購"字也經常只表示重金收買，跟現代的"買"還有區別。現代漢語中的"購"和"買"同義，且有"購買"一詞，例如"購買力"(purchasing power)。

2. 深　　形容詞

　　"深" 本不直接有 "殘酷" 之義，但可表示情況或行為在程度上的深淺。因此，可跟據上下文義加以引伸。

　　　　　　秦之遇將軍可謂深矣。
　　　　　　　　　·
　　　　　— 秦國對待將軍（指 "父母宗族皆為戮沒" 之事）
　　　　　可以說是殘酷極了。
　　　　　　　　·　·　·　·

"深" 的其他常用意義：

(1) 深 (deep) 和 "淺" (qiǎn, shallow) 相對

　　　　　　桃花潭水深千尺，不及汪倫送我情。
　　　　　　　　　　·
　　　　　　　　　　　　　　　李白《贈汪倫》

(2) 從上到下，或由外到內的距離大 (deep; depth; far)。

　　　　　　寡人生於深宮 (the forbidden palace) 之中。《荀子·哀公》
　　　　　　　　　　·

(3) 時間久

　　　　　　夜深 (deep in the night; in the middle of the night) 忽夢少年事。
　　　　　　　·
　　　　　　　　　　　　　　　白居易《琵琶行》

(4) 程度深，很，十分 (very)

　　　　　　讎我必深。　　諸葛亮《絕盟好議》
　　　　　　　　·
　　　　　— 對我們的讎恨一定很深。
　　　　　　　　　　·　·

(5) 深刻 (shēn kè, profound)；深奧 (shēn ào, abstruse; esoteric)

吾觀兵書戰策多矣，孫武所著深矣。　曹操《孫子兵法序》
—— 我閱覽討論軍事作戰的書籍很多，孫武所著的書
實在非常深刻。

現代漢語中還可以用的詞語：

深表同情
(shēn biǎo tóng qíng, to express deep sympathy)

深謀遠慮　　（成語）
(shēn mó yuǎn lǜ, to think and plan for ahead)

深更半夜
(shēn gēng bàn yè, deep in the night; in the middle of the night)

深情厚誼
(shēn qíng hòu yí, long and close friendship)

深信不疑　　（成語）
(shēn xìn bù yí, to believe without a shadow of a doubt)

深入淺出　　（成語）
(shēn rù qiǎn chū, to explain the results of a profound study
in everyday language)

深惡痛絕　　（成語）
(shēn wù tòng jué, to shun like poison)

694

3. 愧　名詞／形容詞

　恥辱；慚愧 (cán kuì, to be ashamed)，羞愧 (xiū kuì, to be abashed)

　　然則將軍之讎報，而燕見陵之愧除矣。
　　— 那麼就報了將軍的讎，而且燕國被欺侮的恥辱也消除了。

　　聞言則大愧。　　柳宗元《段太尉遺事狀》
　　— 聽到這言語，就感到非常羞愧。

　　問心無愧　　（成語）
　　(wèn xīn wú kuì, to have a clear conscience)

4. 盛　動詞

　讀 chéng，用器具裝東西 (to fill; to ladle)

　　乃遂盛樊於期首函封之。
　　— 於是就把樊於期的頭裝在匣子裡封好。

　　以盛水漿。　　《莊子・逍遙遊》
　　— 用來裝水。

　形容詞

　讀 shèng，興旺 (xīng wàng, prosperous; flourishing; thriving)

　　有死生，有盛衰。　　《韓非子・解老》
　　— 有死有生，有興旺有衰退。

　　盛衰榮辱　　（成語）
　　(shèng shuāi róng rǔ, prosperity and decline)

695

5. 遣　　動詞

派遣 (to send; to dispatch)，排遣 (pái qiǎn, to divert oneself from loneliness or boredom)，使 (shǐ to cause; to let)

何太子之遣！
— 為甚麼太子要派遣（秦武陽）！

遣兵三萬人以助備。　　《三國志‧蜀書‧諸葛亮傳》
— 派兵三萬人援助劉備。

欲以遣離情。　　　任昉《出群傳舍哭范仆射》
— 想要排遣離別的情緒。

春風知別苦，不遣柳條青。李白《勞勞亭》
— 春風（似是）知曉（人間）別離的淒苦，不使柳樹的枝條發青。

6. 慷慨　形容詞

情緒激昂 (qíng xù jī áng, impassioned)

復為羽聲慷慨。
— 接著又唱出情緒激昂的羽聲。

慷慨激昂（成語）
(kāng kǎi jī áng, vehement)

慷慨就義　　　（成語）
··
(kāng kǎi jiù yì, to die a martyr's death)

　　註：現代漢語中的"慷慨"有大方 (generous)、不吝嗇 (lìn sè) 的意義，古代沒有這個意義。

7. 給　　動詞

　　讀 jǐ，供給 (gōng jǐ, to provide)，供應 (gōng yìng, to supply)

　　　　給貢職如郡縣。
　　　　·
　　　　— 像郡縣一樣，供給（交納）貢品和賦稅。
　　　　　　　　　　··

　　　　郡置輸官以相給運。　　《鹽鐵論·本議》
　　　　　　　　　　·
　　　　— 郡設置負責調濟物資及價格的官吏經管供給
　　　　運輸的事。
　　　　··

　　　　自給自足　　　（成語）
　　　　　·
　　　　(zì jǐ zì zú, self-sufficiency)

　　形容詞

　　讀 jǐ，足，豐足 (fēng zú, abundant; plentiful)

　　　　歲歲開廣，百姓充給。　　賈思勰《齊民要術序》
　　　　　　　　　　·
　　　　— 開墾的土地逐年增多，老百姓衣食豐足。
　　　　　　　　　　　　　　··

8. 陳　　動詞

(1) 陳述，陳說

恐懼不敢自陳。

—（燕王）害怕不敢親自來陳說。

韓非欲自陳，不得見。《史記・韓非傳》

—韓非想自己親自陳說，但沒有機會。

(2) 舊(jiù, old)

年穀復熟，而陳積有餘。　　《荀子・富國》

—當年產的穀類又熟了，但舊的糧食貯積還有多餘的。

新陳代謝　　　（成語）

(xīn chén dài xiè, the new superseding the old)

9. 謝　　動詞

(1) 道歉 (dào qiàn, to apologize)

荊軻顧笑舞陽，前謝曰……

—荊軻回過頭來對秦舞陽笑了笑，上前向秦王
道歉說……

閉門謝客　　　（成語）

(bì mén xiè kè, to refuse visitors)

(2) 衰退 (shuāi tuì, to decline)；凋謝 (diāo xiè, to wither)

形謝則神滅。　　　　范縝《神滅論》
—— 形體衰亡了，精神就消滅了。

薔薇花謝即歸來。　　　　杜牧《留贈》
—— 等薔薇 (qiáng wēi, a rose) 花凋謝時就回來。

10. 逐　動詞

(2) 追擊 (zhuī jī, to pursue and attack)，追逐 (zhuī zhú, to chase)

方急時，不及召下兵，以故荊軻乃逐秦王。
—— 正緊急的時候，來不及傳喚殿下的侍衛，因此荊軻
能追逐秦王。

齊師敗績，公將馳之。劌曰：未可。下視其轍，登軾而
望之。曰：可矣。遂逐齊師。　　　　《左傳·成公二年》

—— 齊國的軍隊大敗，莊公想加快追擊。曹劌說不行。
他下車先看齊國軍隊的車轍，又登車在車前橫木上看
齊國軍隊的去路，然後才說可以追擊了。

(2) 追求 (zhuī qiú, to seek; to pursue)

誤逐世間樂，頗窮理亂情。　李白《贈江夏韋太守良宰》
—— （大意）錯誤地追求人世間的快樂，深入事物
最隱微奧秘之處而探求它的底蘊。

(3) 追趕 (zhuī gǎn, to run after)；追捕 (zhuī bǔ, to pursue and capture)

逐鹿中原（成語）

(zhú lù zhōng yuán, to fight among rivals for the throne)

秦失其鹿，天下共逐之。　　《漢書・蒯通傳》

(4) 競爭 (jìng zhēng, to compete)

中世逐於智謀，當今爭於氣力。　《韓非子・五蠹》
　— 中古時代，互相在智謀上競爭，現代則在力量上較量。

(5) 趕走 (gǎn zǒu, to drive away)，驅逐 (qū zhú, to drive out; to expel)；放逐 (fàng zhú, to exile)

三仕三見逐。《史記・管晏列傳》
　— 三次任官，三次被放逐。

11. 召　　動詞

呼喚（指上對下的呼喚）——→招致 (zhāo zhì, to incur; to lead to)

方急時，不及召下兵。
　— 正緊急的時候，來不及呼喚殿下的侍衛。

李自成召父老至武英殿，問民間疾苦。　《明季北略》
　— 李自成（人名）召見年長的人到武英殿，詢問老百姓的生活情況。

故言有召禍也，行有召辱也。　　《荀子‧勸學》

— 所以言語可以招致災禍，行為可以導致羞辱。

12. 搏　　動詞

(1) 抓 (zhuā, to grab; to clutch)；搏鬥 (bó dòu, to fight; to wrestle)，撲 (pū, to rush at; to attack)

而以手共搏之。

— 就用空手共同和荊軻搏鬥。

使敵若據虛，若搏景。　《管子‧兵法》

— 使敵人如同依據虛空，如同抓撲影子。

（虎）終不敢搏。　　柳宗元《黔之驢》

—（老虎）始終不敢撲向（驢）。

(2) 拍 (pāi, to pat)，打 (dǎ, to beat [as a musical instrument])

彈箏搏髀 (bì)。　　李斯《諫逐客書》

— 彈奏箏 (zhēng, a musical instrument)，並且在腿上打拍子 (to beat time)。

13. 斷　動詞

(1) 截斷 (jié duàn, to cut off)，斷開 (duàn kāi, to break)

斷其左股。

── 砍斷了荊軻的左大腿。

一刀兩斷（成語）

(yì dāo liǎng duàn, to sever at one blow; to make
a clear break)

(2) 斷絕 (duàn jué, to break off)，中止 (zhōng zhǐ, to stop)

天長音信斷。　　李白《大堤曲》

── 日子久了就斷絕了消息。

(3) 判斷 (pàn duàn, to judge; to decide)

及斷獄之日。《國語・晉語九》

── 等到判斷訴訟的那天。

當機立斷（成語）

(dāng jī lì duàn, to decide promptly and opportunely)

(4) 絕對 (jué duì, absolutely)；一定

周之事跡斷可見矣。　　柳宗元《封建論》

── 周朝的史事絕對可以明瞭了。

虛詞與句型

1. 乃　　副詞

相當於現代漢語的"於是"、"然後"或"就"。

As a consequential particle — then; so that; thereupon.

太子丹恐懼，乃請荊軻曰……

— 燕太子丹很害怕，於是拜見荊軻說……

荊軻知太子不忍，乃遂私見樊於期。

— 荊軻知道太子不忍心這樣做，於是就私下會見樊於期。

註："遂"也是副詞，意思與"乃"相同。"乃遂"在這裡是同義副詞連用。

樊於期乃前曰："為之奈何？"

— 樊於期就上前說："對這件事怎麼做？"

乃為裝遣荊軻。

— 於是準備行裝，打發荊軻上路。

疑其有改悔，乃復請之曰……

— （太子丹）懷疑（荊軻）或許後悔改變心意，
於是再次催他說……

而乃以手共搏之。

── 於是就用空手和荊軻搏鬥。

事所以不成者，乃欲以生劫之。

── 事情沒有成功的原因，是我想要活捉你加以脅迫。

註：副詞"乃"在這兒有加強判斷語氣的功用。

2. 以　　介詞

介詞"以"雖常表示動作行為憑借的條件，或動作行為的原因，但要根據文義，來選擇現代漢語中合適的詞來和它對應。請注意下面的例句。

丹不忍以己之私，而傷長者之意。

── 我不忍心因為個人的私事，而傷害長輩的心意。

願得將軍之首以獻秦。

── 希望能得到您將軍的頭拿去獻給秦王。

使工以藥淬之。

── 讓工匠用毒藥水染漬 (zì, soak)。

使使以聞大王。

── 派使者把他的心意稟告大王。

以次進。

── 按順序進入（宮庭）。

侍醫夏無且以其所奉藥囊提軻。

——（秦王）的隨從醫生夏無且用他捧著的藥袋扔出去
擊打荊軻。

以　　連詞

不敢興兵　　　以　　　拒大王
行動　　　　　　　　　目的

—— 不敢發動軍隊來抗拒大王。

必得約契　　　以　　　報太子
行動　　　　　　　　　目的

—— 一定要得到你同意不攻打燕國的契約去回報燕太子。

太子及賓客知其事者，皆白衣冠以送之。

—— 燕太子和知道那件事的賓客，都穿白衣戴白帽來給
荊軻送行。

5. 見　　助動詞

在動詞前，用助動詞“見”表示被動。

然則將軍之讎報，而燕國見陵之愧除矣。

—— 那麼將軍的讎報了，而且燕國被欺凌的恥辱也除掉了。

仇讎賴我之資益以富實，反見侵侮。《容齋逸史・方臘起義》

—— 讎敵靠我們的財物越發富足起來，我們反而受到
侵害欺侮。

705

4. 豈　　副詞

(1) 加強反問語氣，可譯為"難道"、"怎麼"等。

"豈" introduces a rhetorical question and can be rendered as "難道" (it couldn't be . . . could it?), "怎麼" (how), etc.

則雖欲長侍足下，豈可得哉？

——那麼即使想要長久侍奉您，難道能夠這樣嗎？

日已盡矣，荊卿豈無意哉？

——日子已經很少了，難道您沒有動身的意思嗎？

(2) 表示對動作行為或情況的估計，帶有不肯定的語氣。可譯為"或許"、"恐怕"或"是否"等。

"豈" occurs at the beginning of a sentence, meaning "perhaps," "probably" or "maybe."

將軍豈有意乎？

——將軍是否有這個意思呢？

今逢丈人，豈天之未喪斯文也！　　馬中錫《中山狼傳》

——今天遇見您老人家，或許是老天不絕我這個
書生的命吧！

706

5. 有以、無以 （請參閱第三十課《虛詞與句型5》）

　　“有以”、“無以”是“有所以……”、“無所以……”的省略形式，是一種助動詞性的結構，經常放在動詞謂語前，表示“有可能”或“有辦法”，以及“沒有可能”或“沒有辦法”。

秦王必悅見臣，臣乃得有以報。
— 秦王一定很高興地接見我，這樣我才能有辦法報效太子。

以故荊軻逐秦王，而卒惶急無以擊軻。
— 因此荊軻能追趕秦王，而（臣子們）倉猝間驚慌無措，
沒有甚麼可以用來攻擊荊軻。

吾終當有以活汝。　　　馬中錫《中山狼傳》
— 我終歸應該有辦法使你活命。

無以供犧牲也。　　《孟子・滕文王下》
— 沒有用來作祭品的。

練習

I. 根據故事內容，判斷以下各句的對錯：

（ ）1. 王翦是燕國的將軍。

（ ）2. 燕太子丹計劃刺秦王主要是因為秦國要併吞燕國。

（ ）3. 樊於期是燕國的長者，所以燕太子丹不忍辜負他。

（ ）4. 樊於期自刎是為了怕秦王以千金購其頭顱。

（ ）5. 荊軻笑顧舞陽的"顧"字，是"照顧"的意思。

（ ）6. 荊軻用匕首刺秦王時，在殿上的群臣因猝起不意，都很驚慌失措，所以不能拔刀保護秦王。

（ ）7. 荊軻刺秦王失敗後，說事情所以沒有成功是要生劫秦王，得約契回報太子。

（ ）8. 秦王左右的人說："王負劍。"意思是要秦王趕快用劍和荊軻打鬥。

（ ）9. "風蕭蕭兮易水寒"中的"蕭蕭"，是風的聲音。

（ ）10. "使使以聞大王"的意思是"假使讓大王聽到"。

II. 作文（請盡量選擇本課中可用的詞語）

1. 《荊軻刺秦王》讀後感
2. 談談"刺客"對社會的影響

第三十四課

出師表

本文選自蕭統《文選》。諸葛亮(181-234 A.D.)，字孔明，琅琊陽都（今山東省沂水縣）人，是三國時期著名的政治家、軍事家。

臣亮言：先帝創業未半，而中道崩殂。今天下三分，益州疲弊，此誠危急存亡之秋也。然侍衛之臣不懈於內，忠志之士忘身於外者，蓋追先帝之殊遇，欲報之於陛下也。誠宜開張聖聽，以光先帝遺德，恢弘志士之氣；不宜妄自菲薄，引喻失義，以塞忠諫之路也。

宮中府中，俱為一體，陟罰臧否，不宜異同。若有作姦犯科及為忠善者，宜付有司論其刑賞，以昭陛下平明之治，不宜偏私，使內外異法也。

【註釋】

出師	chū shī	（動語）	出兵攻伐 to mobilize troops for an offensive
表	biǎo	（名）	古代臣對君陳情時所寫的奏章 memorial to the emperor
先帝	xiān dì	（名語）	已經去世的皇帝。這裡指劉備 the late emperor
中道	zhōng dào	（名語）	半路上，中途 on the way
崩殂	bēng cú	（動語）	古代帝王死亡叫"崩"，也叫"殂" (used to refer to an emperor) to die
天下三分 tiān xià sān fēn		（動語）	指魏 (220-265)、蜀漢 (221-263)、吳 (222-280) 三國的鼎 (dǐng) 立 (said of the Three Kingdoms) to hold the different parts of

China and vie for hegemony in a three-way tie

益州	Yì zhōu	（名）	地名 place name，相當今四川省、陝西省南部和雲南省、貴州省的一部份
疲弊	pí bì	（形）	困憊衰弱 in straitened circumstances
誠	chéng	（副）	的確 indeed
危急存亡之秋 wēi jí cún wáng zhī qiū			危險急迫，生死存亡的時候 a moment when one's fate hangs in the balance
不懈	bú xiè	（動語）	忠於職守 to be faithful in the discharge of one's duties
內	nèi	（名）	指朝廷 imperial court
忠志	zhōng zhì	（形）	忠誠有志向 loyal and steadfast
忘身	wàng shēn	（動語）	奮不顧身 to dash ahead regardless of one's safety
外	wài	（名）	指戰場 battlefield
蓋	gài	（副）	（見本課《虛詞與句型》）
追	zhuī	（動）	追懷 to cherish the memory of
殊遇	shū yù	（名語）	特別的待遇 special treatment
陛下	bì xià	（名語）	臣對君的稱呼，在這兒指後主劉禪 Your Majesty
開張聖聽 kāi zhāng shèng tīng		（動語）	擴大您聖明的見聞，廣泛地聽取別人的意見 to listen carefully to the views of other people
光	guāng	（名）	（名詞動用）發揚光大 to carry forward
恢弘	huī hóng	（形）	（形容詞動用）提高發揚 to enhance
妄自菲薄 wàng zì fěi bó		（動語）	毫無根據地看不起自己 to underestimate one's own capabilities
引喻失義 yǐn yù shī yì		（動語）	說話不合適，沒有道理 to talk frivolously
塞	sè	（動）	堵塞 to block
以	yǐ	（連）	以致 so as to（見本課《虛詞與句型》）

710

陟罰	zhì fá	（動語）	提升和處罰 to promote or punish
臧否	zāng pǐ	（動語）	表揚和批評 to praise or criticize
作姦犯科 zuò jiān fàn kē		（動語）	作坏事，觸犯法律 to violate the law and commit crimes
有司	yǒu sī	（名語）	主管部門 department responsible for the work; responsible institution
昭	zhāo	（動）	顯示 to show
平	píng	（形）	公平 fair; impartial
明	míng	（形）	嚴明 strict and impartial
偏私	piān sī	（動語）	偏護 to be partial to and side with
異法	yì fǎ	（動語）	法令不同，執法兩樣 to enforce the law differently

　　侍中、侍郎郭攸之、費褘、董允等，此皆良實，志慮忠純，是以先帝簡拔以遺陛下。愚以為宮中之事，事無大小，悉以咨之，然後施行，必能裨補闕漏，有所廣益。將軍向寵，性行淑均，曉暢軍事，試用於昔日，先帝稱之曰"能"，是以眾議舉寵為督。愚以為營中之事，悉以咨之，必能使行陣和睦，優劣得所。親賢臣，遠小人，此先漢所以興隆也；親小人，遠賢臣，此後漢所以傾頹也。先帝在時，每與臣論此事，未嘗不歎息痛恨於桓、靈也。侍中、尚書、長史、參軍，此悉貞亮死節之臣也，願陛下親之信之，則漢室之隆，可計日而待也。

侍中	shì zhōng	（名）	官名 title of a government official
侍郎	shì láng	（名）	官名 title of a government official
郭攸之	Guō Yōuzhī	（名）	人名
費褘	Fèi Yī	（名）	人名
董允	Dǒng Yǔn	（名）	人名
良實	liáng shí	（形）	忠良誠實 loyal and honest

志慮	zhì lǜ	（名）	思想	thought; thinking
是以	shì yǐ	（連）	因此	therefore
簡拔	jiǎn bá	（動）	選拔	to select
遺	yí	（動）	留給	to keep something for someone
愚	yú	（代）	諸葛亮謙稱自己	I (humble form)
咨	zī	（動）	詢問	to inquire; to ask about
裨補	bì bǔ	（動語）	補救	to remedy
闕漏	quē lòu	（名語）	缺點和漏洞	gaps and omissions
向寵	Xiàng Chóng	（名）	人名	
性行	xìng xìng	（名語）	品格	one's character and morals
淑均	shū jūn	（形）	和善公平	kind and impartial
能	néng	（形）	能幹	capable; competent; (man) of great ability
督	dū	（名）	官名	title of a government official
行陣	háng zhèn	（名語）	軍隊	army; troops
得所	dé suǒ	（動語）	各得其所	each is in his proper place
先漢	xiān Hàn	（名）	指西漢前期強盛的時候	the Western Han
後漢	hòu Hàn	（名）	指東漢末葉衰敗時期	the Eastern Han
傾頹	qīng tuí	（動）	衰落	to decline (of a political system)
桓靈	Huán Líng	（名）	東漢桓帝劉志和靈帝劉宏 Emperor Huan and Emperor Ling of Eastern Han 桓靈在位時，信任宦官外戚 (eunuch and relatives of a king on the side of his mother or wife)，政治腐敗。	
侍中、尚書、長史、參軍			侍中指郭攸之、費褘。尚書指陳震。長史指張裔。參軍指蔣琬。 (here: all these officials were patriotic and loyal to the throne)	
死節	sǐ jié	（動語）	能為氣節而死	to die to protect one's virtue or for the sake of honor

臣本布衣，躬耕於南陽，苟全性命於亂世，不求聞達於諸侯。先帝不以臣卑鄙，猥自枉屈，三顧臣於草廬之中，諮臣以當世之事，由是感激，遂許先帝以驅馳。後值傾覆，受任於敗軍之際，奉命於危難之間，爾來二十有一年矣！先帝知臣謹慎，故臨崩寄臣以大事也。受命以來，夙夜憂勤，恐託付不效，以傷先帝之明。故五月渡瀘，深入不毛。今南方已定，兵甲已足，當獎率三軍，北定中原，庶竭駑鈍，攘除姦凶，興復漢室，還於舊都：此臣所以報先帝而忠陛下之職分也。至於斟酌損益，進盡忠言，則攸之、禕、允之任也。願陛下託臣以討賊興復之效；不效則治臣之罪，以告先帝之靈。若無興德之言，則戮攸之、禕、允等，以彰其慢。陛下亦宜自課，以諮諏善道，察納雅言，深追先帝遺昭，臣不勝受恩感激。今當遠離，臨表涕泣，不知所云。

布衣	bù yī	（名）	平民 the common people
躬耕	gōng gēng	（動語）	親自耕種 to till one's own land
南陽	Nányáng	（名）	郡名，在今河南省南陽、湖北省襄陽一帶 place name, Zhuge Liang's residence 諸葛亮住在南陽郡西部，距湖北襄陽縣城西二十里，稱為"隆中"。
苟全性命 gǒu quán xìng mìng		（動語）	苟且保全性命 to preserve one's own life at all costs
亂世	luàn shì	（名語）	an age of turmoil
不求聞達 bù qiú wén dá		（動語）	不求揚名做大官 to be unwilling to make a name (on oneself)
卑鄙	bēi bǐ	（形）	地位低下，見識粗陋 low estate (said of a person's social position) here: humble form
猥	wěi	（副）	屈尊，屈駕 unmindfully; condescendingly; here: honorific form

猥自枉屈 wěi zì wàng qū		（形）	降低身份，屈尊（來訪）to be kind enough to make the journey (to my place)
三顧草廬 sān gù cǎo lú		（動語）	三次拜訪（諸葛亮住的）茅屋 to make three calls at the thatched cottage
諮	zī	（動）	詢問求助，"諮" 在 "詢問" 義項上通 "咨" to solicit help
由是	yóu shì	（副）	由此 from this; thus（見本課《虛詞與句型》）
感激	gǎn jī	（動）	to be stirred by; to feel indebted
驅馳	qū chí	（動語）	奔走效勞 to work in the service of
值	zhí	（動）	遇到 to happen to
傾覆	qīng fù	（動語）	兵敗 to lose a war，指漢獻帝建安十三年（公元208年），劉備在湖北當陽長坂坡為曹操所敗，棄兵逃走之事。
爾來	ěr lái	（副）	如此至今 from that time up until now
爾來二十有一年矣			從那時到現在已經有二十一年了 Now 21 years have passed.
臨崩	lín bēng	（名語）	臨終 at the moment of his passing
夙夜憂勤 sù yè yōu qín		（動語）	白天晚上焦慮操勞 to work diligently day and night
渡瀘	dù lú	（動語）	渡過瀘水 to cross the River Lu 瀘水在四川會理縣西南入金沙江。二水合流之下，就是諸葛亮渡瀘的地方。諸葛亮渡瀘是由於南部諸郡叛亂，因此在建興三年(225 A.D.) 五月南征，平定亂事。
不毛	bù máo	（形）	農作物貧乏的蠻荒地方 barren land; uncivilized area
獎率	jiǎng shuài	（動語）	獎勵，激勵 to encourage; to impel
中原	zhōng yuán	（名）	here: 指曹操魏國統治的區域
庶	shù	（副）	希望，但願 if only

竭	jié	（動）	竭盡 to do one's utmost
駑鈍	nú dùn	（形）	here: 微薄的（力量）
庶竭駑鈍			但願我能盡我微薄的力量。 I hope that I'll exert what little strength I have.
攘除姦凶 rǎng chú jiān xiōng		（動語）	消除叛逆奸惡的人 to get rid of the rebels and evildoers，指曹魏。
舊都	jiù dū	（名）	東漢的首都洛陽 Luoyang, the capital of Eastern Han
			西漢都城原在長安，東漢光武帝遷至洛陽。曹操掌政時，遷都許昌。曹丕稱帝，又以洛陽為首都。蜀漢自認為是繼承東漢皇室正統的，所以要回到故鄉舊都洛陽。
斟酌	zhēn zhuó	（動語）	根據情況衡量事情是否適當 to make appropriate adjustments according to circumstances
損益	sǔn yì	（名語）	得失 advantages and disadvantages
任	rèn	（名）	責任 responsibility
靈	líng	（名）	departed spirit
戮	lù	（動）	責備；處分 to reproach; to punish
彰	zhāng	（動）	表明 to make known
慢	màn	（形）	怠慢；失職 indolent; dereliction of duty
自課	zì kè	（動語）	親自考察 to test and judge in person
			《三國志‧諸葛亮傳》"課"作"謀"。這裡根據《文選》作"課"。
咨諏	zī zōu	（動語）	訪問謀求 to seek and solicit (good opinions)
察	chá	（動）	明察 to be sharp and perspicacious
納	nà	（動）	接納，採納 to accept; to adopt
遺詔	yí zhào	（名語）	皇帝臨死時的詔書 instructions or decree of a dying emperor; bequeathed decree
臨表涕泣 lín biǎo tì qì		（動語）	在寫這篇奏章的時候涕泣交流 to write amid (my) tears

不知所云　　　　　（動語）　　　不知道說的是甚麼　unwitting of my words;
bù zhī suǒ yún　　　　　　　　　　be unintelligible; (When addressing a
　　　　　　　　　　　　　　　　superior, the speaker often uses this
　　　　　　　　　　　　　　　　expression to show modesty.)

常用詞

殊 妄 喻 犯 愚 苟 感激　斟酌　三顧草（茅）廬

1. 殊　　形容詞

　　不同 (different; not alike) ⟶ 特別，特殊 (tè bié, te shu, special; exceptional)

　　　　蓋追先帝之殊遇，欲報之於陛下也。
　　　　— 為了追念先帝的特殊待遇，想要在陛下身上報答啊。

　　　　劉備以亮有殊量，乃三顧亮於草廬之中。
　　　　　　　　　　　　　　　　《三國志‧蜀書‧諸葛亮傳》
　　　　— 劉備因為諸葛亮有特殊的器量，於是三次到茅屋中
　　　　來看望他。

　　　　殊途同歸　　（成語）
　　　　(shū tú tóng guī, to reach the same goal by different routes)

　　副詞　很，非常

　　　　老臣今者殊不欲食。　　《戰國策‧趙策四》
　　　　— 老臣近來很不想進食。

　　　　殊難相信　　（成語）
　　　　(shū nán xiāng xìn, very difficult to believe)

2. 妄　　副詞

    (1) 胡亂 (hú luàn, carelessly; casually)

        倍道而妄行。《荀子·天論》
        — 違背正道而胡亂地做事。

        不宜妄自菲薄。
        — 不應該隨便看輕自己。

        輕舉妄動　　（成語）
        (qīng jǔ wàng dòng, to take reckless action)

        妄自菲薄　　（成語）
        (wàng zì fěi bó, to have an inferiority complex)

    (2) 荒誕 (huāng dàn, absurd)，荒謬 (huāng miù, preposterous)

        此言妄也。　　王充《論衡·問孔》
        — 這種話是荒謬的。

3. 喻　　名詞

    (1) 援舉 (yuán jǔ, to quote; to cite)；譬喻 (pì yù, analogy; figure of speech)

        引喻失義
        — 引證比附不合義理的事情和道理。

        絲縷同時，不得為喻。　　范縝《神滅論》
        — 絲 (sī, silk) 和縷 (lǚ, a thread) 同時存在，不能拿來做比喻。

(2) 知道，了解，明白

言語不通而心喻。　　張說《宋公遺愛碑》

—— 言語雖然不通，但心裡卻明白。

家喻戶曉　　　（成語）

(jiā yù hù xiǎo, known to all)

(3) 告訴，使人知道

故作書以喻意。　　《淮南子·修務》

—— 因此著書為了使人知道意義。

4. 犯　　動詞（請參閱第三十一課《常用詞》）

作姦（奸）犯科　　　（成語）

(zuò jiān fàn kē, to violate the law and commit crimes)

5. 愚　　（請參閱第二十三課《常用詞》）

代詞　謙稱 (humble form)，I

愚以為宮中之事，事無大小，悉以咨之，然後施行。

—— 我以為宮中的事，無論大小，都要問問他們，然後再做。

愚見　　　（套語 tào yǔ, polite formula）

(yú jiàn, my humble opinion)

形容詞　愚蠢 (yú chǔn, stupid; foolish)

非是，是非，謂之愚。《荀子・修身》

——把對的當做錯的，把錯的當做對的，這就叫做愚蠢。

愚公移山　　（成語）

(Yú gōng yí shān, the Foolish Old Man removed the mountains)

愚者千慮，必有一得。　　（成語）

(yú zhě qiān lù, bì yǒu yì dé, even a fool occasionally hits on a good idea)

6. 苟　　（請參閱第二十九課《常用詞》）

副詞　苟且 (gǒu qiě, to be resigned to circumstances)

苟全性命於亂世。

——只求在亂世裡苟且保全性命。

苟且偷生　　（成語）

(gǒu qiě tōu shēng, to drag out an ignoble existence)

一絲不苟（成語）

(yì sī bù gǒu, to be conscientious and meticulous)

連詞　如果，假設

苟可以利民，不循其禮。　《商君書‧更法》
—如果可以使人民得到利益，就不必遵守舊的禮制。

7. 感激　　動詞　　感動激發

由是感激，遂許先帝以驅馳。
—（我）因此感動受到激發，於是答應為先帝奔走效勞。

註：現代漢語中的“感激”有“感謝”的意思，這裡的意思不同。

8. 斟　　動詞
(1) 舀 (yǎo, to ladle out; spoon up) ⟶ 往杯子裡倒酒或茶 (to pour tea or wine)

主人有酒切莫斟。　李白《悲歌行》

(2) 斟酌 (zhēn zhuó, 反復衡量考慮 to consider carefully again and again)

至於斟酌損益，進盡忠言，則攸之、褘、允之任也。
—至於衡量考慮朝政的得失，隨時提供誠懇的意見，
這是郭攸之、費褘、董允他們的責任。

子為大政，將斟酌於民者也。《左傳‧成公六年》
—你擔任中軍元帥，要對民眾的意見加以斟酌。

721

"斟酌"二字在現代漢語中還用，並且兼有上述兩種意義。例如：

斟酌字句 (zhēn zhuó zì jù, to weigh one's words carefully)

斟酌辦理 (zhēn zhuó bàn lǐ, to act as one sees fit)

給她斟上一杯酒 (pour her a glass of wine)

酌情處理 (zhuó qíng chǔ lǐ, to settle a matter as one sees fit)

大宴小酌 (dà yàn xiǎo zhuó, to have a grand banquet
　　　　　or just a few drinks)

9. 三顧草廬

三顧草廬／三顧茅廬　　（成語）

(sān gù cǎo lú/sān gù máo lú, an historical allusion dating
back to the Three-Kingdom Period now used to describe
a man in power who tries to obtain the services of the
capable and the virtuous by showing his utmost sincerity
and eagerness)

虛詞與句型

1.蓋　　副詞

"蓋"放在因果複句後分句之前，申述前分句所談事情的原因。"蓋"有測度的語氣，但偏於肯定。可按照文義對譯成"大概"、"大概由於"或"原來是"等。因果複句的前後分句之間也常不使用關聯詞語，前後分句的末尾也常沒有"者"和"也"來表示提頓和肯定事情的因果關係。

侍衛之臣不懈於內 忠志之士忘身於外者	蓋	追先帝之殊遇 欲報之於陛下也
前分句 （表示結果）		後分句 （表示原因）
—在朝廷內的大臣忠於職守，忠貞的武官在戰場奮不顧身，	原是為了	追念先帝對他們的特別待遇，想在陛下身上報答啊。

註：從另外一個角度來看，上面的句子是用"……者，……也"固定結構表示原因的判斷句。

溫習已學過的其他類型的因果複句：

顧小而忘大，後必有害。　　《史記‧李斯列傳》
（原因）　　　（結果）

—只顧慮小事而忘記重大的事，（結果）一定會遭受禍害。

上下交征利，而國危矣。　　《孟子・梁惠王上》
（原因）　　　　（結果）

— 上上下下（國王、大夫、士和百姓）交相取利，
國家就危險了。

仲尼之徒無道桓文之事者，是以後世無傳焉。
　　　　　（原因）　　　　　　　（結果）《孟子・梁惠王上》

— 孔子的學生沒有講齊桓公、晉文公那種褊狹的霸業的，
因此沒有流傳到後世來。

夫唯不爭，故天下莫與爭。　　《老子・二十三章》
（原因）　　（結果）

— 就是因為不去和人爭，天下的人就更沒有能和你爭的。

吾妻之美我者，私我也。　　《戰國策・齊策》
（結果）　　　（原因）

— 我的妻子認為我漂亮，是因為她偏愛我。

一羽之不舉，為不用力焉。　《孟子・梁惠王上》
（原因）　　　（結果）

— 說不能舉起一根羽毛，是因為不要用力氣。

2. 以　　連詞

(1) 表示目的，相當於"來"或"去"。

誠宜開張聖聽，以光先帝遺德。
— 實在應該廣泛聽取意見，來發揚先帝留下來的美德。

宜付有司論其行賞，以昭陛下平明之治。
— 應該交給主管部門評論賞罰，來顯揚陛下公平清明的治理。

不效則治臣之罪，以告先帝之靈。
— 如果沒有成效就治我的罪，來讓先帝在天之靈知曉。

(2) 表示結果，相當於"以致"。

不宜妄自菲薄，引喻失義，以塞忠諫之路也。
— 不應看不起自己，說不合理的話，以致堵塞忠臣
建議的道路。

以　　介詞

事無大小，悉以咨之。
— 不管大事小事，都拿來跟他們商量。

先帝不以臣卑鄙。
— 先帝不認為我地位卑下。

咨臣以當世之事。

—— 拿當時的天下大事向我詢問意見。

願陛下託臣以討賊興復之效。

—— 希望陛下把討伐奸賊，光復漢室的任務託付給我。

4. 由是　　　副詞性結構

　　連接分句，表示結果。相當於"由於這個原因"(from this)、"因此，於是"(thus)。

先帝不以臣卑鄙，猥自枉屈，三顧臣羽草廬之中，
諮臣以當世之事，由是感激，遂許先帝以驅馳。

—— 先帝（劉備）不因為我的低下卑陋，親自屈駕到
我的草廬來訪問了三次，問我當世的事情，因此使
我感動激發，就答應替先帝奔走效力。

愬每得降卒，必親引問委曲，由是賊中險易遠近
虛實盡知之。

《資治通鑒·唐紀·憲宗元和十二年》
—— 李愬 (sù) 每次得到投降的士兵，必定親自叫來詢問底細
和原委，因此（吳元濟）叛軍營中地形的險易、道路的
遠近、軍備的虛實等都全部了解了。

726

練習

I. 用 "以" 的不同用法翻譯下列詞語和句子：

1. Deal with a man as he deals with you.
2. How do you know?
3. I returned the U.S. on May 3.
4. 10 years ago
5. to treat somebody with due respect
6. an eye for an eye and a tooth for a tooth
7. to set your own spear against your own shield
8. He sets a personal example by neither smoking nor drinking.
9. to hurl eggs against stone; to fight a hopeless battle
10. from ancient times until now

II. 寫一篇短文或故事，盡量選用下列詞語：

妄自菲薄　　作姦犯科　　苟全性命　　感激涕零
不知所云　　殊難相信　　家喻戶曉　　愚見　　斟酌

第三十五課

世說新語五則

劉義慶(403-444)，南北朝彭城（現江蘇省徐州市）人。宋文帝時，曾歷任江州刺史、荊州刺史。性情簡素，愛好文學。《世說新語》所記多半是東漢到東晉間高士的言行，軼聞瑣事。文字清俊簡麗，故事機趣橫生，極富文學價值。本課所選五則故事的題目為編者所加。

南北朝	nán běi cháo, the South and North Dynasties — after East Jin（東晉）, China was divided into the Han-ruled south and the barbarian north (420-589 A.D.)
刺史	cì shǐ, a provincial governor (in former times)
簡素	jiǎn sù, simple and unaffected
高士	gāo shì, man with a noble character
軼聞	yí wén, anecdote
瑣事	suǒ shì, trivial matters
清俊簡麗	qīng jùn jiǎn lì, simple and lucid
機趣橫生	jī qù héng shēng, full of wit and humor

一、七步詩

文帝嘗令東阿王七步中作詩，不成者行大法。應聲便為詩曰："煮豆持作羹，漉豉以為汁。萁在釜下燃，豆在釜中泣。本是同根生，相煎何太急。"帝深有慚色。

（世說新語·文學）

註：這首詩在《世說新語》中本為六句。後人在流傳中把六句濃縮為四句。我們在各種詩集、詩話中所見到的多半是四句，即："煮豆燃豆萁，豆在釜中泣。本是同根生，相煎何太急。"

【註釋】

文帝	Wén dì	（名）	曹丕 (Cao Pi, 187-226), poet and founder of the Wei Dynasty, son of Cao Cao（曹操）
東阿王 dōng ē wáng		（名）	曹植 (Cao Zhi, 192-232), also known as Cao Zijian（曹子建）, poet and younger brother of Cao Pi
七步中作詩 qī bù zhōng zuò shī		（動語）	to compose a poem in the time required to take seven steps (said of a literary genius)
行大法	xíng dà fǎ	（動語）	to impose severe punishment
煮豆	zhǔ dòu	（動賓）	to cook beans
羹	gēng	（名）	a thick soup
漉	lù	（動）	濾清煮豆的汁 to seep through; to filter
豉	chǐ	（名）	beans
汁	zhī	（名）	汁水 juice
萁	qí	（名）	豆莖 beanstalk
釜	fǔ	（名）	古代的一種鍋 a kind of cauldron used in ancient China
燃	rán	（動）	燃燒 to burn
泣	qì	（動）	哭泣 to cry
同根生 tóng gēn shēng		（動語）	豆粒和豆萁共有同樣的根 to spring from one root
相煎	xiāng jiān	（動語）	煮豆，here: 對我的煎煮
何	hé	（副）	（疑問副詞）為甚麼 why
太	tài	（副）	過於 too; excessively
急	jí	（形）	急切 eager; impatient

二、劉伶病酒

　　劉伶病酒，渴甚，從婦求酒。婦捐酒毀器，涕泣諫曰："君飲太過，非攝生之道，必宜斷之。"伶曰："甚善。我不能自禁，唯當祝鬼神自誓斷之耳。便可具酒肉。"婦曰："敬聞命。"供酒肉於神前，請伶祝誓。伶跪而祝曰："天生劉伶，以酒為名。一飲一斛，五斗解酲。婦人之言，慎不可聽。"便引酒進肉，隗然已醉矣。

（世說新語·任誕）

【註釋】

劉伶	Liú Líng	（名）	字伯倫，西晉名士。竹林七賢之一。 known as one of the Seven Wise Men of the Bamboo Grove (a group of seven men of letters in the 4th century A.D.)
婦	fù	（名）	妻子 wife
捐酒	juān jiǔ	（動語）	把酒倒掉 to throw away the wine
毀器	huǐ qì	（動語）	毀掉酒器 to destroy the drinking vessel
諫	jiàn	（動）	勸告 to advise; to exhort
攝生	shè shēng	（動語）	保養身體 to conserve one's health
斷之	duàn zhī	（動語）	here: 戒酒 to stop drinking
祝	zhù	（動）	祝告 to implore in prayer
自誓	zì shì	（動語）	自我發誓 to take an oath by oneself; to make a vow or promise to oneself
具	jù	（動）	準備 to prepare
跪	guì	（動）	to go down on one's knees
斛	hú	（量）	a dry measure used in former times, equal to 10 dou（斗）; (1 dou = 1 decaliter)
酲	chéng	（名）	宿醉 hangover

慎	shèn	（副）	千萬 be sure
隤	wěi	（動）	當為 "隤" (tuí)，"隤" 與 "頹" 通。醉倒 to collapse

三、吉人與躁人

　　王黃門兄弟三人俱詣謝公，子猷、子重多說俗事，子敬寒溫而已。既出，坐客問謝公："向三賢孰勝？"謝公曰："小者最勝。"客曰："何以知之？"謝公曰："吉人之辭寡，躁人之辭多，推此知之。"

（世說新語・品藻）

【註釋】

王黃門 Wáng huáng mén		（名）	王徽之，字子猷，官至黃門侍郎，故稱 "王黃門"。黃門侍郎 (huáng mén shì láng) an official title
兄弟三人 xiōng dì sān rén		（名語）	王家三兄弟 three brothers in Wang's family 王徽之的大弟弟王操之，字子重；小弟弟王獻之，字子敬。
詣	yì	（動）	拜訪 to call on (somebody one respects)
謝公	Xiè gōng	（名）	the revered Mr. Xie, here: 謝安 (320-385) general of Jin who repulsed the northern invaders in a major battle
俗事	sú shì	（名語）	俚俗之事 small talk; domestic trivia 俗 vulgar; unrefined
寒溫	hán wēn	（名語）	寒暄，應酬話 conventional greetings
吉人	jí rén	（名語）	善人 a good man
辭	cí	（名）	話 words
躁人	zào rén	（名語）	性急不安靜的人 a coarse man
推	tuī	（動）	推斷 to deduce; to infer

四、苦李

　　王戎七歲，嘗與諸小兒游，看道邊李樹多子折枝，諸兒競走取之，唯戎不動。人問之，答曰："樹在道邊而多子，此必苦李。"取之信然。

（世說新語・雅量）

【註釋】

王戎	Wáng Róng	（名）	字濬沖，西晉名士，竹林七賢之一。 a Western Jin official and scholar, one of the Seven Wise Men of the Bamboo Grove
嘗	cháng	（副）	曾經 indicates a past occurrence
李樹	lǐ shù	（名語）	李子樹 plum tree
多子折枝 duō zǐ zhé zhī		（動語）	樹上果實累累，把樹枝都壓彎了 fruit hanging heavy on the trees
競走取之 jìng zǒu qǔ zhī		（動語）	爭著跑過去摘取李子 vie with each other in picking plums
苦李	kǔ lǐ	（名語）	味道苦澀的李子 bitter plum
信然	xìn rán	（副）	果然如此 sure enough; as expected

五、解謎

　　魏武嘗過曹娥碑下，楊修從。碑背上見題作"黃絹幼婦外孫齏臼"八字。魏武謂修曰："解不？"答曰："解。"魏武曰："卿未可言，待我思之。"行三十里，魏武乃曰："吾已得。"令修別記所知。修曰："'黃絹'，色絲也；於字為'絕'。'幼婦'，少女也；於字為'妙'。'外孫'，女子也；於字為'好'。'齏臼'，受辛也；於字為'辤'。所謂'絕妙好辭也'。"魏武亦記之，與修同。乃嘆曰："我才不及卿，乃覺三十里。"

（世說新語・捷悟）

【註釋】

魏武	Wèi Wǔ	（名）	曹操，字孟德。東漢沛國譙（今安徽省亳縣）人。封魏王，死後諡號為"武"。 Cao Cao (155-220), ruler of the Kingdom of Wei during the Age of Three Kingdoms
曹娥碑	Cáo É bēi	（名語）	曹娥，東漢上虞孝女。父親溺死，不得屍。曹娥年十四，日夜沿江號哭，亦投江死。桓帝元嘉時立碑。 a stone tablet erected by a former government in honor of a bereaved daughter Cao E at a young age
楊修	Yáng Xiū	（名）	楊修 (175-219)，字德祖，弘農華陰人。漢末文學家，曾為曹操主簿。 a man of letters towards the end of the Han Dynasty, Cao Cao's keeper of the records
碑背上 bēi bèi shàng		（名語）	在碑的背面 on the back of the tablet
題作	tí zuò	（動語）	to write on something

黃絹幼婦外孫韲臼　　　　　　　這八個字是東漢文學家蔡邕(Cai Yong, 132-
huáng juàn yòu fù wài sūn jī jiù　　192) 所題。　these eight characters were
　　　　　　　　　　　　　　　　　inscribed by Cai Yong, a famous scholar in
　　　　　　　　　　　　　　　　　Eastern Han

解	jiě	（動）	解說，解謎 to interpret; to solve a (perplexing, mathematical, etc.) problem
卿	qīng	（名）	an emperor's form of address for a minister
黃絹	huáng juàn	（名語）	黃色的絲綢 thin yellow silk
色絲	sè sī	（名語）	有顏色的絲 colored silk
絕	jué	（副）	here: "色" plus "絲" is "絕"
幼婦	yòu fù	（名語）	年幼的婦女 lit., young woman
少女	shào nǚ	（名語）	young girl
妙	miào	（形）	here: "少" plus "女" is "妙"
外孫	wài sūn	（名）	daughter's son; grandson
女子	nǚ zǐ	（名語）	指 "女兒的兒子"。
好	hǎo	（形）	here: "女" plus "子" is "好"
韲	jī	（名）	"韲" 亦作 "齏"，辛辣調味品 hot and spicy seasoning
臼	jiù	（名）	stone mortar
受辛	shòu xīn	（動語）	here: 裝辛辣的東西 lit., to hold the hot and spicy seasoning
𠭶	cí	（名）	here: "受" plus "辛" is "𠭶" "𠭶" 同 "辭"。
絕妙好辭		（名語）	好到極點的文辭 quotable quotes; the last say in (wisecracks, quotes, etc.)
jué miào hǎo cí			
覺	jiǎo	（動）	通 "較"。差 fall short of; not up to standard

練習

I. 試將《七步詩》譯成英文。

II. 查字典，為下列詞語作註釋並造句：

1. 酗酒
2. 宿醉不起
3. 戒煙戒酒
4. 雅俗供賞
5. 口碑

III. 閱讀

宋定伯捉鬼

干寶《搜神記》

南陽宋定伯年少時，夜行逢鬼。問之，鬼言："我是鬼。"鬼問："汝復誰？"定伯誑之，言："我亦鬼。"鬼問："欲至何所？"答曰："欲至宛市。"鬼言："我亦欲至宛市。"遂行。

數里，鬼言："步行太遲，可共遞相擔，何如？"定伯曰："大善。"鬼便先擔定伯數里。鬼言："卿太重，將非鬼也？"定伯言："我新鬼，故身重耳。"定伯因復擔鬼，鬼略無重。如是再三。

定伯復言："我新鬼，不知有何所畏忌。"鬼答言："惟不喜人唾。"於是共行。道遇水，定伯令鬼先渡，聽之，了然無聲音。定伯自渡，漕漼作聲。鬼復言："何以有聲？"定伯曰："新死，不習渡水故耳，勿怪吾也。"

行欲至宛市，定伯便擔鬼著肩上，急執之。鬼大呼，聲咋咋然。索下，不復聽之。徑至宛市中下著地，化為一羊，便賣之。恐其變化，唾之。得錢千五百，乃去。

736

【註釋】

汝復誰	rǔ fù shuí	你又是誰呢？
誑	kuáng	欺騙
遂行	suí xíng	於是就同行
共遞相擔	gòng dì xiāng dān	我們互相輪流背著走
何如	hé rú	怎麼樣
略無重	luè wú zhòng	幾乎沒有重量
畏忌	wèi jì	害怕忌諱
唾	tuò	吐唾沫
漕漼	cáo cuì	水聲
執	zhí	捉住
咋咋	zé zé	尖叫聲

作業：

　　每人寫一篇短文（300字），包括分析故事內容、意義，並談談自己的看法。在課堂上發表並討論。

第三十六課

蘭亭集序

王羲之(321-379)，字逸少，晉瑯琊臨沂人。長於書法，草書隸書，為古今第一，有"書聖"的稱號。

永和九年，歲在癸丑，暮春之初，會於會稽山陰之蘭亭，修禊事也。群賢畢至，少長咸集。此地有崇山峻嶺，茂林修竹；又有清流激湍，映帶左右。引以為流觴曲水，列坐其次，雖無絲竹管弦之盛，一觴一詠，亦足以暢敘幽情。

是日也，天朗氣清，惠風和暢。仰觀宇宙之大，俯察品類之盛，所以遊目騁懷，足以極視聽之娛，信可樂也。

夫人之相與，俯仰一世，或取諸懷抱，晤言一室之內；或因寄所託，放浪形骸之外。雖趣捨萬殊，靜躁不同，當其欣於所遇，暫得於己，快然自足，不知老之將至。及其所之既倦，情隨事遷，感慨系之矣。向之所欣，俛仰之間，已為陳跡，猶不能不以之興懷，況修短隨化，終期於盡。古人云："死生亦大矣。"豈不痛哉！

每覽昔人興感之由，若合一契，未嘗不臨文嗟悼，不能喻之於懷。固知一死生為虛誕，齊彭殤為妄作。後之視今，亦猶今之視昔，悲夫！故列敘時人，錄其所述。雖世殊事異，所以興懷，其致一也。後之覽者，亦將有感於斯文。

【註釋】

蘭亭	Lán tíng	（名）	地名，在今浙江省紹興縣西南蘭渚。
			Orchid Pavilion, a place in Shaoxing, Zhejiang province

永和	Yǒnghé	（名）	晉穆帝年號 reign title of Emperor Mu of the Jin Dynasty，這時王羲之三十三歲。
歲在癸丑 suì zài guǐ chǒu		（名語）	the year of Gui chou (353 A.D.)
會稽	Guìjī	（名）	郡名，在今江蘇東部浙江西部 the name of a prefecture
山陰	Shānyīn	（名）	縣名，今紹興縣 the name of a county
修禊	xiū xì	（動語）	古人風俗，於農曆三月三日臨水祭祀，以除妖邪。"禊"是"潔"的意思。 (among the old Chinese literati) to hold a drinking party on the third day of the third moon at some scenic spot to get rid of evil influences
崇山峻嶺 chóng shān jùn lǐng		（名語）	高山大嶺 high mountains and steep peaks
茂林修竹 mào lín xiū zhú		（名語）	茂盛的森林，修長的竹叢 dense forests and tall bamboo
清流	qīng liú	（名語）	清澈的溪水 clear streams
激湍	jī tuān	（形）	急流成漩渦的水 swift current
映帶左右 yìng dài zuǒ yòu		（動語）	映照圍繞左右 (the current) like shining girdles on the right and left（"映帶" 見本課《常用詞》）
引	yǐn	（動）	引導（流水）to channel (water)
流觴	liú shāng	（動語）	引水環曲成為小渠 (qú, canal)，把酒杯放在上游 (upper reaches)，參加聚會的人環坐在渠旁，酒杯隨波而下，在某處停止，那個人就取杯飲酒。這種遊戲叫做"流觴"。"觴"是酒杯。
曲水	qū shuǐ	（名語）	a winding channel
列坐其次 liè zuò qí cì		（動語）	大家依次坐在那裡 people will take their seats on the bank (of the winding channel)

740

絲竹管弦 sī zhú guǎn xián		（名語）	Chinese musical instruments
一觴一詠 yì shāng yì yǒng		（動語）	喝一杯酒，吟一首詩。
足以	zú yǐ	（助動）	足夠用來（見本課《虛詞與句型》）
惠風	huì fēng	（名語）	溫和的風 gentle wind
品類	pǐn lèi	（名語）	品物 varieties of objects
遊目騁懷 yóu mù chěng huái		（動語）	遊覽景物，開暢胸懷 to stretch one's sight and let one's mind roam freely
極視聽之娛 jí shì tīng zhī yú		（動語）	眼睛、耳朵都可以儘情享受 an extremely delightful sense of seeing and hearing
信	xìn	（副）	實在，真的 really; indeed
相與	xiāng yǔ	（動語）	相交往 to deal with somebody
晤言	wù yán	（動語）	相對談 to have a good, heart-to-heart talk
放浪形骸 fàng làng xíng hāi		（動語）	放縱自身，不受束縛 to abandon oneself to Bohemianism
靜	jìng	（形）	安靜，here: 指 "晤言一室之內"
躁	zào	（形）	急躁，here: 指 "放浪形骸之外"
所之	suǒ zhī	（名語）	"之"，往。謂興趣之所追求的 the way one pursues
感慨系之 gǎn kǎi xì zhī		（動語）	感慨就跟著來了 to feel deeply touched by something
向	xiàng	（副）	從前 before; formerly
俛仰之間 fǔ yǎng zhī jiān		（名語）	轉瞬間 for a few moments
況	kuàng	（連）	何況
修短	xiū duǎn	（形）	壽命長短 short or long (of human life)
隨化	suí huà	（動語）	隨著造化安排 to go along with Mother Nature
合一契	hé yí qì	（動語）	相一致 to be the same
嗟悼	jiē dào	（動語）	嘆息悲傷 to heave a sigh

不能喻之於懷　　　　　　　　自己也不知道是甚麼緣故 not knowing
bù néng yù zhī yú huái　　　　　　the reason why

一死生　yī sǐ shēng（動語）　　把死與生看成是同樣的 to identify life with
　　　　　　　　　　　　　　　death

虛誕　　xū dàn　　（形）　　大言不實 absurd

齊　　　qí　　　　（動）　　等齊 to equalize

彭　　　Péng　　　（名）　　彭祖，古代長壽者 the name of a legendary
　　　　　　　　　　　　　　official in the reign of Emperor Yao（堯）
　　　　　　　　　　　　　　who was said to have lived 800 years

殤　　　shāng　　　（動）　　短命而死 to die young

悲夫　　bēi fū　　　　　　　真是可悲呀 Alas

列敘時人　　　　　（動語）　一一敘述參加蘭亭聚會的人 to write down
liè xù shí rén　　　　　　　　the names of those who were present at the
　　　　　　　　　　　　　　gathering

致　　　zhì　　　　（形）　　here: 感觸的原因

有感於　　　　　　（動語）　被⋯⋯感動 to be touched by
yǒu gǎn yú

斯　　　sī　　　　（代）　　它，這篇文章 this composition

常用詞

永　崇　映　弦　幽　品　崇山峻嶺　暢敘幽情
放浪形骸

1. 永　　形容詞

水流長 (shuǐ liú cháng, long river) —→ 長 (long) —→ 永遠 (yǒng yuǎn, forever; everlasting)

江之永矣，不可方思。　　《詩經‧周南‧漢廣》
— 江水遠而長，不能乘筏 (fá, raft) 渡過。

出門臨永路（長路），不見行車馬。

阮籍《詠懷詩》

永垂不朽　　（成語）
(yǒng chuí bù xiǔ, immortal; to be remembered forever
by posterity)

永斷葛滕　　（成語）
(yǒng duàn gé téng, to sever relations forever)

2. 崇　　形容詞

高 (high, lofty)

崇山峻嶺（成語）
(chóng shān jùn lǐng, high mountain ridges)

動詞

尊崇 (zūn chóng, to worship; to revere)；推崇 (tuī chóng, to hold in esteem)

登崇俊良。　韓愈《進學解》
— 選拔尊崇有才能品德好的人。

推崇備至　　（成語）
(tuī chóng bèi zhì, to have the greatest esteem for)

3. 映　　動詞

映照 (yìng zhào, to shine upon)；反映 (fǎn yìng, to reflect)

映帶 (yìng dài, mountains, lakes, trees, flowers, etc.
　　　　merging together to form an enchanting sight)

清流激湍，映帶左右。
— 清水急流，映照圍繞在（亭子）左右。

映雪讀書　　（成語）
(yìng xuě dú shū, to study by the glare of the snow
— said of Sun Kang (孫康), a poor scholar of the
Jin Dynasty)

4. 弦　名詞

    (1) 琴瑟、提琴、吉他等弦樂器的弦 (the string of a musical instrument)

        聞弦歌之聲　《論語‧陽貨》

        — 聽到音樂唱歌的聲音。

        弦外之音　　　（成語）

        (xián wài zhī yīn, overtones; implications)

    (2) 弓的弦 (bowstring)

        度不中不發，發即應弦而倒。　《史記‧李將軍列傳》

        — 測度如不能中的，就不發射；一旦發射，目標就隨著弦聲倒下。

5. 幽　形容詞

    暗 (àn, dark)，深暗 (shēn àn, dark; deep) ⟶ 隱晦 (yǐn huì, obscure; veiled)⟶ 幽雅 (yōu yǎ, quietly and tastefully laid out)

        出自幽谷　《詩經‧小雅‧伐林》

        — 從深暗的山谷出來。

        野芳發而幽香。　歐陽修《醉翁亭記》

        — 野花開放而發散著幽香 (yōu xiāng, a delicate fragrance)。

發思古之幽情　　（熟語）

(dwell on things from the remote past)

亦足以暢敘幽情。

── 也足夠痛快地發抒幽雅的情意了。

6. 品　　名詞

類 (lèi, kind; type)，種 (zhǒng, kind; class; category) ──→ 品質 (pin zhì, quality; character)

俯察品類之盛。

── 低頭觀察萬物（種類）的繁多。

人品庸陋。　　沈約《奏彈王源》

── 人的品格平凡低下。

動詞　品評 (pǐn píng, to judge; to comment on)

以才品人。　　《宋書‧恩幸傳》

── 用才能來品評人。

虛詞與句型

1. 足以　　助動詞

　　"足以"後面得有動詞，表示對事物作出肯定的判斷。相當於現代漢語的"足夠用來"(to be sufficient to)。不過，"足以"在現代漢語中也還經常使用。

　　　　仰觀宇宙之大，俯察品類之盛，所以遊目騁懷，
　　　　足以極視聽之娛，信可樂也。

　　　　— 抬起頭來，看到世界的廣大，低下頭去，觀察
　　　　萬物的繁多；籍此放開眼界，舒暢心胸，完全可以
　　　　滿足視聽的享受，真是叫人快樂。

　　　　一觴一詠，亦足以暢敘幽情。
　　　　— 喝一杯酒，吟一首詩，也足夠痛快地發抒深雅的
　　　　情意了。

　　"足以"前面如果有否定副詞"不"或"未"，則對事物作出否定的判斷。例如："不足以"，"未足以"(to be insufficient to)，在多數情況下，都可以對譯成"不值得"(not worth)。

　　　　不足以煩中國往救也。　《史記·東越列傳》
　　　　— 不值得麻煩中國前往救援。

2. 況　　連詞

連接分句，表示進層關係。相當於"何況"(much less; let alone)。

向之所欣，俛仰之間，已為陳跡，猶不能不以之興懷，
況修短隨化，終期於盡。

— 從前所快樂的，轉瞬間已經變成過去的事，還不能
不引起感慨；何況人的壽命長短，聽憑造化安排，結果
都要歸於消亡。

一夫不可狃(niǔ)，況國乎！　《左傳·僖公十五年》

— 一個人尚且不可簡慢輕視，何況一個國家呢！

註："況乎"、"況於"還都是連詞，意思也是"何況"。

3. 豈不　　副詞

"豈"是副詞，表示反詰。"不"是否定副詞。"豈不"在句中作狀
語。可譯為"難道不"或"怎麼能不"。

豈	不	痛	哉　！
adv	adv	adj	modal particle

adv adjunct

— 怎麼能不悲痛呢！

748

"豈不"經常用在反問句中，表示說話的人無疑而問，並不要求回答。常見的用"豈不"的反問句結構是：

主語 ＋ 豈 ＋ 不 ＋ 形容詞 ＋ 哉（乎哉、矣哉）

此三臣者，豈不忠哉？　《史記·李斯列傳》
— 這三個臣子，難道不忠嗎？

以此為治，豈不難哉？　　　《呂氏春秋·察今》
— 用這種方法治理，難道不難嗎？

乃引天亡我非用兵之罪也，豈不謬哉？《史記·項羽本紀》
— 卻說是"天要亡我而不是作戰的罪過"，這難道不荒謬嗎？

"豈不"也常用在現代漢語中，例如：

豈不白日作夢？
(Isn't that daydreaming?)

豈不更為實際？
(Wouldn't that be more practical?)

這樣豈不可憐？
(Isn't this pitiful?)

5. 未嘗不

　　"未嘗"是副詞，意思是"從來沒有"，"從來不曾"。但"未嘗"和"不"連用，意思卻是"從來都是這樣"。一般可譯成"總是"。

　　　　未嘗不臨文嗟悼。
　　　　‧‧‧
　　　　— 沒有一次不對著文章嘆息悲傷的。
　　　　　‧‧‧‧‧

　　　　雖蔬食菜羹，未嘗不飽。　《孟子‧萬章下》
　　　　　　　　　　‧‧‧
　　　　— 雖然是粗飯菜湯，沒有不吃飽的（總是吃飽）。
　　　　　　　　　　‧‧‧

750

練習

I. 選《蘭亭集序》中一段譯成白話。

II. 寫一篇短文（300字），描寫一處你最喜歡的風景點。

　　註：王羲之是古代的傑出書法家。喜歡書法的人多用他的字帖 (zì tiè, copybook for calligraphy) 學習摹仿。《蘭亭集序》是著名的字帖之一。

第三十七課

桃花源記

陶淵明(365-427)，又名潛，字元亮，東晉潯陽柴桑（今江西省九江市西南）人。是東晉後期到劉宋初期的著名詩人。《桃花源記》是《桃花源詩並記》中的一篇小記。原詩附於本課之後作為參考。本文選自孫福清暑檢《陶淵明集》，光緒已卯年廣州翰墨園雕本。

晉太元中，武陵人捕魚為業，緣溪行，忘路之遠近。忽逢桃花林，夾岸數百步，中無雜樹，芳草鮮美，落英繽紛，漁人甚異之。復前行，欲窮其林。林盡水源，便得一山。山有小口，彷彿若有光，便舍船，從口入。

初極狹，纔通人。復行數十步，豁然開朗。土地平曠，屋舍儼然。有良田、美池、桑竹之屬，阡陌交通，雞犬相聞。其中往來種作，男女衣著，悉如外人；黃髮垂髫，並怡然自樂。見漁人，乃大驚，問所從來，具答之。便要還家，設酒、殺雞、作食。村中聞有此人，咸來問訊。自云：先世避秦時亂，率妻子邑人來此絕境，不復出焉，遂與外人間隔。問今是何世？乃不知有漢，無論魏、晉！此人一一為具言所聞，皆歎惋。餘人各復延至其家，皆出酒食。停數日，辭去。此中人語云："不足為外人道也。"

既出，得其船，便扶向路，處處誌之。及郡下，詣太守，說如此。太守即遣人隨其往，尋向所誌，遂迷不復得路。南陽劉子驥，高尚士也，聞之欣然規往，未果，尋病終。後遂無問津者。

【註釋】

桃花	táo huā	（名）	peach blossom
源	yuán	（名）	河流開始的地方 source of a river
桃花源		（名語）	a utopia; a haven
táo huā yuán			
晉	Jìn	（名）	指東晉 (317-420)，here: Eastern Jin
太元	tài yuán	（名語）	東晉孝武帝（司馬昌明）的年號 reign title of Emperor Xiaowu of Eastern Jin Dynasty
武陵	Wǔlíng	（名）	郡名，現在湖南省常德市一帶 place name in Hunan province
捕魚	bǔ yú	（動賓）	捉魚 to catch fish
為	wéi	（動）	當作 to act as
業	yè	（名）	職業；行當 occupation
緣溪行		（動語）	沿著山中的溪流划船上去 to follow the course of a stream
yuán xī xíng			
忽逢	hū féng	（動語）	忽然踫上 suddenly come to
桃花林		（名語）	開著花的桃樹林 a forest of blossoming peach trees
táo huā lín			
夾岸	jiā àn	（動語）	排在溪流的兩岸 to line either bank
雜樹	zá shù	（名語）	其他種類的樹 trees of another kind
芳草	fāng cǎo	（名語）	芳香的草 fragrant grass
鮮美	xiān měi	（形）	新鮮美麗 fresh and beautiful
落英繽紛		（形）	一地的落花散亂著 petals falling in riotous profusion
luò yīng bīn fēn			
異	yì	（形）	（形容詞意動用法）以……為異，覺得很不尋常 to be seized with wonder
之	zhī	（代）	指上面所見到的景象
窮其林		（動語）	弄清楚這樹林子（有多遠）to get to the end (of this forest of blossoming peach trees)
qióng qí lín			

754

小口	xiǎo kǒu	（名語）	small opening; a narrow entrance
舍	shě	（動）	離開；扔下 to leave
狹	xiá	（形）	狹窄 narrow
豁然開朗 huò rán kāi lǎng		（形）	（忽然）開闊明朗起來 (shortly usher him into) the open light of day
平曠	píng kuàng	（形）	平坦廣闊 (of land) level and wide
屋舍儼然 wū shè yǎn rán		（主謂）	房屋整整齊齊 houses in distinct order; fine houses
良田	liáng tián	（名語）	肥沃的田地 rich field
美池	měi chí	（名語）	美麗的池塘 beautiful ponds
桑竹之屬 sāng zhú zhī shǔ		（名語）	桑樹、竹林之類 luxuriance of mulberry and bamboo
阡陌交通 qiān mò jiāo tōng		（主謂）	田間小路四通八達 linking paths lead everywhere
悉	xī	（副）	都，完全 exactly
黃髮	huáng fà	（名語）	here: 指頭髮花白的老年人 white-haired elders
垂髫	chuí tiáo	（名語）	here: 指額頭前掛著劉海兒的小孩兒 young children in bangs
怡然自樂 yí rán zì lè		（形）	安閒愉快的樣子 happy and pleased with oneself
問所從來 wèn suǒ cóng lái		（動語）	從何處來到這裡 to inquire where (he) had come from
具	jù	（副）	詳細 in detail
要	yāo	（動）	邀請 to invite
咸	xián	（副）	都 everyone; all
自云	zì yún	（動語）	桃花源中人自己說
先世	xiān shì	（名語）	祖先 forefathers
避秦時亂 bì Qín shí luàn		（動語）	躲避秦朝時的兵亂 to flee from the civil wars of the age of Qin

率	shuài	（動）	帶領 to bring
邑人	yì rén	（名語）	同鄉的人 townsmen
絕境	jué jìng	（名語）	與外界隔絕的地方 isolated place; seclusion
不復出	bú fù chū	（動語）	不再出去 never to leave again
乃	nǎi	（副）	居然 unexpectedly
不知有漢 bù zhī yǒu Hàn		（動語）	不知道有個漢朝 to be ignorant of the existence of the Han Dynasty; never heard of the Han
無論魏晉 wú lùn Wèi Jìn		（動語）	更不用說甚麼魏晉 to say nothing of the Wei Dynasty or the Jin Dynasty
歎惋	tàn wǎn	（動語）	感嘆 to sign with feeling
不足為外人道 bù zú wèi wài rén dào		（動語）	沒有必要對外邊人講起這件事。 It is not worth speaking to the people outside.
扶向路 fú xiàng lù		（動語）	沿著以前來的路 to retrace the original route
處處誌之 chù chù zhì zhī		（動語）	一處一處都做上標誌 to mark it point after point
郡下	jùn xià	（名）	（武陵）郡城 prefectural capital
太守	tài shǒu	（名）	郡的最高長官 prefect; prefectural magistrate
迷	mí	（動）	here: 迷路 to lose one's way
南陽	Nányáng	（名）	地名，在今河南省南陽市 place name
劉子毅	Liú Zǐyì	（名）	人名
高尚士 gao shàng shì		（名語）	清高的隱士 a virtuous hermit
尋	xún	（副）	不久 soon
問津者 wèn jīn zhě		（名語）	探問這條路的人 seekers of the place; people who attempt to locate the place

756

桃花源詩

嬴氏亂天紀，賢者避其世。
黃綺之商山，伊人亦云逝。
往跡浸復湮，來逕遂蕪廢。
相命肆農耕，日入從所憩。
桑竹垂餘蔭，菽稷隨時藝。
春蠶取長絲，秋熟靡王稅。
荒路曖交通，雞犬互鳴吠。
俎豆猶古法，衣裳無新製。
童孺縱行歌，班白歡游詣。
草榮識節和，木衰知風厲。
雖無紀曆誌，四時自成歲。
怡然有餘樂，於何勞知慧。
奇蹤隱五百，一朝敞神界。
淳薄既異源，旋復還幽蔽。
借問游方士，焉測塵囂外。
願言躡輕風，高舉尋吾契。

練習

I. 解釋下面劃線的詞語：

    1. 林盡水源，便<u>得</u>一山。
    2. 阡陌<u>交通</u>，雞犬相聞。
    3. 率<u>妻子</u>邑人來此絕境。
    4. 黃髮垂髫，<u>並</u>怡然自樂。
    5. 未果，<u>尋</u>病終。後遂無<u>問津</u>者。

II. 解釋下面劃線的虛詞及句型的語法功能：

    1. 漁人甚<u>異之</u>。
    2. 彷彿<u>若</u>有光。
    3. 見漁人，<u>乃</u>大驚，問<u>所</u>從來。
    4. 不復出<u>焉</u>。
    5. <u>此人一一為具言所聞</u>，皆嘆惋。（分析整個句子的結構）

III. 問題：

    1. 作者在《桃花源記》中表現了甚麼樣的思想？
    2. 請談談你心目中的理想世界。

第三十八課

春夜宴桃李園序

李白 (701-762)，字太白，號青蓮居士。唐朝詩人。

　　夫天地者，萬物之逆旅；光陰者，百代之過客。而浮生若夢，為歡幾何？古人秉燭夜遊，良有以也。況陽春召我以煙景，大塊假我以文章。會桃李之芳園，序天倫之樂事。群季俊秀，皆為惠連；吾人詠歌，獨慚康樂。幽賞未已，高談轉清。開瓊筵以坐花，飛羽觴而醉月。不有佳作，何伸雅懷？如詩不成，罰依金谷酒數。

【註釋】

逆旅	nì lǚ	（名）	客舍 an inn
光陰	guāng yīn	（名）	時間 time
過客	guò kè	（名語）	過路的客人 a passing traveler
浮生若夢 fú shēng ruò mèng			飄浮的人生像一場夢 The floating life is like a dream. Cf., Life is but an empty dream — Henry Wadsworth Longfellow, *A Psalm of Life*
秉燭夜遊 bǐng zhú yè yóu		（動語）	手拿著燈燭夜裡出遊 lit., to hold a candle for a night excursion — Life being short, one cannot afford to let time flee without making use of it.
良	liáng	（副）	確實 indeed
以	yǐ	（名）	原因 reason
陽春	yáng chūn	（名語）	春天溫暖的陽光 the sunny spring

召	zhāo	（動）	召喚 to call; to invite
以	yǐ	（介）	用 with
煙景	yān jǐng	（名語）	煙霧朦朧的景色 a hazy view
大塊	dà kuài	（名語）	大地 the earth
假	jiǎ	（動）	賜給 to provide
文章	wén zhāng	（名語）	here: 錦繡河山 a land of charm and beauty
會	huì	（動）	聚會 to get together
序	xù	（動）	暢談 to talk freely and to one's heart's content
天倫	tiān lún	（名語）	家庭中的天然情誼 the natural bonds and ethical relationship between members of a family
群季	qún jì	（名語）	兄弟們
俊秀	jùn xiù	（形）	才華出眾 of literary talent
惠連	Huìlián	（名）	指謝惠連 (394-430)，南朝文學家 talented man of letters and cousin of 謝靈運
康樂	Kānglè	（名）	指謝靈運 (385-433), renowned man of letters
瓊筵	qióng yán	（名語）	sumptuous banquet
坐花	zuò huā	（動語）	坐在花叢中 to sit amid the flowers
羽觴	yǔ shāng	（名語）	古代一種鳥雀形，有頭、有尾、有翅膀的酒杯 the winged goblet
醉月	zuì yuè	（動語）	沈醉在月下 to get drunk under the moon
佳作	jiā zuò	（名語）	here: 好詩 fine poems
雅懷	yǎ huái	（名語）	高雅的情懷 poetic mood
金谷	jīn gǔ	（名）	晉朝石崇有金谷園，宴賓園中，賦詩不成，罰酒三斗。

練習

I. 試將下面一段對《春夜宴桃李園序》的評語譯成白話:

"發端數語,已見瀟灑風塵之外;而轉落層次,語無泛設。
幽懷逸趣,辭短韻長,讀之增人許多情思。"

第三十九課

師說

韓愈(768-824)，字退之，河南河陽（今河南省孟縣）人。唐代文學家。

　　古之學者必有師。師者，所以傳道、受業、解惑也。人非生而知之者，孰能無惑？惑而不從師，其為惑也終不解矣。

　　生乎吾前，其聞道也，固先乎吾，吾從而師之；生乎吾後，其聞道也，亦先乎吾，吾從而師之。吾師道也，夫庸知其年之先後生於吾乎？是故無貴，無賤，無長，無少，道之所存，師之所存也。

　　嗟乎！師道之不傳也久矣，欲人之無惑也難矣！古之聖人，其出人也遠矣，猶且從師而問焉；今之眾人，其下聖人也亦遠矣，而恥學於師。是故聖益聖，愚益愚，聖人之所以為聖，愚人之所以為愚，其皆出於此乎！

【註釋】

所以	suǒ yǐ	（名）	（名詞性短語）用來……的人
傳道	chuán dào	（動賓）	傳授道理 to pass on knowledge
受業	shòu yè	（動賓）	"受"同"授"，講受學業 to impart learning
解惑	jiě huò	（動賓）	解釋疑難問題 to dispel doubts
孰	shú	（代）	誰，哪一個
乎	hū	（介）	在（見本課《虛詞與句型》）
師道	shī dào	（動賓）	師：名詞動用。師道：學習道理
庸	yōng	（副）	哪 how
知	zhī	（動）	識別 to distinguish

無	wú	（連）	無論 no matter what, how, etc.; regardless of
嗟乎	jiē hū	（嘆）	（嘆詞） alas
出人	chū rén	（動語）	超出一般人 to excel over ordinary men
猶且	yóu qiě	（副）	（副詞性短語）尚且；還（見本課《虛詞與句型》）
下	xià	（動）	低於 to be lower than
恥學於師		（動語）	恥：形容詞意動用法。於：向。
chǐ xué yú shī			恥學於師：以向老師求教為羞恥 to consider it a shame to study with a teacher
益	yì	（副）	更加 more
愚	yú	（形）	愚笨 stupid

　　愛其子，擇師而教之，於其身也則恥師焉，惑矣！彼童子之師，授之書而習其句讀者也，非吾所謂傳其道，解其惑者也。句讀之不知，惑之不解，或師焉，或不焉，小學而大遺，吾未見其明也。

於其身也		（介賓）	對於他自己
yú qí shēn yě			
恥師	chǐ shī	（動語）	以從師為恥
於其身也則恥師焉			He is ashamed to follow a teacher himself.
彼	bǐ	（代）	那 that
童子	tóng zǐ	（名語）	小孩子 child
句讀	jù dòu	（名語）	the period and the comma; sentences and phrases
句讀之不知		（主謂）	（主謂短語）句讀不能了解
惑之不解		（主謂）	疑難問題得不到解答（見本課《虛詞與句型》）
或	huò	（代）	有的 some
小學	xiǎo xué	（動語）	小的方面學習了 to learn the minor things

大遺	dà yí	（動語）	大的方面丟掉了 to neglect the major things	
明	míng	（名）	智慧 wisdom	

　　巫醫樂師、百工之人，不恥相師；士大夫之族，曰師、曰弟子云者，則群聚而笑之。問之，則曰："彼與彼年相若也，道相似也。"位卑則足羞，官盛則近諛。嗚呼！師道之不復可知矣。巫、醫、樂師、百工之人，君子不齒，今其智乃反不能及，其可怪也歟！

巫醫	wū yī	（名）	witch doctor
樂師	yuè shī	（名）	musicians
百工	bǎi gōng	（名）	各種從事手工藝的人 various craftsmen
相師	xiāng shī	（動語）	互相學習 to learn from each other
士大夫	shì dà fū	（名語）	literati and officialdom (in feudal China)
相若	xiāng ruò	（動）	相似，差不多 to be similar
位卑	wèi bēi	（主謂）	here: 以地位低的人為師 to study with a teacher who is lower in social status
足羞	zú xiū	（動語）	就夠羞恥的了 to be considered shameful
官盛	guān shèng	（形）	here: 以官職高的人為師 to study with a high-ranking official only to curry favor
近諛	jìn yú	（動語）	近於諂媚 only to curry favor
不齒	bù chǐ	（動語）	不屑與之同列，瞧不起 to hold in contempt

　　聖人無常師，孔子師郯子、萇弘、師襄、老聃。郯子之徒，其賢不及孔子。孔子曰："三人行，則必有我師。"是故弟子不必不如師，師不必賢於弟子。聞道有先後，術業有專攻，如是而已。

　　李氏子蟠，年十七，好古文，六藝經傳，皆通習之：不拘於時，請學於余。余嘉其能行古道，作《師說》以貽之。

郯子	Tán zǐ	（名）	春秋時郯國的國君
萇弘	Cháng Hóng	（名）	周敬王時的大夫
師襄	Shī Xiāng	（名）	魯國樂官
老聃	Lǎo Dān	（名）	即老子
李氏子蟠 lǐ shì zǐ pán		（名語）	李家的孩子名叫蟠的
六藝經傳 liù yì jīng zhuàn		（名語）	指詩、書、禮、樂、易、春秋的經文和傳文 the Six Books of Chinese classics
不拘於時 bù jū yú shí		（動語）	不受時下風氣的拘束 to not confine oneself to the general mood of society
貽	yí	（動）	送 to give (as a present)

常用詞

傳　從　相　盛　藝

1. 傳　　動詞

    傳達；傳授；流傳

    師者，所以傳道授業解惑也。
    —— 老師是傳授道理、學業，解釋疑惑的人。

    功如丘山，名傳後世。　《鹽鐵論·非鞅》
    —— 功業好像山丘，名望流傳到後代。

2. 從　　動詞

    (1) 跟隨，跟從

    猶且從師而問焉。
    —— 尚且跟從老師學習問難。

    (2) 順從 (shùn cóng, to be obedient to)；聽從 (tīng cóng, to obey; to comply with)

    從天而頌之，孰與制天命而用之。　《荀子·天論》
    —— 順從天去頌揚它，怎麼比得上控制自然界的規律
    而利用它？

(3) 由 (yóu, from)

從小丘西行百二十步。　　　柳宗元《至小丘西小石潭記》

— 由小丘向西走一百二十步。

3. 相　　副詞

互相 (hù xiāng, mutual; each other)

百工之人，不恥相師。

— 各種工匠，不以為彼此互相學習是可恥的。

帝王不相復，何禮之循？　　《商君書・更法》

— 帝王不互相沿襲，遵循哪種禮制？

相輔相成　　　（成語）

(xiāng fǔ xiāng chéng, to supplement each other)

相思

(xiāng sī, yearning between lovers)

4. 盛　　形容詞

興旺 (xīng wàng, prosperous; flourishing)

官盛則近諛。
—如果拜官運興旺的大官做老師，就覺得好像是巴結他。

有生死，有盛衰。　《韓非子‧解老》
—（人）有生存和死亡，（事物）有興旺與衰敗。

5. 藝　　名詞

才能，技能 (jì néng, technical ability)

六藝：　(1) 六種技能：禮、樂、射、御、書、數
　　　　　　　　　（禮節、音樂、射箭、駕車、寫字、算術）

　　　　 (2) 六部儒家經典：詩、書、易、禮、樂、春秋

藝高膽大　　（熟語）
(yì gāo dǎn dà, Boldness of execution stems from superb skill.)

虛詞與句型

1. 乎　　介詞

"乎"用在句中，相當於"於"。它所表示的意思應從上下文去理解。

> 生乎吾前，其聞道也固先乎吾，吾從而師之。
> —— 生在我前頭的人，他了解道理本來就比我早，
> 我當然跟從他，拜他做老師。

> 生乎吾後，其聞道也亦先乎吾，吾從而師之。
> —— 生在我後頭的人，如果他了解道理也比我早，
> 我也跟從他，拜他做老師。

2. 猶且　　副詞性短語

用"猶且"的句子是讓步句的一種。經常是先讓步，後進逼；也就是說先輕後重，語義重點在後一句上。這種短語有幾種形式，可跟據上下文去理解。

(1) 猶且 ＝ 還；尚且 (still; yet)
(2) 雖……猶…… ＝ 雖然……還是…… (though . . . still . . .)
(3) 猶且……有況…… ＝ 尚且……何況…… (even . . . let alone . . .)

> 古之聖人，其出人也遠矣，猶且從師而焉；今之眾人，
> 其下聖人也亦遠矣，而恥學於師。
> —— 古代的聖人，他們（才智）超出一般人很遠，尚且
> 跟隨老師向老師求教；現在的一般人，他們（才智）
> 遠遠低於聖人，可是卻以向老師求教為恥。

770

史以名為褒貶，猶且恐懼不敢為；設使退之為御史
中丞大夫，其褒貶成敗人愈益顯，其宜恐懼尤大也。

柳宗元《與韓愈論史官書》

—— 史官根據名分來讚揚或貶抑（人物），尚且畏懼不敢
輕易下筆；假如讓您（退之）擔任御史中丞大夫（唐代
主管執法的官吏），恐怕對人們的讚揚、貶抑、成全損
毀就會更加明顯，那應當畏懼的就更多了。

蔓草猶不可除，況君之寵弟乎？

《左傳・隱公元年》

—— 蔓延的野草尚且不能根除，何況國君（您）
受寵愛的弟弟呢？

4. 主謂短語

連詞 "之" 用在主語和謂語之間，取消句子的獨立性，使其成為主謂
短語，作複句中的主語或賓語。

When "之" is used between a subject and predicate of a sentence, it makes
a sentence a clausal phrase. This phrase functions as the subject or object in a
compound sentence.

$$\underline{句讀}\ \ 之\ \ \underline{不知}，\underline{惑}\ \ 之\ \ \underline{不解}，\underline{或師焉}，\underline{或不 (fǒu) 焉}$$

句讀	之	不知	惑	之	不解	或師焉	或不(fǒu)焉
S		P	S		P	P1	P2

S1   S2

—— 句讀不明白，就去請教老師；有疑問不能解決，
卻不去請教老師。

師道　之　不復，　可知矣
　S　·　P　　　P
└────┬────┘
　　　S

—— 尊師重道（的風氣）沒有得到恢復，這是很
明白的了。

吾盾　之　堅，　物莫　能陷　也。
　S　·　P　　S　P (V)　particle
└────┬────┘　　　　└───┐
　　　O─────────────────┘

—— 我的盾堅固，沒有甚麼東西能刺穿（它）。

師道　之　不傳，　久矣。
　S　·　P　　P
└────┬────┘
　　　S

—— 從師學習的風氣不能流傳，已經很久了。

練習

I. 作文：我最敬愛的一位老師

II. 閱讀練習

馬說

《昌黎先生集・雜說》

世有伯樂然後有千里馬千里馬常有而伯樂不常有故雖有名馬祇辱於奴隸人之手駢死於槽櫪之間不以千里稱也馬之千里者一食或盡粟一石食馬者不知其能千里而食也是馬也雖有千里之能食不飽力不足才美不外見且欲與常馬等不可得安求其能千里也策之不以其道食之不能盡其材鳴之而不能通其意執策而臨之曰天下無馬嗚呼其真無馬邪其真不知馬也

1. 試將上面一段文章加上標點符號。

2. 查字典將這篇文章譯成白話。

第四十課

陋室銘

　　劉禹錫(772-842)，字孟得，洛陽（今河南省洛陽市）人。唐代詩人、散文家。本文選自《劉夢得文集》。

　　山不在高，有仙則名；水不在深，有龍則靈。斯是陋室，惟吾德馨。苔痕上階綠，草色入簾青。談笑有鴻儒，往來無白丁。可以調素琴，閱金經。無絲竹之亂耳，無案牘之勞形。南陽諸葛廬，西蜀子雲亭。孔子云："何陋之有？"

【註釋】

銘	míng	（名）	"銘"是一種文體。一般屬於"箴銘"類。 inscription (a type of didactic literary composition)
仙	xiān	（名）	仙人 immortals
則	zé	（副）	就
名	míng	（名）	（名詞動用）出名 to be famous
靈	líng	（名）	（名詞動用）有靈異 to be sacred
斯	sī	（代）	這 this
陋	lòu	（形）	簡陋 simple and crude
德	dé	（名）	品德 (one's) virtue
馨	xīn	（形）	香氣 fragrant; here: 品德高尚 noble-minded
苔	tái	（名）	青苔 moss
痕	hén	（名）	痕跡 mark; trace
階	jiē	（名）	台階 steps leading up to a house

上	shàng	（動）	漫上 to spread
入	rù	（動）	映進 to reflect
簾	lián	（名）	screen
鴻儒	hóng rú	（名語）	博學的人 learned scholars
白丁	bái dīng	（名語）	平民 a commoner; here: 沒有甚麼學問的人
調	tiáo	（動）	彈奏 to play (a musical instrument)
素琴	sù qín	（名語）	沒有裝飾的琴 flute
閱	yuè	（動）	看 to read
金經	jīn jīng	（名語）	here: 佛經 Buddhist sutra
絲竹	sī zhú	（名語）	here: 琴瑟、簫管等管弦樂器 Chinese musical instruments
亂耳	luàn ěr	（動語）	擾亂聽覺 to confound the ear
案牘	àn dú	（名語）	官府公文 official documents
勞形	láo xíng	（動語）	勞累心力 to weary the body and mind
南陽	Nányáng	（名）	地名，在今湖北省襄陽縣一帶。
諸葛	Zhūgě	（名）	即諸葛亮（見第三十四課說明）
西蜀	xī shǔ	（名）	地名，即今四川省。
子雲	Zǐyún	（名）	楊雄，字子雲，蜀郡成都人。西漢著名文學家。

常用詞

銘 仙 龍 苔 雲

1. 銘　名詞

"銘" 是刻在器物上記述生平、事業或警戒自己的文字 ——→銘刻在心上，永遠不忘。

鍾鼎之銘。　《韓非子·外儲說左上》

— 刻在鍾鼎上的銘文 (inscription; epigraph)。

銘心立報。《三國志·吳書·周魴傳》

— 銘記在心，決心報答。

墓誌銘

(mù zhì míng, inscription on the memorial tablet within a tomb)

座右銘

(zuò yòu míng, motto)

銘諸肺腑　（熟語）

(míng zhū fèi fǔ, to bear firmly in mind)

2. 仙　　名詞

仙人 (immortals)

忽聞海外有仙山。　　　白居易《長恨歌》
— 忽然聽說在海外有仙人居住的山。

形容詞　輕鬆 (relaxed)

行遲更覺仙。　　　杜甫《覽鏡呈柏中丞》

飄飄欲仙　　　（成語）

(piāo piāo yù xiān, light; airy; complacent)

3. 龍　　名詞

龍蟠虎踞　　　（成語）
(lóng pān hǔ jū, like a dragon that coils and a tiger
that crouches — impressive terrain)

龍驤虎步　　　（成語）
(lóng xiāng hǔ bù, imposing air; dignified manner)

龍捲風
(lóng juǎn fēng, a tornado; a twister)

龍舟
(lóng zhōu, dragon-shaped race boat — for use on
the Dragon-Boat Festival)

778

4. 苔　　名詞

滚石不生苔　　　（熟語）
·
(gǔn shí bù shēng tái, A rolling stone gathers no moss)

5. 雲　　名詞

雲消霧散　　（成語）
·
(yún xiāo wù sàn, the clouds melt and the mists
disperse — vanish into thin air)

　　註：古代的"雲"和"云"是兩個字。在現代漢語中，"雲"字簡化為
"云"。

虛詞與句型

1. 排比 Parallelism (the use of parallel structure in writing)

　　排比是把幾個意義相關，結構相似的語句排列組合在一起，來表達相關的意思。

(1) 單句排比：

<pre>
無　絲竹　之　亂耳，　無　案牘　之　勞形。
V　｜S　·　P｜　　V　｜S　·　P｜
　　　　O　　　　　　　　　O
</pre>

　　連詞"之"把句子變成一個主謂短語，做動詞"無"的賓語。這是意義相關、結構相同的排比。

老者安之，朋友信之，少者懷之。

《論語‧公冶長》

(2) 複句排比：

山不在高，有仙則名。
水不在深，有龍則靈。

不登高山，不知天之高也；不臨深谿，不知地之厚也；
不聞先生之遺言，不知學問之大也。

《荀子‧勸學》

2. 對偶 Antithesis (a matching of both sound and sense in two lines, sentences, etc. usually with the matching words in the same part of speech)

苔痕	上	階	綠，	草色	入	簾	青。
NP	V	N	adj	NP	V	N	adj
moss trace	spread	steps	green	grass color	enter	screen	blue

談笑有鴻儒，往來無白丁。

（用 "有" 和 "無" 表示相反的意思。）

南陽	諸葛	廬，	西蜀	子雲	亭。
place name	personal name	cottage	place name	personal name	pavilion

兩個黃鸝鳴翠柳，一行白鷺上青天。

杜甫 《絕句》

儒以文亂法，俠以武犯禁。

《韓非子·五蠹》

高峰入雲，清流見底。

陶弘景 《答謝中書書》

　　註：排比和對偶有相同之處。它們的區別是：對偶常用兩兩相對，排比可將多句排在一起；對偶要求結構相同，排比可以只是相似；對偶要求詞性相同，平仄相對，字數相等，而排比不一定受這樣的限制。

練習

I. 試將本課譯成現代白話文：

II. 下面一段英文，是英國小說家John Lyly (1554?-1606) 所首創的一種文體。
叫做 "euphuism"。因為多用對仗、雙聲、典故、譬喻等，所以很類似中國古
代的駢體文 (pián tǐ wén, rhythmical prose characterized by parallelism and
ornateness)。同學可作為參考，或試試譯成中文，藉以自娛。

> The greener the leaves be the more bitter is the sap. The
> salamander is most warm when it lies farthest from the fire;
> and women are most heart-hollow when they are most
> lip-whole; the strongest oak has his sap and his worms.
> The ravens will grieve in the fairest ash.
>
> — Robert Greene (1560?-1592)

第四十一課

赤壁賦

蘇軾 (1036-1101)，宋眉山人，字子瞻，宋朝詩人、散文家。

壬戌之秋，七月既望，蘇子與客泛舟遊於赤壁之下。清風徐來，水波不興。舉酒屬客，誦明月之詩，歌窈窕之章。少焉，月出於東山之上，徘徊於斗牛之間。白露橫江，水光接天。縱一葦之所如，凌萬頃之茫然。浩浩乎如馮虛御風，而不知其所止；飄飄乎如遺世獨立，羽化而登仙。

於是飲酒樂甚，扣舷而歌之。歌曰："桂棹兮蘭槳，擊空明兮泝流光。渺渺兮予懷，望美人兮天一方。"客有吹洞簫者，倚歌而和之，其聲嗚嗚然：如怨，如慕，如泣，如訴；餘音嫋嫋，不絕如縷；舞幽壑之潛蛟，泣孤舟之嫠婦。

【註釋】

壬戌	rén xū	（名）	宋神宗元豐五年 (1082)。
七月既望		（名語）	農曆十六日 the sixteenth day of the seventh month
qī yuè jì wàng			
赤壁	Chìbì	（名）	地名。據蘇軾自書《後赤壁賦》後云："江漢之間，指赤壁者，三焉：一在漢水之側，竟陵之東，即復州；一在齊安之步下，即黃州；一在江夏之西南一百里，今屬漢陽縣。"宋胡仔《苕溪漁隱叢話》斷謂江夏西南一百里之赤壁，為曹操敗處。今屬湖北嘉魚縣。
屬客	zhǔ kè	（動語）	勸客喝酒 to offer a drink (of wine or liquor)

明月之詩窈窕之章　　　　　指《詩經・陳風・月出篇》 verse from
míng yuè zhī shī yǎo tiǎo zhī zhāng　　*Book of Odes*

斗牛	dǒu niú	（名語）	北斗星和牽牛星 the Dipper and the Herdboy Star
一葦	yì wěi	（名語）	小船 tiny boat
凌	líng	（動）	駕 to ride
馮虛御風	píng xū yù fēng	（動語）	"馮"同"憑"，乘風行於虛空之間 to lean on the void with the wind
遺世	yí shì	（動語）	遺棄俗世 to leave this world
羽化登仙	yǔ huà dēng xiān	（動語）	身體生出羽翼，飛昇成仙 to take flight to the land of the immortal
扣舷	kòu xián	（動語）	擊打船的兩邊 to tap the gunwales
櫂	zhào	（名）	槳 oars
空明	kōng míng	（名語）	指水中的月亮
泝	sù	（動）	逆水上行 to thrust upstream
流光	liú guāng	（名語）	隨著水波流動的月光 the flooding moonlight
渺渺	miǎo miǎo	（形）	悠遠的樣子 far (in time or space)
美人	měi rén	（名語）	意中之人；或指君主 the person with whom one is in love
洞簫	dòng xiāo	（名）	a kind of flute made of bamboo
倚歌而和	yǐ gē ér hè	（動語）	隨著歌聲而吹簫 to accompany the song on a flute
嗚嗚然	wū wū rán	（形）	簫的聲音
餘音嫋嫋	yú yīn niǎo niǎo	（主謂）	簫聲婉轉悠長 The music lingered in the air long after the performance ended.
不絕如縷	bù jué rú lǚ	（動語）	像絲縷一般不盡 (of sound) linger on faintly
幽壑	yōu hè	（名語）	a deep and secluded valley
潛蛟	qián jiāo	（名語）	the dragons underwater
嫠婦	lí fù	（名）	寡婦 widow

蘇子愀然，正襟危坐而問客曰：「何為其然也？」

客曰：「『月明星稀，烏鵲南飛』，此非曹孟德之詩乎？西望夏口，東望武昌；山川相繆，鬱乎蒼蒼。此非孟德之困於周郎者乎？方其破荊州，下江陵，順流而東也，舳艫千里，旌旗蔽空，釃酒臨江，橫槊賦詩，固一世之雄也，而今安在哉！況吾與子，漁樵於江渚之上，侶魚蝦而友麋鹿；駕一葉之扁舟，舉匏樽以相屬；寄蜉蝣於天地，渺滄海之一粟。哀吾生之須臾，羨長江之無窮。挾飛仙以遨遊，抱明月而長終；知不可乎驟得，託遺響於悲風。」

愀然	qiǎo rán	（副）	悲愴地改變臉色 showing a sudden change of expression; turning pale suddenly
正襟危坐 zhèng jīn wēi zuò		（動語）	整整衣襟端坐著 to sit upright and look straight ahead
曹孟德	Cáo Mèngdé	（名）	即曹操，三國時的政治家。
夏口	Xiàkǒu	（名）	地名，即今湖北漢口。
武昌	Wǔchāng	（名）	地名，今湖北鄂城縣。
繆	móu	（動）	繚繞 to wind around
鬱乎蒼蒼 yù hū cāng cāng		（形）	形容樹木的茂盛 green and luxuriant
困	kùn	（動）	圍困 to besiege; to pin down (the enemy)
於	yú	（介）	（見本課《虛詞與句型》）
周郎	Zhōu láng	（名）	指周瑜，建安十三年，和劉備一起在赤壁打敗曹操。
荊州	Jīng zhōu	（名）	地名，今湖北襄陽。
江陵	Jiānglíng	（名）	地名，今湖北江陵縣。
舳艫	zhú lú	（名）	船尾叫「舳」，船頭叫「艫」。
舳艫千里			船尾接船頭有一千里 lit., formation of ships extending over 1,000 miles
釃酒	shī jiǔ	（動）	酌酒 to pour out wine

槊	shuò	（名）	矛長丈八叫"槊" a spear; a lance
橫槊賦詩		（動語）	橫著長矛作詩 lit., to compose poems while holding the lance horizontally in the saddle — to indulge in literary pursuits while in war
héng shuò fù shī			
一世之雄		（名語）	一代的英雄 a great hero of one's time
yí shì zhī xióng			
況	kuàng	（連）	何況 much less; let alone
漁樵	yú qiáo	（名）	（名詞動用）捕魚打柴 to fish and collect firewood
江渚	jiāng zhǔ	（名語）	江上小島 the river's isles
侶魚蝦	lǚ yú xiā	（動語）	侶：名詞動用。以魚蝦為伴侶；和魚蝦作伴
友麋鹿	yǒu mí lù	（動語）	友：名詞動用。以麋鹿為朋友；和麋鹿作朋友
駕一葉之扁舟		（動語）	駕著像一片葉子似的小船 to ride a boat as shallow as a leaf
jià yí yè zhī biǎn zhōu			
匏樽	páo zūn	（名）	酒葫蘆 a kind of wine instrument made of a gourd
舉匏樽以相屬(zhù)			拿著酒杯互相斟酒 to pour each other drinks from battle gourds
蜉蝣	fú yóu	（名）	小蟲名，朝生暮死 may fly
須臾	xū yú	（名）	短暫 of short duration; transient
無窮	wú qióng	（動語）	沒有窮盡 to be endless
挾	xié	（動）	用胳膊夾住 to hold something under the arm; to cling to
飛仙	fēi xiān	（名語）	飛行的仙人 a flying immortal
驟得	zòu dé	（動語）	平白地得到 to fulfill something easily
託	tuō	（動）	寄託 to commit
遺響	yí xiǎng	（名語）	簫的餘音 the fading echoes

蘇子曰："客亦知夫水與月乎？逝者如斯，而未嘗往也；盈虛者如彼，而卒莫消長也。蓋將自其變者而觀之，則天地曾不能以一瞬；自其不變者而觀之，則物與我皆無盡也。又何羨乎？且夫天地之間，物各有主。苟非吾之所有，雖一毫而莫取；惟江上之清風，與山間之明月，耳得之為聲，目遇之而成色。取之無禁，用之不竭。是造物者之無盡藏也，而吾與子之所共適。"

客喜而笑，洗盞更酌。肴核既盡，杯盤狼藉。相與枕藉乎舟中，不知東方之既白。

逝者如斯 shì zhě rú sī	（動語）	過去的一切就像這樣（江水）
盈虛　yíng xū	（形）	waxing and waning
消長　xiāo zhǎng	（動語）	減少和增加 to grow and diminish
羨　xiàn	（動）	羨慕 to envy
且夫　qiě fū	（語）	（見本課《虛詞與句型》）
造物者　zào wù zhě	（名）	創造萬物者 the creator of things
無盡藏 wú jìn zàng	（名語）	無窮盡的寶藏 the inexhaustible treasury
杯盤狼藉 bēi pán láng jí	（主謂）	杯盤散亂 wine cups and dishes lying about in disorder after a feast

常用詞

登　歌　潛　危　困　雄　羨

1 登　動詞

(1) 由低處到高處 (to ascend; to mount)

羽化而登仙。

— 飛騰遐舉上飛而成了神仙。

（飛騰遐舉 fēi téng xiá jǔ，道家語。向上升騰到遠處。）

故不登高山，不知天之高也。　　《荀子·勸學》

— 因此不登上高山，就不知道天的高遠。

(2) 記載 (jì zǎi, to record)，登記 (dēng jì, to register)

司民掌登萬民之數。　　《周禮·秋官·司民》

— 司民（官名）主管登記人口。

(3) 莊稼成熟 (zhuāng jia chéng shóu, to produce good harvests)

五穀豐登　　　（成語）

(wǔ gǔ fēng dēng, to reap a bumper grain harvest)

2. 歌　　動詞／名詞

(1) 唱 (chàng, to sing)

誦明月之詩，歌窈窕之章。

— 朗誦《詩經・月出篇》的詩，高聲唱著《窈窕》
那一章。

歌舞昇平　　（成語）

(gē wǔ shēng píng, to sing and dance to extol the good times)

(2) 歌曲(gē qǔ, song)

詩言志，歌詠言。　　《尚書・舜典》

— 詩是要傳達心中的志向和希望，歌是要進一步
對詩的內容加以嗟歎詠歌。

3. 潛　　形容詞

隱藏 (yǐn cáng, latent; hidden)，秘密地 (mì mì de, stealthily)

舞幽壑之潛蛟。

— 使幽深谷壑中隱藏著的龍起舞。

潛以舟載兵入渭。　《三國志・魏書・武帝紀》

— 偷偷地用船載軍隊進入渭水。

潛移默化　　（成語）

(qián yí mò huà, to exert a subtle influence on somebody's
character, thinking, etc.; imperceptibly influence)

4. 危　　形容詞

(1) 端正 (duān zhèng, upright)

正襟危坐。
—— 整整衣襟端正地坐著。

(2) 危險 (wēi xiǎn, dangerous)

其君之危，猶累卵也。　《韓非子・十過》
—— 他處境的危險，就像把蛋重疊起來一樣。

註："危" 當 "危險" 講時，含有不穩定、危急的意思。"險" 只表示地勢險要，道路險阻等，用作名詞。古代表示 "危險" 時，常用 "危"，不用 "險"。

5. 困　　形容詞／動詞

(1) 困住 (kùn zhù, to pin down; to surround)

此非孟德之困於周郎者乎？
—— 這不是曹孟德被周瑜圍困的地方嗎？

困獸猶鬥　　（成語）

(kùn shòu yóu dòu, beasts at bay will put up a desperate fight)

(2) 貧困 (pín kùn, poor; impoverished)

歲饑民困。　　《史記・宋世家》
—— 荒年收成不好，人民貧困。

(3) 疲乏 (pí fá, weary)，困倦 (kùn juàn, sleepy)

猶耕者倦休而困止也。　　《鹽鐵論‧擊之》
— 就像農民因困倦而休息，因疲乏而停止耕作一樣。

6. 雄　　形容詞／名詞

(1) 傑出人物或國家 (a person or state having great power and influence)

固一世之雄也。
— 本來就是一代的英雄。

戰國七雄
(zhàn guó qī xióng, the seven powerful states of the Warring States Period)

(2) 強有力的；傑出的 (great; powerful; grand; imposing)

或聞操有雄略。　　《後漢書‧荀彧傳》
— 聽說曹操有傑出的策略。

雄才大略　　　（成語）
(xióng cái dà lüè, a man of great talent and bold vision)

7. 羨　　動詞

羨慕 (xiàn mù, to admire; to envy)

羨長江之無窮。
— 羨慕長江奔流滾滾沒有窮盡。

臨淵羨魚，不如歸而結網。　　《淮南子‧說林》

(lín yuān, xiàn yú, bù rú guī ér jié wǎng, it's better to
go back and make a net than to stand by the pond and
long for fish — one should take practical steps to
achieve one's aims)

虛詞與句型

1. 於　　介詞

    (1)　＝在

        蘇子與客泛舟，遊於赤壁之下。

        — 我（蘇子）和客人在赤壁下乘船飄泊遊賞。

    (2)　＝從

        月出於東山之上，徘徊於斗牛之間。

        — 月亮從東邊的山上出來，在北斗和牽牛星之間

        緩緩移動。

    (3)　“於” 用在動詞後，表示被動。

        此非曹孟德之困於周郎者乎？

        — 這不是曹孟德被周瑜圍困的地方嗎？

2. 且夫　句首語氣詞

    表示對人或對事要進一步發表議論。有時可用 “並且”(moreover) 來對
譯；有時現代漢語中沒有合適的詞可以對譯。

        且夫天地之間，物各有主。

        — 並且天地間，任何事物都有它的主人。

且夫水之積也不厚，則負大舟也無力。《莊子·逍遙遊》

—— 水積得不深，那麼它就無法浮起大船。

且夫　連詞

今天以吳賜越，越其可逆天乎？且夫君王蚤朝晏罷，
非為吳邪？

《史記·越王勾踐世家》

—— 現在天把吳國賜給越國，越國怎麼可以違背天意呢？
況且君王早起親理朝政，很晚才休息，不正是為了（滅
掉）吳國嗎？

4. 焉　詞尾

"焉"在這兒作形容詞詞尾，表示程度輕微，時間短暫。

少焉，月出於東山之上。

—— 不一會兒，月亮從東邊山上昇起。

練習

I. 作文（兩題任擇其一）：

  1.《赤壁賦》讀後感
  2. 寫一篇遊記，自定題目。

第四十二課

愛蓮說

周敦頤(1017-1073)，字茂叔，號濂溪，北宋道州營道（今湖南省道縣）人。是宋代理學的創始人。

水陸草木之花，可愛者甚蕃；晉陶淵明獨愛菊。自李唐來，世人甚愛牡丹。予獨愛蓮之出淤泥而不染，濯清漣而不妖；中通外直，不蔓不枝；香遠益清，亭亭淨植，可遠觀而不可褻玩焉。

予謂：菊，花之隱逸者也；牡丹，花之富貴者也；蓮，花之君子者也。噫！菊之愛，陶後鮮有聞；蓮之愛，同予者何人？牡丹之愛，宜乎眾矣。

【註釋】

蕃	fán	（形）	眾多 numerous; plentiful
晉	Jìn	（名）	晉朝 Jin Dynasty (265-420)
陶淵明		（名）	晉朝末年的詩人 (372-427)
Táo Yuánmíng			
菊	jú	（明）	菊花 chrysanthenum
李唐	Lǐ Táng	（名）	唐朝 (Tang Dynasty, 618-907) 由李淵建立，所以稱"李唐"。
自……來		（介語）	自……以來；從……到現在
牡丹	mǔ dān	（名）	牡丹花 peony
蓮	lián	（名）	蓮花，荷花 lotus
淤泥	yū ní	（名語）	水中沉積的泥 sediments at the bottom of a river, pond, etc.
染	rǎn	（動）	污染 to stain; to make dirty

濯	zhuó	（動）	洗 to wash
清漣	qīng lián	（名語）	清潔的漣漪 (lián yī, ripples)
妖	yāo	（形）	妖媚 seductive
蔓	màn	（動）	纏繞 to wind
亭亭	tíng tíng	（形）	高聳直立的樣子 slim and erect
淨	jìng	（形）	潔淨
植	zhí	（動）	立，樹立 to establish
褻玩	xiè wán	（動）	玩弄；用一種不莊重的態度來戲弄 to treat with disrespect because of over-intimacy
隱逸	yǐn yì	（名）	隱士 a recluse; a hermit
噫	yī	（嘆）	唉 Alas
鮮	xiǎn	（副）	很少 very few
宜	yí	（副）	應當 should; ought to
蓮之愛		（動賓）	愛蓮花，指示代詞"之"用在賓語和動詞中間，複指前置了的賓語，為了強調目的。

練習

I. 閱讀練習：

答謝中書書

陶弘景

山川之美古來共談高峰入雲清流見底兩岸石壁五色交
輝青林翠竹四時具備曉霧將歇猿鳥亂鳴夕日欲頹沈鱗競躍
實是欲界之仙都自康樂以來未復有能與其奇者

【註釋】

謝中書	Xiè zhōng shū	謝徵，字元度，陽夏（今河南太康縣）人。曾擔任中書省 (imperial secretariate) 官員，所以稱"謝中書"。
陶弘景	Táo Hóngjǐng	齊梁時代的隱士 (452-536)，字通明，秣陵（今江蘇江寧縣）人
康樂	Kāng Lè	指詩人謝靈運 (385-433)，曾被封為康樂公。

1. 給上面這篇文章加上標點符號。

2. 用下列詞語寫出自己的句子：

    (1) 清流見底   (2) 五色交輝   (3) 曉霧
    (4) 欲界   (5) 奇

第四十三課

為學　（節選）

　　彭叔瑞，字樂齋，四川丹棱人。清朝雍正十一年進士。著有《白鶴堂詩文集》。

　　天下事有難易乎？為之，則難者亦易也；不為，則易者亦難矣。人之為學有難易乎？學之，則難者亦易矣；不學，則易者亦難矣。

　　蜀之鄙有二僧：其一貧，其一富。貧者語於富者曰：“吾欲之南海，何如？”富者曰：“子何恃而往？”曰：“吾一瓶一缽足矣。”富者曰：“吾數年來欲買舟而下，猶未能也，子何恃而往？”越明年，貧者自南海還，以告富者，富者有慚色。西蜀之去南海，不知幾千里也，僧之富者不能至，而貧者至之。人之立志，顧不如蜀鄙之僧哉！

【註釋】

為學	wéi xué	（動賓）	做學問 to engage in study
天下	tiān xià	（名語）	here: 世界 the world
則	zé	（連）	便，就
蜀	Shǔ	（名）	四川省 Sichuan Province
鄙	bǐ	（名）	邊遠的地方 places near the border
僧	sēng	（名）	和尚 monk
貧	pín	（形）	窮 poor
富	fù	（形）	有錢 rich; wealthy
語於富者 yǔ yú fù zhě		（動語）	對有錢的（和尚）說

南海	Nán hǎi	（名）	地名，指浙江省舟山群島的普陀山 Mount Putuo at Dinghai（定海）of Zhejiang Province, the site of one of the biggest Buddhist temples in China
恃	shì	（動）	依靠 to rely on
瓶	píng	（名）	瓶子 water bottle
缽	bō	（名）	和尚用來盛飯喝水的器具 Buddhist priest's rice bowl
買舟	mǎi zhōu	（動賓）	here: 僱船 to rent a boat
猶	yóu	（副）	還 still
越	yuè	（介）	到了 up to
明年	míng nián	（名語）	第二年 the next year
慚色	cán sè	（名語）	慚愧的臉色 shamed-faced look
立志	lì zhì	（動語）	立定志向 to be determined to
顧	gù	（副）	反而；卻 but; yet
哉	zāi	（語）	表示反問語氣

練習

I. 解釋說明下列各句中劃線的詞的意義或用法：

1. 天下事有難易乎？為<u>之</u>，則難<u>者</u>亦易矣。

2. 蜀<u>之</u>鄙有二僧：<u>其一</u>貧，<u>其一</u>富。

3. 人<u>之</u>為學有難易乎？

4. 僧富者不能至而貧者至<u>焉</u>。

5. 吾數年來欲<u>買</u>舟而下，<u>猶</u>未能也。

第四十四課

詩詞選讀

古詩十九首 （選四）

一、行行重行行

行行重行行，與君生別離。
相去萬餘里，各在天一涯。
道路阻且長，會面安可知！
胡馬依北風，越鳥巢南枝。
相去日已遠，衣帶日已緩；
浮雲蔽白日，遊子不顧反。
思君令人老，歲月忽已晚。
棄捐勿復道，努力加餐飯。

【註釋】

生別離	shēng bié lí	活著分離，永別離
胡馬	hú mǎ	北方胡地所產的馬
越鳥	yuè niǎo	南方越地的鳥
依北風、巢南枝		是動物一種自然地懷念鄉土的情感表現。
緩	huǎn	鬆弛
蔽	bì	遮住
棄捐	qì juān	丟掉，拋棄
勿復道	wù fù dào	不必再說
加餐飯	jiā cān fàn	是當時常用的一種安慰別人的話。

二、涉江采芙蓉

涉江采芙蓉，蘭澤多芳草。
采之欲遺誰，所思在遠道。
還顧望舊鄉，長路漫浩浩。
同心而離居，憂傷以終老。

【註釋】

芙蓉	fú róng	蓮花
蘭澤	lán zé	生長著蘭草的水澤
遺	wèi	贈送
漫浩浩	màn hào hào	形容路途廣寬無邊
同心	tóng xīn	表示情愛之深
離居	lí jū	表示鄉思之切

三、迢迢牽牛星

迢迢牽牛星，皎皎河漢女。
纖纖擢素手，札札弄機杼。
終日不成章，泣涕零如雨。
河漢清且淺，相去復幾許？
盈盈一水間，脈脈不得語。

【註釋】

迢迢	tiáo tiáo	遙遠的
牽牛星	qiān niú xīng	天鷹座中最亮的一顆星，隔銀河和織女星相對。
河漢	hé hàn	天河
纖纖	xiān xiān	細長的

擢	zhuó	伸（出來）
札札	zhá zhá	織布機所發出的聲音
不成章	bù chéng zhang	沒有織出成品
盈盈	yíng yíng	水清淺的樣子
脈脈	mò mò	相視的樣子

四、青青河畔草

青青河畔草，鬱鬱園中柳。
盈盈樓上女，皎皎當窗牖；
娥娥紅粉妝，纖纖出素手。
昔為倡家女，今為蕩子婦；
蕩子行不歸，空床難獨守。

【註釋】

盈盈	yíng yíng	儀態優美
皎皎	jiǎo jiǎo	形容風采明豔
牖	yǒu	安在牆上的窗子
娥娥	é é	容貌美好
纖纖	xiān xiān	細長的手
倡家女	chāng jiā nǚ	歌妓
蕩子	dàng zǐ	長期浪跡四方，不歸鄉土的人。

木蘭詩

　　唧唧復唧唧，木蘭當戶織。不聞機杼聲，唯聞女嘆息。問女何所思？問女何所憶？"女亦無所思，女亦無所憶。昨夜見軍帖，可汗大點兵。軍書十二卷，卷卷有爺名。阿爺無大兒，木蘭無長兄。願為市鞍馬，從此替爺征。"

　　東市買駿馬，西市買鞍韉。南市買轡頭，北市買長鞭。旦辭爺娘去，暮宿黃河邊；不聞爺娘喚女聲，但聞黃河流水聲濺濺。旦辭黃河去，暮宿黑山頭；不聞爺娘喚女聲，但聞燕山胡騎聲啾啾。

　　萬里赴戎機，關山度若飛。朔氣傳金柝，寒光照鐵衣。將軍百戰死，壯士十年歸。

　　歸來見天子，天子坐明堂。策勳十二轉，賞賜百千強。可汗問所欲，"木蘭不用尚書郎，願借明駝千里足，送兒還故鄉。"

　　爺娘聞女來，出郭相扶將。阿姊聞妹來，當戶理紅妝。小弟聞姊來，磨刀霍霍嚮豬羊。開我東閣門，坐我西閣床，脫我戰時袍，著我舊時裳。當窗理雲鬢，對鏡貼花黃。出門看火伴，火伴皆驚惶："同行十二年，不知木蘭是女郎。"

　　雄兔腳撲朔，雌兔眼迷離。兩兔傍地走，安能辨我是雌雄？

【註釋】

木蘭詩	mù lán shī	是南北朝時代一首北方民間敘事詩。
軍帖	jūn tiě	軍中文告
可汗	kě hàn	古代中國西北部民族對君主的稱呼。魏晉以後，有些皇帝也稱為可汗。
鞍韉	ān jiān	馬鞍和馬鞍下的墊子
轡頭	pèi tóu	嚼子、籠頭和韁繩
黑山頭	Hēi shān tóu	山名，在北京十三陵一帶，明朝以後叫天壽山。
胡騎	hú qí	胡人的戰馬
金柝	jīn tuò	刁斗，夜裡用來打更的器具。
策勳	cè xūn	記功
尚書郎	shàng shū láng	尚書省中的官。這裡指大官。
花黃	huā huáng	婦女臉上的一種裝飾。

王維

(701-761)

相思

紅豆生南國，春來發幾枝。
願君多採擷，此物最相思。

【註釋】

紅豆	hóng dòu	木質草本植物。扁圓形，色鮮紅，可做裝飾品。 又名相思子。
南國	nán guó	指長江以南的地方。

九月九日憶山東兄弟

獨在異鄉為異客，每逢佳節倍思親。
遙知兄弟登高處，遍插茱萸少一人。

【註釋】

佳節	jiā jié	九月九日重陽節
遙知	yáo zhī	在遙遠的異鄉所想到的
茱萸	zhū yú	喬木名，羽狀複葉，夏開黃色小花，莖可入藥。

送元二使安西

渭城朝雨浥輕塵，客舍青青柳色新。
勸君更進一杯酒，西出陽關無故人。

李白
(701-762)

敬亭獨坐

眾鳥高飛盡，孤雲獨去閒。
相看兩不厭，只有敬亭山。

客中作

蘭陵美酒鬱金香，玉椀盛來琥珀光。
但使主人能醉客，不知何處是他鄉。

【註釋】

蘭陵	lán líng	古地名，在今山東嶧縣。
椀	wǎn	同"碗"。
琥珀	hǔ pò	黃褐色透明的化石

早發白帝城

朝辭白帝彩雲間，千里江陵一日還。
兩岸猿聲啼不住，輕舟已過萬重山。

【註釋】

白帝	Bái dì	即白帝城，在今四川奉節縣。
江陵	Jiāng líng	湖北江陵縣

渡荊門送別

渡遠荊門外，來從楚國遊。
山隨平野盡，江入大荒流。
月下飛天鏡，雲生結海樓。
仍憐故鄉水，萬里送行舟。

【註釋】

荊門	Jīng mén	山名，在今湖北宜都縣西北。
楚國	Chǔ guó	古代湖北為楚國之地。
天鏡	tiān jìng	指月亮
海樓	hǎi lóu	即海市蜃樓

望廬山瀑布

日照香爐生紫煙，遙看瀑布掛前川。
飛流直下三千尺，疑是銀河落九天。

【註釋】

香爐	xiāng lú	即廬山香爐峰。
掛前川	guà qián chuān	瀑布像一條巨大的白練高掛於山川之間。

黃鶴樓送孟浩然之廣陵

故人西辭黃鶴樓，煙花三月下揚州。
孤帆遠影碧空盡，唯見長江天際流。

杜甫

(712-770)

旅夜書懷

細草微風岸，危檣獨夜舟。
星垂平野闊，月湧大江流。
名豈文章著，官應老病休。
飄飄何所似？天地一沙鷗。

【註釋】

書懷	shū huái	寫下自己的抱負和感慨。
危檣	wēi qiáng	船上高的桅桿

蜀相

丞相祠堂何處尋，錦官城外柏森森。
映階碧草自春色，隔葉黃鸝空好音。
三顧頻煩天下計，兩朝開濟老臣心。
出師未捷身先死，長使英雄淚滿襟。

【註釋】

錦官城	Jǐn guān chéng	地名，在今四川成都南邊。諸葛亮的祠廟建於此，祠前有高大的柏樹。
三顧	sān gù	劉備曾三次到草蘆，請孔明出山。參見本書第三十四課《出師表》。

劉禹錫
(772-842)

烏衣巷

朱雀橋邊野草花，烏衣巷口夕陽斜。
舊時王謝堂前燕，飛入尋常百姓家。

【註釋】

烏衣巷	Wū yī xiàng	地名。晉時貴族如王導、謝安等豪門多聚居於此。
朱雀橋	Zhū què qiáo	秦淮河上的一座橋

石頭城

山圍故國周遭在，潮打空城寂寞回。
淮水東邊舊時月，夜深還過女牆來。

【註釋】

石頭城	Shí tou chéng	地名，在今江蘇省江寧縣西。據《元和郡縣志》，即楚之金陵城。三國時，吳改名石頭城。
淮水	Huái shuǐ	此處疑指秦淮河
女牆	nǚ qiáng	古代城上有垣，亦稱睥睨。垣與城相比，猶女子之於丈夫，故亦稱女牆。

岑參
(715-770)

逢入京使

故園東望路漫漫，雙袖龍鐘淚不乾。
馬上相逢無紙筆，憑君傳語報平安。

【註釋】

故園	gù yuán	這裡指自己遠在長安的家。
東望	dōng wàng	向東遙望（長安）。
龍鐘	lóng zhōng	形容淚水淋漓沾濕衣袖，生動描述出詩人對長安親人無限眷戀的深情。

柳宗元
(773-819)

江雪

千山鳥飛絕，萬徑人蹤滅。
孤舟簑笠翁，獨釣寒江雪。

杜牧
(803-852)

遣懷

落拓江南載酒行，楚腰纖細掌中輕。
十年一覺揚州夢，贏得青樓薄倖名。

【註釋】

落拓	luò tuò	自由放縱，無拘無束。
楚腰	chǔ yāo	美麗女子的細腰
掌中輕	zhǎng zhōng qīng	漢成帝的皇后趙飛燕身體輕盈，據說可以在掌上起舞。
青樓	qīng lóu	指歌樓妓院
薄倖	bó xìng	薄情負心

清明

清明時節雨紛紛，路上行人欲斷魂。
借問酒家何處有，牧童遙指杏花村。

【註釋】

斷魂	duàn hún	傷心失魂的樣子
借問	jiè wèn	請問

泊秦淮

煙籠寒水月籠沙，夜泊秦淮近酒家。
商女不知亡國恨，隔江猶唱後庭花！

【註釋】

商女	shāng nǚ	賣唱的歌女
江	jiāng	指秦淮河
後庭花	hòu tíng huā	《玉樹後庭花》是陳朝末代皇帝陳叔寶所作的樂曲。陳後主耽於聲色，終至亡國。人們把他作的《玉樹後庭花》稱為"亡國之音"。

山行

遠上寒山石徑斜，白雲深處有人家。
停車坐愛楓林晚，霜葉紅於二月花。

【註釋】

霜葉	shuāng yè	楓葉。楓樹葉至秋遇霜而轉成紅色，故稱霜葉。

江南春

千里鶯啼綠映紅，水村山郭酒旗風。
南朝四百八十寺，多少樓臺煙雨中。

李商隱
(813?-858)

登樂遊原

向晚意不適，驅車登古原。
夕陽無限好，只是近黃昏。

【註釋】

樂遊原	lè yóu yuán	地名，在陝西長安南邊八里處，地勢高，漢唐時每年三月三日和九月九日，京城士女都來此地登高。

錦瑟

錦瑟無端五十絃，一絃一柱思華年。
莊生曉夢迷蝴蝶，望帝春心託杜鵑。
滄海月明珠有淚，藍田日暖玉生煙。
此情可待成追憶，只是當時已惘然。

【註釋】

錦瑟	jǐn sè	雕刻美麗如錦的花紋的瑟。瑟是古代一種絃樂器，有的瑟有五十根絃。
柱	zhù	瑟上用來調整絃的鬆緊的小橫木。
望帝	wàng dì	周失綱紀，蜀國杜宇稱帝，稱"望帝"。據說死後魂魄化為杜鵑。
滄海月明珠有淚		據說南海有鮫人，哭泣時眼淚化為珠玉。
藍田	lán tián	藍田山，在唐代都城長安附近，產玉。

無題

相見時難別亦難，東風無力百花殘。

春蠶到死絲方盡，蠟炬成灰淚始乾。

曉鏡但愁雲鬢改，夜吟應覺月光寒。

蓬山此去無多路，青鳥殷勤為探看。

【註釋】

青鳥　　　qīng niǎo　　　神話中西王母的信使，專為她傳遞音信。

張繼

（八世紀後半期）

楓橋夜泊

月落烏啼霜滿天，江楓漁火對愁眠。

姑蘇城外寒山寺，夜半鐘聲到客船。

【註釋】

楓橋　　　Fēng qiáo　　　橋名，附近有寒山寺。
姑蘇　　　Gūsū　　　今吳縣，隋唐時叫蘇州，因境內的姑蘇山而得
　　　　　　　　　　　名。

夜半鐘聲　　　　　　　寺院夜半的敲鐘聲。
yè bàn zhōng shēng

陸游
(1125-1210)

宿楓橋

七年不到楓橋寺，客枕依然半夜鍾。
風月末須輕感慨，巴山此去尚千重。

【註釋】

半夜鐘	bàn yè zhōng	唐宋時，寺院有半夜敲鐘的習慣。
風月	fēng yuè	眼前的景物
巴山	Bā shān	巴山的主峰在陝西省鄭縣西南，東邊與三峽相接。這裡指陸游要去的四川。

劍門道中遇微雨

衣上征塵雜酒痕，遠遊無處不消魂。
此身合是詩人末？細雨騎驢入劍門。

【註釋】

征塵	zhēng chén	旅途的塵土
消魂	xiāo hún	使人心神傷痛
合是	hé shì	應該是

李煜

(937-978)

虞美人

春花秋月何時了，往事知多少？小樓昨夜又東
風，故國不堪回首月明中！　雕闌玉砌應猶在，
只是朱顏改。問君能有幾多愁，恰似一江春水向
東流！

【註釋】

了	liǎo	結束，完了。
朱顏	zhū yán	美好的容顏。朱顏改：指當年流連歡娛的有情人如今神韻風采已不復存在。

相見歡

（一）

無言獨上西樓。月如鉤。寂寞梧桐深院鎖清
秋。　剪不斷，理還亂，是離愁。別是一般滋
味在心頭。

（二）

林花謝了春紅，太匆匆，無奈朝來寒雨晚來
風。　胭脂淚，相留醉，幾時重？自是人生長
恨水長東。

柳永

(fl.-1034)

蝶戀花*

　　獨倚危樓風細細，望極春愁、黯黯生天際。草色煙光殘照裡。無人會得憑闌意。　　也擬疏狂圖一醉。對酒當歌、強樂還無味。衣帶漸寬終不悔，為伊消得人憔悴。

【註釋】

危樓	wēi lóu	高樓
黯黯	àn àn	傷別的心情
會得	huì dé	能夠理解
闌	lán	欄桿
疏狂	shū kuáng	狂放不羈
伊	yī	她

---

* 此首詞一說為歐陽修所作。見鄭騫《詞選》，臺北華岡出版社 1951 年版。

雨霖鈴

寒蟬淒切，對長亭晚，驟雨初歇。都門帳飲無緒，方留戀處，蘭舟催發。執手相看淚眼，竟無語凝噎。念去去，千里煙波，暮靄沈沈楚天闊。　　多情自古傷離別，更那堪、冷落清秋節。今宵酒醒何處？楊柳岸、曉風殘月。此去經年，應是良辰好景虛設。便縱有、千種風情，更與何人說？

【註釋】

長亭	cháng tíng	古時的驛站
帳飲	zhàng yǐn	在道旁架起棚帳，預備酒食餞行。
楚天	chǔ tiān	楚國在南方，稱南天為楚天。

歐陽修
(1007-1072)

生查子

去年元夜時，花市燈如畫。月上柳梢頭，人約黃昏後。　　今年元月時，月與燈依舊。不見去年人，淚滿春衫袖。

【註釋】

元夜	yuán yè	農曆正月十五夜，又稱元宵。
花市	huā shì	繁華的街市

蘇軾
(1037-1101)

水調歌頭

丙辰中秋歡飲達旦，大醉，作此篇，兼懷子由。

明月幾時有，把酒問青天。不知天上宮闕，今夕
是何年？我欲乘風歸去，又恐瓊樓玉宇，高處不勝寒。
起舞弄清影，何似在人間！　　轉朱閣，低綺戶，照
無眠。不應有恨，何事長向別時圓？人有悲歡離合，
月有陰晴圓缺，此事古難全。但願人長久，千里共嬋娟。

【註釋】

丙辰	bǐng chén	宋神宗熙寧九年，蘇軾四十一歲。
子由	Zǐ yóu	蘇軾的弟弟蘇轍。
瓊樓玉宇	qióng lóu yù yǔ	指月宮
嬋娟	chán juān	指月亮

江城子

乙卯正月二十日夜記夢。

十年生死兩茫茫，不思量，自難忘，千里孤墳，
無處話淒涼。縱使相逢應不識，塵滿面，鬢如霜。
　　夜來幽夢忽還鄉，小軒窗，正梳妝。相顧無言惟
有淚千行。料得年年腸斷處：明月夜，短松岡。

李清照

(1084?-ca. 1151)

醉花陰

　　薄霧濃雲愁永晝，瑞腦銷金獸。佳節又重陽，
玉枕紗幮，半夜涼初透。　　東籬把酒黃昏後，有
暗香盈袖。莫道不消魂，簾捲西風，人比黃花瘦。

【註釋】

瑞腦	ruì nǎo	一種熏香
金獸	jīn shòu	獸形香鑪，香煙從獸口噴出。
重陽	chóng yáng	陰曆九月九日為重陽。
東籬	dōng lí	種菊花的地方
黃花	huáng huā	菊花

一剪梅

　　紅藕香殘玉簟秋。輕解羅裳，獨上蘭舟。雲中
誰寄錦書來？雁字回時，月滿西樓。　　花自飄零水
自流。一種相思，兩處閑愁。此情無計可消除，纔
下眉頭，卻上心頭。

【註釋】

玉簟秋	yù diàn qiū	所用竹席有些涼意。
雁字	yàn zì	大雁群飛時排成人字形，故稱"雁字"。

聲聲慢

尋尋覓覓，冷冷清清，悽悽慘慘戚戚。乍暖還寒時候，最難將息。三杯兩盞淡酒，怎敵他晚來風急？雁過也，正傷心，卻是舊時相識。　　滿地黃花堆積，憔悴損，如今有誰堪摘？守著窗兒獨自，怎生得黑！梧桐更兼細雨，到黃昏點點滴滴。這次第，怎一個愁字了得！

【註釋】

將息	jiāng xí	休養
怎生	zěn shēng	怎麼
這次第	zhè cì dì	這種情況

辛棄疾
(1140-1207)

醜奴兒

少年不識愁滋味，愛上層樓，愛上層樓，為賦新詞強說愁。　　而今識盡愁滋味，欲說還休，欲說還休，卻道天涼好個秋。

【註釋】

層樓	céng lóu	高樓
新詞	xīn cí	new song
強	qiǎng	勉強
休	xiū	停止
道	dào	說

關漢卿

(ca. 1220-ca. 1300)

四塊玉　閒適

意馬收，心猿鎖，
跳出紅塵惡風波。
槐陰午夢誰驚破？
離了利名場，
鑽入安樂窩，
閒快活。

四塊玉　別情

自送別，心難捨，
一點相思幾時絕？
憑欄袖拂揚花雪。
溪又斜，
山又遮，
人去也。

馬致遠

(1260?-1334)

天淨沙　　秋思

枯藤老樹寒鴉，
小橋流水人家，
古道西風瘦馬。
夕陽西下，斷腸人在天涯。

附件

APPENDIX

虛詞句型綜合練習
A Comprehensive Pattern Exercise

【說明】本練習著重於文言虛詞的用法與辨識。每題有一個主句，主句中劃線的虛詞或句型是測驗的中心。主句下面的四個答案中，只有一個是與主句的結構及用法相同。

測題有兩種方式：一種是四個答案中都有與主句相同的虛詞或句型，但只有一個是正確的（見例句1）；另一種是四個答案中沒有與主句相同的虛詞或句型，而是以另外的虛詞或句型來表達與主句相同的功能及意義（見下頁例句2）。

不管是哪種方式，學生不僅要選擇正確的答案，同時也要辨識溫習同一虛詞的其他用法。老師可指定學生分段作業，然後再幫助學生辨識對錯，熟習用法。有些虛詞結構現代漢語還用，故本練習不限定為文言。

Direction: Each question consists of a model sentence, with the underlined key word or pattern to be tested. Beneath the model sentence are four suggested answers, labeled A through D. The correct response is the one which either employs the pattern of the model sentence in the same way, or employs a different pattern to achieve the same meaning as the pattern of the model sentence. The teacher may help students to explain "how" and "why" afterwards.

Example:

1. employs the pattern of the model sentence in the same way.

天下莫柔弱<u>於</u>水，而攻堅強者莫之能勝。

    A) 聲名光輝傳於千世。   （於：到。介紹動作行為發生出現的時間。）

    B) 故有備則制人，無備則制於人。（於：被。介紹動作行為的主動者。）

  *C) 苛政猛於虎。   （於：比。表示比較，大都用在形容詞謂語之後。）

    D) 始得名於文章，終得罪於文章，亦其宜也。（於：由於。介紹動作行為發生出現的原因。）

The correct answer is C, since it is the only choice that employs the pattern of the model sentence in the same way.

2. employs a different pattern to achieve the same meaning as the pattern of the model sentence.

天下莫柔弱於水，而攻堅強者莫之能勝。

A) 對人有損而對己無益。 （對：對於）

B) 聲威遠播，達到海外。 （達到：至於，達於）

C) 玩火者被火焚。 （被火焚 ＝ 焚於火）

*D) 水比油重，油比水輕。 （油比水輕 ＝ 油輕於水）

The correct answer is D, since it is the only choice that employs a different pattern to achieve the same meaning as the pattern of the model sentence.

1. 敏而好學，<u>不恥下問</u>。

    A) 不以問為恥。

    B) 不以恥而問。

    C) 不以下問為恥。

    D) 不問不恥。

2. 未能事人，<u>焉</u>能事鬼？

    A) 少焉，月出於東山之上。

    B) 三人行必有我師焉。

    C) 且焉置土石？

    D) 此焉知不能為福乎？

3. 賊仁<u>者</u>謂之賊，敗義者謂之殘。

    A) 往來視之，覺無異能者。

    B) 石奢者，楚昭王相也。

    C) 後遂無問津者。

    D) 昔者曾子之楚。

4. 湯放桀，武王伐紂，有<u>諸</u>？

    A) 口之於味也，有同嗜焉。

    B) 吾欲無加之於人。

    C) 雖有粟，吾得而食之乎？

    D) 此人有德無能，能事之乎？

5. 生亦我所欲，所欲有甚<u>於</u>生者，故不為苟得也。

    A) 搜於國中三日三夜。

    B) 受命於君者，忠臣也。

    C) 死有重於泰山，有輕於鴻毛。

    D) 恐眾狙之不馴於己也。

6. 衣食所安，必<u>以</u>分人。

    A) 桓公舉觴以飲之。

    B) 願以境內累矣。

    C) 此子獨以跛之故，父子相保。

    D) 有以解之則可。

7. 躬自厚而薄責於人，則<u>遠怨</u>矣。

    A) 項伯殺人，臣活之。

    B) 冀土當年萬戶侯。

    C) 天將降大任於是人也，必苦其心志。

    D) 漁人甚異之。

8. 助之長者，揠苗者也。

    A) 三人疑之，慈母不能信也。

    B) 子無敢食我也。

    C) 殺人者，臣之父也。

    D) 不及黃泉，毋相見也。

9. 民不畏死，奈何以死懼<u>之</u>。

    A) 有人告之曰：速歸家。

    B) 鄰人之子好學不倦。

    C) 孤之有孔明，猶魚之有水也。

    D) 至之市而忘操之。

10. 兔走觸株，折頸<u>而</u>死。

    A) 朝三而暮四足乎？

    B) 以為無益而舍之。

    C) 白而往，黑而來。

    D) 俄而匱焉，將限其食。

11. 詩詞素<u>為</u>讀者<u>所</u>欣賞。

    A) 舟止，從其所契者入水求之。

    B) 見漁人，乃大驚，問所從來。

    C) 夫直議者不被人所容。

    D) 農商工師，各得所欲。

12. 雜文隸屬於散文，但它卓然<u>而</u>立，獨具特點。

    A) 侃侃而談

    B) 由小而大

    C) 哀而不傷

    D) 無翼而飛

13. <u>循</u>本末之說，有一末，必有一本。

    A) 循循善誘務使之成材。

    B) 循其性之自然而不予約束。

    C) 循吏之治不致有違皇命。

    D) 循行天下而不思歸。

14. 迷信者立種種事神之儀式，而<u>於</u>其所求之果，渺不相涉也。

    A) 口之於味也，有同嗜焉。

    B) 霜葉紅於二月花。

    C) 努力於此，畢生不懈。

    D) 文辭拙劣，殆出於無識者之手。

15. 博學多識，天文地理無不<u>該</u>覽。

    A) 奪人妻女，該當何罪？

    B) 原始生活，事難該悉。

    C) 滋味雜陳，佳肴錯該。

    D) 貧困交加，該欠累累。

16. 此畫色澤鮮艷，層次豐富<u>而</u>細膩。

    A) 國人好禮儀而西人好自然。

    B) 因訪友未遇而返歸讀書。

    C) 顧左右而言他。

    D) 物美而價廉。

17. 孔子<u>之</u>楚，途經一河。

    A) 與之言則操楚音。

    B) 伐孔子之說，何逆於理？

    C) 孔子何罪之有？

    D) 將軍引兵之胡人營寨。

18. 鷸蚌相爭，漁人<u>得以</u>並擒之。

    A) 因日夜加工，使其獲致優良成果。

    B) 因門戶不嚴，故使宵小能乘機而入。

    C) 因全力以赴，終於達成目標。

    D) 因工作艱難，故必須以全力赴之。

19. 逃未<u>及</u>遠，槍聲已大作。

    A) 遷怒及人，命亦不延。

    B) 謀及子孫，立德立功。

    C) 彼眾我寡，及其未備，請擊之。

    D) 雨不及時，何如無有。

20. 屢遭誹謗，隨即<u>以</u>行動抗爭。

    A) 謹慎行事，以免遭忌。

    B) 未嘗以貧廢學。

    C) 何不試之以足？

    D) 不聽母言，以遭此難。

21. <u>血</u>濃<u>於</u>水
    A) 住在北京。
    B) 向人求救。
    C) 對人有益。
    D) 他比我高。

22. 檢驗真理在於實踐，<u>捨</u>此別<u>無</u>他途。
    A) 失去良機，永不再回。
    B) 沒有失敗，即沒有成功。
    C) 讀書除了用功，沒有捷徑可走。
    D) 失去良知即無所不為。

23. 去村四里有森林，陰翳蔽日，<u>伏焉</u>。
    A) 積水成淵，蛟龍生焉。
    B) 故為之說，以俟觀人風者得焉。
    C) 不知生，焉知死。
    D) 於是予有嘆焉。

24. 心純<u>則</u>言正，心卑則言鄙。
    A) 其事易為，其理則難明。
    B) 多則多矣，無可用者。
    C) 飢則思食，渴則思飲。
    D) 此則言者之過也。

25. 孔子主張<u>非</u>禮勿言。
    A) 非吃不可。
    B) 非魚不吃。
    C) 非此即彼。
    D) 非親非故。

26. 京中有善於口技<u>者</u>。
    A) 往來視之，覺無異能者。
    B) 北山愚公者，年且九十。
    C) 後遂無問津者。
    D) 若復見此盜者，必捕而殺之。

27. 撤屏視<u>之</u>，一人、一桌、一椅、一扇、一撫尺而已。
    A) 學而時習之，不亦說乎？
    B) 燕雀安知鴻鵠之志哉？
    C) 雖我之死，有子存焉。
    D) 眾人請所之。

28. 將在軍，君令有<u>所</u>不受。
    A) 所見所聞
    B) 無所顧忌
    C) 為人所殺
    D) 處所自選

29. 似是<u>而</u>非。
    A) 由近而遠
    B) 一日而行千里。
    C) 價廉而物美。
    D) 常識豐富而學問不足。

30. 眼下學子多熱衷<u>於</u>高科技之學習。
    A) 會議限於客觀條件，一時無法召開。
    B) 文藝作品源於生活。
    C) 人民之利益高於一切。
    D) 減少稅收有益於人民。

31. 若民，<u>則</u>無恆產，<u>因</u>無桓心。

    A) 若以機器來做，就會節省人力。

    B) 由於缺乏水源，所以無法發電。

    C) 事情倒是容易做，道理卻難明白。

    D) 既然有決心，就應該有行動。

32. 讀其無題詩二首，步其韻和<u>之</u>。

    A) 吾矛之利，於物無不陷也。

    B) 謹食之，時而獻焉。

    C) 大小之獄，雖不能察，必以情。

    D) 諸將請所之。

33. 別後見<u>所</u>填浪淘沙乙闋，尤慕高才。

    A) 吾知所以距子矣，吾不言。

    B) 譬如北辰，居其所而眾星拱之。

    C) 書中詩詞皆為各家所撰，頗具才氣。

    D) 始臣解牛之時，所見無非牛者。

34. 民之有口也，猶<u>土之</u>有山川也。

    A) 大道之行也，天下為公。

    B) 與之言，操楚音。

    C) 父母之命，媒妁之言。

    D) 學而時習之，不亦說乎？

35. 蛇固無足，子<u>安</u>能為之足？

    A) 安從知之？

    B) 爾安敢輕吾射？

    C) 爾師安在？

    D) 所求者生焉，安事死馬而捐五百金？

36. 以君之力，<u>曾</u>不能損魁父之丘。

    A) 曾不如早索我於枯魚之肆。

    B) 既醉而退，曾不吝去留。

    C) 先生既來，曾不發藥乎？

    D) 孔子曾待客夜食。

37. 舟已行矣，<u>而</u>劍不行。

    A) 兔不可復得而身為宋國笑。

    B) 虎不知獸畏己而走也。

    C) 今先生乃不遠千里而臨寡人。

    D) 面山而居。

38. 游於東海，溺<u>而</u>不返。

    A) 期而後至，飲而棄酒。

    B) 阻而鼓之。

    C) 丁壯者引弦而戰。

    D) 蚌合而拑其喙。

39. 其狗不知，迎<u>而</u>吠之。

    A) 從今而後，吾知免夫。

    B) 兔走觸株，折頸而死。

    C) 眾狙皆伏而喜。

    D) 談卒，辭而行。

40. <u>夫</u>人不言，言必有中。

    A) 王知夫苗乎？

    B) 我過矣，夫夫是也。

    C) 夫人愁痛，不知所庇。

    D) 來，吾道 (dǎo) 夫先路。

41. 夫不可陷之盾與無不陷之矛，不可同世而立。

    A) 夫人不言，言必有中。

    B) 夫二人者，魯國社稷之臣也。

    C) 夫戰，勇氣也。

    D) 一夫當關，萬夫莫開。

42. 與若茅，朝三而暮四足乎？

    A) 汝其行乎！

    B) 阻而鼓之，不亦可乎？

    C) 此何遽不能為福乎？

    D) 又何求乎？

43. 其馬將胡駿馬而歸。

    A) 我將得邑金，將貸子三百金可乎？

    B) 唯將舊物表深情。

    C) 蓋將自變者觀之，則天地曾不能以一瞬。

    D) 不能將兵，而善將將。

44. 今先生乃不遠千里而臨寡人。

    A) 伯樂乃還而視之，去而顧之。

    B) 今欲發之，乃肯從我乎？

    C) 引酒且飲，乃左手持卮，右手畫蛇。

    D) 蘇秦之楚，三日乃得見乎王。

45. 宋人有閔其苗之不長而揠之者。

    A) 遂契其舟。

    B) 賜其舍人卮酒。

    C) 其如土石何？

    D) 其信然邪？其夢邪？

46. 豈能無怪哉？

    A) 與其從辟人之士，豈若從辟世之士哉？

    B) 吳王豈辱裁之？

    C) 公豈敢入乎？

    D) 君豈有斗升之水而活我哉？

47. 一人蛇先成，引酒且飲。

    A) 不義富且貴，於我如浮雲。

    B) 君且欲霸王，非管夷吾不可。

    C) 且引且戰，連鬥八日。

    D) 北山愚公者，年且九十。

48. 芒芒然歸。

    A) 虎以為然。

    B) 古之人皆然。

    C) 雜然相許。

    D) 雖書已刊，然未盛行於世。

49. 終而復始，日月是也。

    A) 非茲，是無以生財。

    B) 余唯利是視。

    C) 是時齊王好勇。

    D) 是非之本，得失之源。

50. 敏而好學，不恥下問，是以謂之文也。

    A) 今在骨髓，臣是以無請也。

    B) 三人行必有我師焉。是故弟子不必不如師，師不必賢於弟子。

    C) 玉不琢不成器，是故古之王者，教學為先。

    D) A、B、C 都對。

句讀與標點符號

句讀 (jù dòu, the period and the comma)，也叫"句豆"或"句逗"。

古書沒有標點，閱讀時語意已盡的地方叫"句"，用"∨"號來表示；語意未盡但誦讀時要停頓的地方叫"讀"，用"、"號來表示。到了宋代，採用在文句旁加圈點的辦法。"○"號表示"句"；"、"或"·"表示"讀"。

近代出版的古書，一般來說多半有句讀，但也還有大批典籍沒有標點。要正確斷定句讀，首先要依據上下文義來判斷。在判斷過程中，注意文言文的語法結構和詞義的特點，不要完全以現代漢語的語法和詞義來認知文言文。此外也應具備一些音韻、校勘及文化常識等方面的知識。這是對以古代漢語為專業，或在研究所從事專題研究的同學來說的。

本書因有作文和斷句練習，因此把現代通行的標點符號附錄於下，作為參考。

，	逗號	comma
。	句號	period
；	分號	semicolon
、	頓號	a slight pause mark used to set off items in a series
？	問號	question mark
！	感嘆號	exclamation mark
：	冒號	colon
" "	引號	quotation marks
" "	雙引號	double quotation marks
' '	單引號	single quotation marks
……	省略號	ellipsis dots
《 》	書名號	punctuation marks used to enclose the title of a book or an article

—— 破折號 dash, 常用來表示下文是對上文的解釋

⋯ 著重號 mark of emphasis, as in "吞舟之魚"

· 間隔號 separation dot, a punctuation mark separating the day from the month, as in "一二·九運動" (the December 9th movement), or separating the parts of a person's name, as in "艾伯特·愛因斯坦" (Albert Einstein)

（　）〔　〕 括號 brackets

‐ 連接號，主要表示時間、地點、數目的起止。例如："1989-1999"、"北京－上海"

中國歷史紀年簡表[*]
Major Chronological Divisions
of Chinese History

堯 Emperor Yao (Legendary) 3rd millennium B.C.
舜 Emperor Shun (Legendary) 3rd millennium B.C.

夏 Xia Dynasty (ca. 2100-1600 B.C.)

商 Shang Dynasty (ca. 1600-1028 B.C.)
   殷 Yin (1300-1028 B.C.)

周 Zhou Dynasty (1027-256 B.C.)
   西周 Western Zhou Dynasty (1027-771 B.C.)

   東周 Eastern Zhou Dynasty (770-256 B.C.)
      春秋 Spring and Autumn (770-476 B.C.)
      戰國 Warrings States (475-222 B.C.)

秦 Qin Dynasty (221-207 B.C.)

漢 Han Dynasty (206 B.C.-220 A.D.)
   西漢 Western Han (206 B.C.-8 A.D.)
   新 Xin (9-23 A.D.)

   東漢 Eastern Han (25-220 A.D.)

---

[*] 本表根據陳夢家《中國歷史紀年表》，香港商務印書館 1974 年版。

三國	Three Kingdoms (220-265)
魏	Wei (220-265)
蜀	Shu (221-263)
吳	Wu (222-280)

晉	Jin Dynasty (265-420)
西晉	Western Jin Dynasty (265-317)
東晉	Eastern Jin Dynasty (317-420)

南北朝　Northern and Southern Dynasties (420-589)

南朝	Southern Dynasties (420-589)
宋	Song (420-479)
齊	Qi (479-502)
梁	Liang (502-557)
陳	Chen (557-589)
後梁	Later Liang (555-587)

北朝	Northern Dynasties (386-581)
北魏	Northern Wei (386-534)
東魏	Eastern Wei (534-550)
西魏	Western Wei (535-556)
北齊	Northern Qi (550-577)
北周	Northern Zhou (557-581)

隋	Sui Dynasty (589-618)

唐	Tang Dynasty (618-907)

五代   Five Dynasties (907-960)

      梁   Liang ((907-923)

      唐   Tang (923-936)

      晉   Jin (936-946)

      漢   Han (947-950)

      周   Zhou (951-960)

宋   Song Dynasty (960-1279)

      北宋   Northern Song Dynasty (960-1127)

      南宋   Southern Song Dynasty (1127-1279)

遼   Liao Dynasty (907-1121)

金   Jin Dynasty (1115-1234)

元   Yuan Dynasty (1271-1368)

明   Ming Dynasty (1368-1661)

清   Qing Dynasty (1636-1911)

常用詞索引
Index to Commonly Used Words

jiāng	將	10
jiǎng	講	24
jiǎng xìn xiū mù	講信修睦	24
jiāo	驕	25
jiē	皆	10
jìn	盡	18
jìn	禁	31
jiù	咎	20
jū	拘	18
jǔ	舉	15, 25
jué	絕	27
jùn	駿	7
kāng kǎi	慷慨	33
kū	枯	13
kǔ	苦	29
kuáng	誑	11
kuī	虧	29
kuì	愧	33
kùn	困	41
lǐ	禮	17
lì	立	4
lì	利	21, 25
liáng	良	15
lín	臨	9
lín shēn lǚ bó	臨深履薄	25
lóng	龍	40
lǔ	虜	32
luàn	亂	29
lǚ	旅	26

lǜ	慮	22
máo	矛	4
miào	妙	21
mǐn	閔	5
míng	名	21
míng	銘	40
míng biàn	明辨	23
mìng	命	14, 25
móu	謀	19, 25
nì	溺	2
nì	逆	14
nián	年	27
nù	怒	16
pàn	叛	32
péi	培	27
péng	朋	25
pǐ	匹	27
piān	偏	23
pín	貧	25
pǐn	品	36
píng	平	22
pò	破	28
pò	迫	32
qī	期	17
qì	棄	1, 17
qì	泣	26
qiān nù	遷怒	25
qián	潛	41

qiǎn	遣	33	shé	舌	17
qiāng	搶	27	shě	舍	5
qiào	竅	27	shè	涉	3
qiě	且	12	shè	赦	20
qín	擒	12	shēn	深	33
qín	禽	20	shěn wèn	審問	23
qīng chū yú lún	青出於藍	30	shèn	慎	25
			shèn sī	慎思	23
qǐng	請	8	shēng	升	13, 25
qiú	求	3	shēng	聲	26
qū	趨	5	shèng	聖	6
qǔ	取	31	shèng	勝	28
quán	權	26	shèng	盛	39
quàn	勸	27	shǐ	失	10, 17
qún	群	11	shǐ	使	16
			shǐ	始	21
rán	然	5	shì	恃	15
rěn	忍	32	shì	適	27
róu	柔	23	shì	視	5
ròu	肉	12	shì	釋	6
rú	如	2	shì	世	6
rú	儒	31	shì	事	25
rù	入	17	shǒu	首	2
			shòu	獸	14
sài	塞	10	shū	殊	34
sài wōng shī mǎ	塞翁失馬	10	shǔ	數	8
			shù	數	8, 10
shàn	善	15, 25	shù	術	10
shāng	傷	20	shù	束	18
shào	少	1	shù	樹	26
shē	奢	25	sī	私	31
shé	蛇	8	sǐ	死	6